元華文創

傅斯年

價值取向與歷史學

本書採用中外諸多原始檔案和歷史資料，
對傅斯年的生平和思想、學術成就及其歷史定位，
給與了最新的研究和解讀，做了全新的總結，
讓我們跟隨歷史學家的腳步，去還原一個真實而你不知道的傅斯年！

（美）劉正 著

作者介紹

劉正，著名美籍華裔學者。清代學術世家直系後裔，高祖系著名歷史學家和經學家、同治三年進士劉鍾麟。日本大阪市立大學文學博士、日本京都大學博士後。曾任日本愛知學院大學、日本京都大學、武漢大學、中國人民大學、華東師範大學教授、研究員等。是中外多所大學的兼職教授和客座教授。是國際易經學會、國際中國哲學學會、國際東方學會、歐美同學會、日本中國學會、日本中國出土資料研究學會、京都大學洛友會、北京作家協會會員等。是中國殷商文化學會理事、中國文字博物館學術委員、中國國際易學研究中心理事等。迄今為止在國內外發表學術論文一百六十餘篇。另有有關商周歷史和古文字研究、金文學術研究、國際漢學研究、傳統經學研究、近代歷史和人物研究等方面學術專著四十餘部、總篇幅達到一二〇〇餘萬字在海峽兩岸出版。其中，所撰《中國易學》、《閒話陳寅恪》、《陳寅恪史事索隱》、《京都學派》、《圖說漢學史》、《陳寅恪別傳》等專著也是名傳一時的暢銷書。兩卷本《中國彝銘學》先後獲評二〇二二年「世紀好書榜」、「中文原創好書榜」和「國際考古學優秀圖書著作獎（二〇二二）」等諸多獎項。論文《從觀象系辭說到乾卦之取象》獲中國中青年哲學工作者最新成果交流會優秀論文獎，《筮短龜長說的成立史研究》獲馬來西亞主辦第十二屆國際易學大會優秀論文獎，博士學位論文《東西方漢學発展史の研究（日文）》獲得日本國大阪市立大學優秀博士畢業生「總代」稱號等。多篇學術論文被譯為英、日等文字在海外發表。二〇一五年夏移民美國，現就任美國國際考古學暨歷史語言學學會會長、終身高級研究員暨講座教授。

著名歷史學家傅斯年像

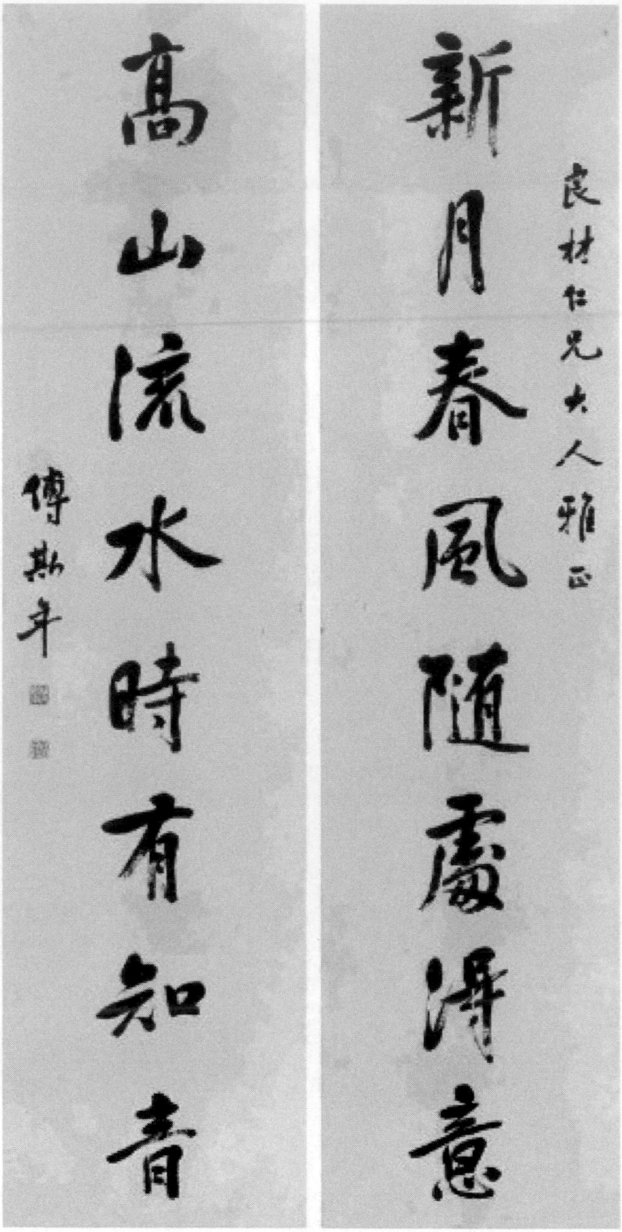

傅斯年手書對聯

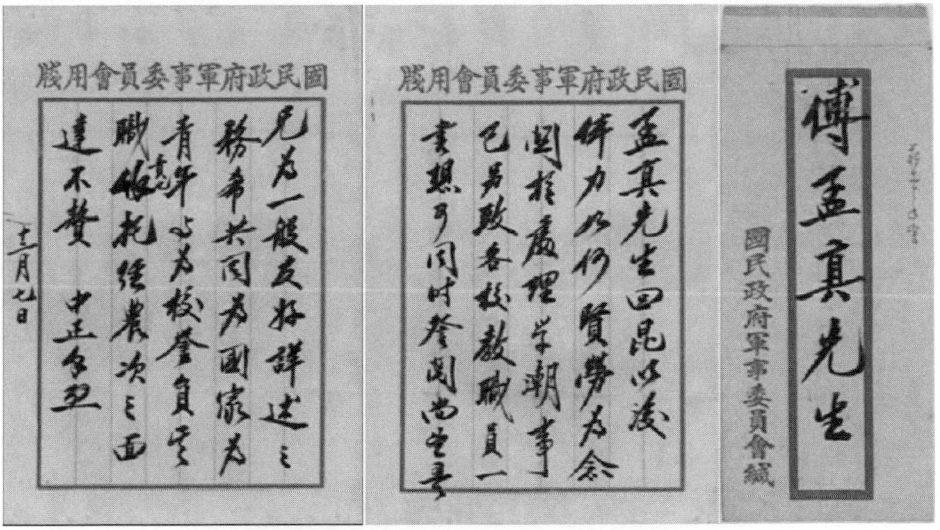

國民政府軍事委員會用牋

孟真先生回昆以後併力以仍賢勞為念關於處理學潮事已另致各校教職員一書想可同時登閱尚望吾

國民政府軍事委員會用牋

兄為一般友好詳述之務希共同為國家為青年以為校叢負責職能挽維學業次之面達不贅　中正手啟

十二月七日

傅孟真先生

國民政府軍事委員會緘

一九三五年十二月七日蔣介石致函傅斯年親筆信

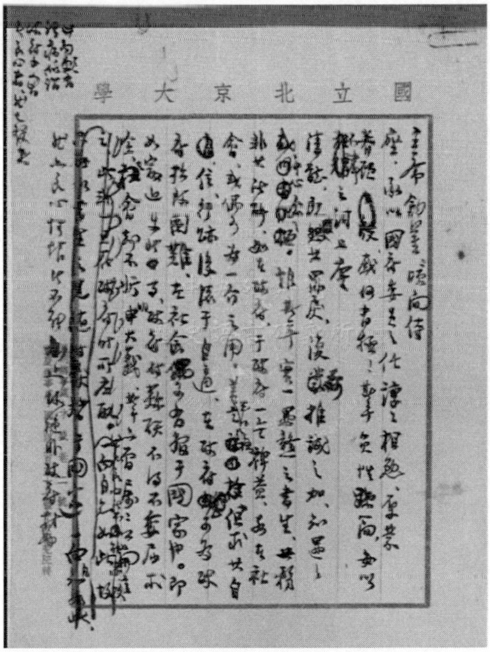

國立北京大學

傅斯年起草致蔣介石親筆信

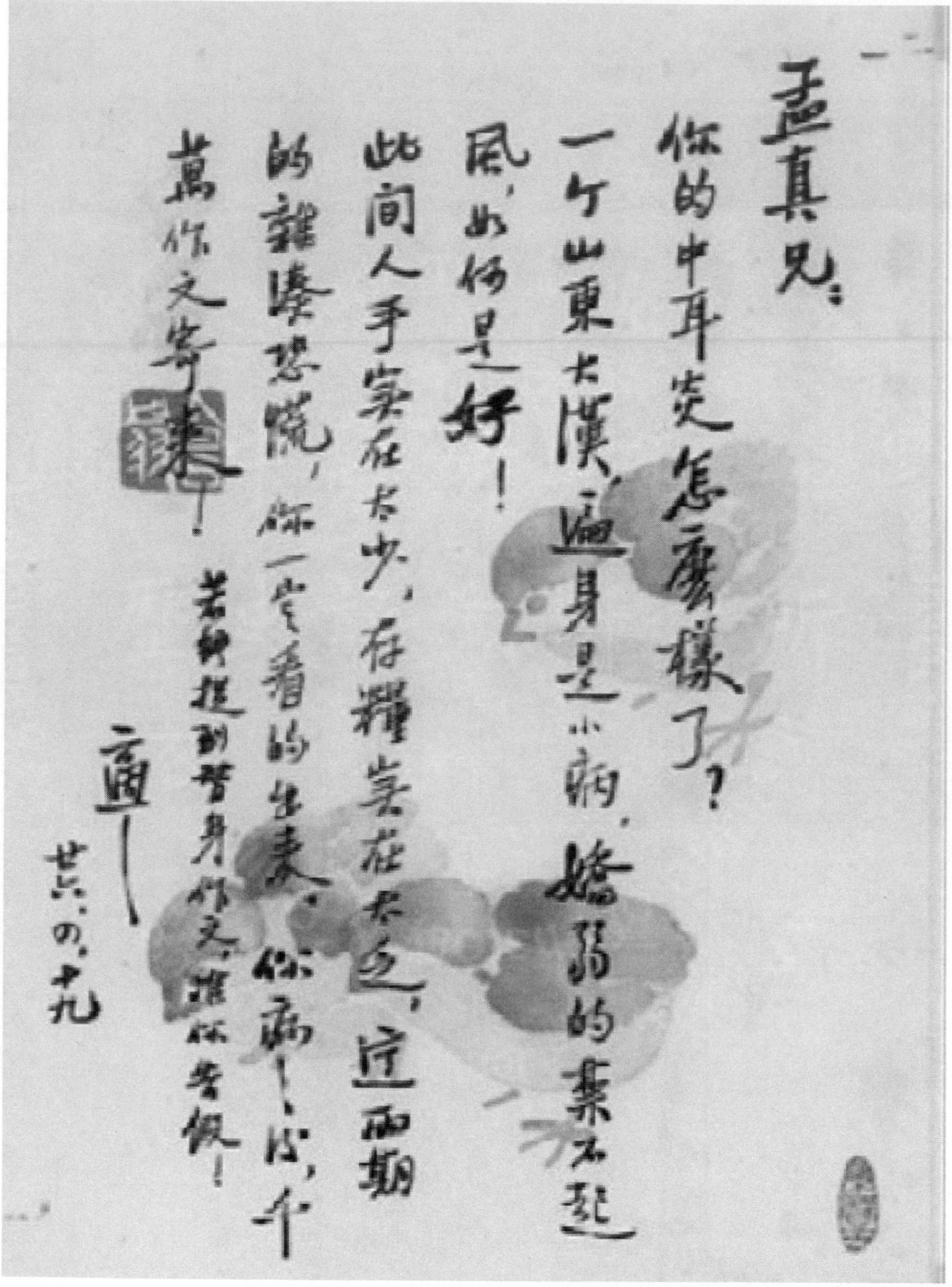

一九三七年四月十九日胡適致函傅斯年親筆信

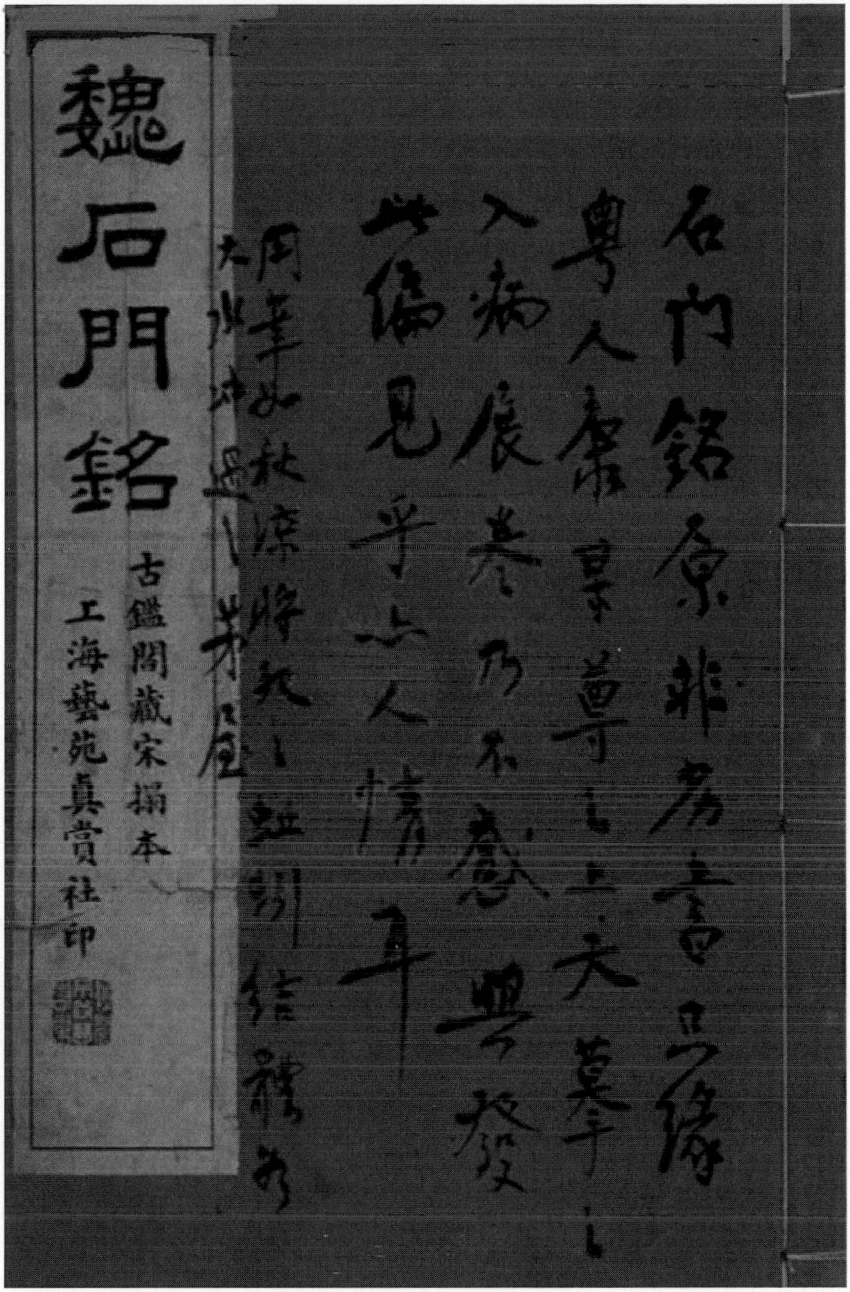

傅斯年在碑帖拓本封面題跋

目次

引子

光緒二十二年二月十三日，即西曆一八九六年三月二十六日，近現代著名歷史學家、教育家和思想家傅斯年出生在山東聊城。

傅斯年，初字夢簪，後字孟真，山東聊城人。傅斯年曾任中山大學、北京大學等校教授，北大文科研究所所長、代理校長（一九四五—一九四六）和臺灣大學（一九四九—一九五〇）校長。但是他更為學界所熟知的是他創立並長期出任中央研究院歷史語言研究所所長。這個嫉惡如仇而快人快語、身材高胖的傅斯年，有著山東大漢固有的剛烈性情，敢於直言邪惡而不懼得罪權貴，為他贏得了「傅大炮」的美稱。

在他任中央研究院歷史語言研究所所長期內，培養了大批歷史學、思想史學、語言學、考古學、人類學、社會學等諸多學術領域的專門人才。尤其是他組織出版了學術著作七十餘種；組織開展了有史以來最大規模的殷墟甲骨發掘，極大地推動了中國現代考古學的發展和對殷商歷史的研究。傅斯年在傳統歷史學研究方面，他重視考古材料在歷史研究中的實物證據和文獻解釋的結合，擺脫傳統故紙堆理論和結論的束縛。特別是他將東西方語言學理論及其成果在現代用到歷史學研究方法中的結合和使用，使得傳統歷史學豁然開朗而煥發出新的光芒，由此而取得了遠超前人的重要的學術建樹和學術成就，因此他有著近現代新史學開山祖師的崇高地位。大陸著名歷史學家、北京大學教授鄧廣銘曾評價傅斯年說：「凡是真正瞭解傅斯年先生的人都知道，他的學問淵博得很，成就是多方面的，影響是深遠的。他對中國的歷史學、考古學、語言學所做的貢獻是很大的。」[1]

傅斯年還組織收購了明清大庫檔案資料，使明清史研究取得了突破性的進展。不僅如此，他還在經費、設備、制度等方面都為中央研究院歷史語言研究所的發展做出了無人能及的重要貢獻。因此之故，胡適對他的評價是：「孟真是人間一個最稀有的天才。他的記憶力最強，理解力也最強。他能做最細密的繡花針工夫，他又有最大膽的大刀闊斧本領。他是最能做學問的學人，同時他又是最能辦事、最有組織才幹的天生領袖人物。他的情感是最有熱力，往往帶有爆炸性的；同時，他又是最溫柔、最富於理智、最有條理的一個可愛可親的人。這都是人世最難得合併在一個人身上的才性，而我們的孟真確能一身兼有這些最難兼有的品性與才能。」[2]

二〇一五年的西泠秋拍：中外名人手跡暨虛空草堂藏名人書法專場第二〇五六號至二〇六一號拍品為「傅樂成舊藏傅斯年重要文獻」。其內容涵蓋最近新發現的一大批以傅斯年為中心的珍貴文獻：傅氏一九二八年中山大學講學筆記、一九四〇至一九四二年抗戰日記、一九四七年與中研院同仁等致傅仁軌題詞冊、一九五〇年去世後由傅樂成整理的照片和傳記材料等，煌煌數十種，涵蓋傅斯年身前的學術創作和日常生活，以及身後的文獻整理，傅斯年侄子、歷史學家傅樂成舊藏，為異常豐富的傅斯年相關文獻，亦是民國時期中央研究院學者們中最具代表性的文獻之一。

1 《傅斯年》，山東人民出版社，一九九一年，八頁。
2 《懷念傅斯年》，秀威資訊科技股份有限公司，二〇一四年，一頁。

如今保存在中央研究院歷史語言研究所的傅斯年檔案，一共有五箱共五千三百多種文獻資料。這是研究他的第一手個人檔案。另外，保存在臺灣國史館和臺灣大學、大陸北京大學和南京第二歷史檔案館中的相關檔案和文獻，也是研究傅斯年必須給與特別關注的核心要點。

一九五〇年十二月二十日，傅斯年突發腦溢血而愕然仙逝；留給中外學術界的是他厚重而深邃的學術思想和學術成就。

研究傅斯年的生平及其思想，胡適提出了四個階段劃分說。即：「我們可以把他從做學生時代到死，分為四個部分來說。第一部分是他青年做學生時代的思想；第二部分是他壯年個人做學術時代的思想；第三部分是他壯年時期在歷史語言研究所時代的思想；第四部分是他晚年的思想，也是國家最危急最動盪的時候的思想。」[1]由此可知，胡適特別看重的是傅斯年晚年的思想，認為這是國家和社會處於最危急和最動盪時期的一個知識人的價值理性及其政治選擇所在。胡適這一劃分是有創建的。大陸和港臺已經出版的傅斯年研究論著卻更多的關注的只是第二和第三部分而已。因此之故，本書尤其關注的則是第三、第四部分時期的傅斯年的生平及其思想。這是本書有別於同類題材著作的最大區別之一。我也很不理解歐陽哲生為何在《傅斯年一生志業研究》一書中聲稱胡適是按照三個階段來劃分傅斯年生平及其思想的？[2]明明胡適的劃分是四個階段。

傅斯年作為親身經歷了五四新文化運動的領導者和參與者之一，歷經幾十年的風雨滄桑而屹立

1 《懷念傅斯年》，秀威資訊科技股份有限公司，二〇一四年，二頁。

2 歐陽哲生《傅斯年一生志業研究》，秀威資訊科技股份有限公司，二〇一四年，九頁。

於世界學術之林！和他一同走向街頭的那些同學們，有的成為漢奸，有的成為愚頑，只有他一生高舉著五四精神的大旗，九死不悔地為科學和民主奮鬥了一生。

當然，毋庸諱言，目前為止的傅斯年研究和所出版的傅斯年傳記，大多集中在傅斯年開創歷史語言研究所的歷史功績和戰後清理偽北京大學的行政措施這兩個核心點上，再點綴一下五四新文化運動前後和訪問延安見聞之傅斯年，僅此而已。雖然每部論著用筆多少不一，但是每部作品中都熱衷於用大段大段的文字去宣傳所謂學術清流的傅斯年，為國為民去炮打孔祥熙和宋子文、揭露國民政府高官們的貪腐行為，維持著所謂「蔣宋孔陳四大家族」的政治定論。甚至很多論著及其作者們居然不知道傅斯年很早就是國民黨員，也根本不知道傅斯年多次定期參加國民黨組織的每月一次的「精神月會」（如同大陸共產黨基層各級組織定期舉行的黨員學習和思想彙報）活動。

——當然，這些已經出版和刊行於世的有關傅斯年的文學作品和史學論著，也從未想到傅斯年和國民政府高層、軍事高官及情報機構負責人有著長期的互動關係和個人友誼，正是因為傅斯年屬於蔣介石身邊文武兩大幕僚陣營中的重要成員——如同蔣介石的軍事幕僚出身派系的地方背景的不同而劃分成多個相互傾軋的勢力角逐一樣，蔣介石身邊文官幕僚也截然分成了以孔祥熙和宋子文為首的買辦資本家的集團，和以傅斯年和朱家驊為首的留洋學者集團這兩大文化背景不同的政治幫派勢力——正是出於對自身政治幫派勢力的維護，這才出現了傅斯年領頭炮打孔祥熙和宋子文等諸多政治事件。這是本書得出的與眾不同的結論之一。

因此，本書非常側重於傅斯年在歷次重大歷史事件和政治事件中的價值取向及其政治思想、以及在諸多政治事件中的歷史學和歷史學家的社會作用等角度，基於原始檔案真實的還原傅斯年的人生經歷、政治思想及其學術理性。故此將本書書名定為《傅斯年：價值取向與歷史學》。本書作者在詳細分析和閱覽了中外諸多原始檔案文獻和歷史資料的基礎上，對傅斯年的生平、思想和學術成就及其歷史定位給與了全新的總結。

好了，請您坐下來，翻開此書，跟著我走進對傅斯年展開一個與眾不同的全新解讀。

第一章

聊城望族：學生時代的傅斯年

傅斯年的七世祖先是清朝開國以後的第一位狀元傅以漸。這個傅以漸，生於一六〇九年，卒於一六六五年。字於磐，號星岩，山東聊城人。他的祖籍却是江西永豐。根據《清史稿・列傳二十五・傅以漸》記載，清順治三年，即西曆一六四六年，他獲得第一甲第一名進士，成為殿前欽點的狀元。先被授弘文院編修，而後歷任國史院侍講、左庶子、秘書院侍講、少詹事、國史院學士；乃至於兵部尚書、武英殿大學士。晚年還被加封太子太保。絕對稱得上是朝廷的重臣。

傅氏先塋暨傅狀元塋位於傅墳村東南約二百米處，南臨徒駭河，北眺光岳樓。塋地南北長三百六十米，東西寬一百二十米，占地約八十畝，塋牆外另有護塋地四十畝，總占地約一百二十畝。塋內碑石林立，柏木森森，蔚為壯觀。塋門有二，東西並列。其門為單簷歇山頂，高約一丈五尺。門洞一。北向砌石，南面敷磚。西門鐫石門額為「傅氏先塋」，東門鐫石門額為「傅狀元塋」。

有塋牆作屏，正面為砌磚花牆，高約二米，東西南三面塋牆高一米左右。傅氏先塋門前有石獅一對，通座高二米有餘。塋門內有一甬道，迎面不遠處聳立一牌坊，為重樓三洞

重樓三洞式石坊

傅以漸畫像（模擬復原版）

式石坊，北向正中簷下，上鐫橫額「皇恩寵錫」四字，下鐫橫額「一品三世」四字。主間楹聯上聯為：「浩浩蔭功千年篤佑狀元後」；下聯為：「煌煌誥命三代同稱宰相家」。南向鐫額，是上下兩層。上層為「祖德長光」四字，下為「修慎段銘」四字。

路旁對置兩統袞龍冠龜趺石碑，西面一碑鐫「忠樸清慎」四字，東面一碑鐫「文行端良四字」，相傳系康熙皇帝御筆欽賜聖旨碑。

根據《東郡傅氏祖譜》記載，墓地內除傅以漸墓以外，還葬有傅氏家族歷代所出進士四人、舉人七人、監生三十六人、貢生六十六人，布政使二人、知府六人、知縣十二人等人墓。

傅繼勳，傅斯年之曾

康熙皇帝御筆欽賜聖旨碑

傅氏家族墓地石羊石馬和文保單位的傅氏家族墓碑

祖。生於一八〇七年，卒於一八六六年。字述之，號玉溪。東郡傅氏十一世祖，十歲能文、善書，道光元年（一八二一年）中秀才，十八歲拔貢，分發安徽省，歷任廬江、東流、歙縣、合肥、貴池、全椒、霍山等縣知縣。所至有績，擢升徽州知府，後改任鳳陽知府，特授太平知府、安慶知府。咸豐初年安徽巡撫福濟專摺密奏保以道員署理蕃司（布政使）。其兄長傅繩勳是清嘉慶十九年（一八一四年）進士，曾任翰林院庶吉士、武英殿協修、軍機處章京及浙江、江西、江蘇等省巡撫，咸豐元年（一八五一年）辭官返鄉。

據說，傅氏祠堂東鄰有一戶人家進士及第後在原址上翻建新齋，加大了房檐。遮擋住了傅家宅院牆。兩家人因此而其糾紛，相持不下，告到縣衙。傅家人則同時寫信給在京為官傅以漸。他接到信後揮筆寫下四句詩：

千里來書為堵牆，讓他三尺又何妨？萬里長城今猶在，不見當年秦始皇。

傅家人見信後立即拆牆，將牆基後退三尺，並主動撤訴。鄰居見狀，十分感動，也退讓三尺。結果形成了至今依然可見的傅氏祠堂東鄰的一條六尺胡同。後來康熙皇帝駐蹕聊城，聞聽此事，遂書「仁義胡同」四個大字以倡義舉。

傅繩勳歸鄉後和家族子弟合影

光緒二十二年陰曆二月十三日，即西曆一八九六年三月二十六日，傅斯年就生於山東省聊城縣北門內傅家祖宅內。

傅家在聊城當地屬於名門望族，諜譜學所謂的「閣老傅」就是其家族祖先。因古城北門裡路東為傅以漸「相府」故址，故此稱之為「閣老傅」。

根據《東郡傅氏族譜》記載，傅家遠祖傅回，原籍江西吉安府永豐縣，該族譜中記載說：「傅氏其先江西吉安之永豐人，明成化中始祖仕為冠縣令，任滿歸，四子從南，三子留北，有諱祥者，奉母李僑居東昌，李歿城南，祥不忍去，遂占籍焉。」[1]

傅繼勳第三個兒子傅淦便是傅斯年的祖父。

仁義胡同

乾隆皇帝御筆

1 《東郡傅氏族譜．映宸傅公家傳》，道光二十三年本。

傅斯年出生時，其家道進一步衰落。再加之生父早逝。因此，在家學方面影響傅斯年一生品行和思想作風的，應該是傅斯年的祖父傅淦。

傅斯年的父親傅旭安，生於同治五年。光緒二十年鄉試中舉後，出任山東東平龍山書院山長。但是光緒三十年，傅旭安病逝，年僅三十九歲。

傅斯年的生母李叔音，聊城城西南郊賀家海人。根據柳堂《復東平範實齋等書》記載：「前奉手示，知曉麓山長（指傅旭安）已歸道山，涕泣之餘，為鬱鬱不樂者累日，似此家貧、親老、子幼，何以為生？欲代謀一善後之策而力有未逮，頃聞諸執事與夏公子溥齋同籌鉅款，發當生息，有此一舉，使山長老親幼子不至凍餒，山長死已瞑目矣。山長誠有造於貴州士子，而士子之所以報之者亦厚矣哉。山長九泉能毋冥感耶。弟與山長交非泛泛，謹遵囑，寄去賻儀百金，即祈附入生息款內，雖為數無多，集腋成裘，未始無補。」[1]

《聯合週報》一九九〇年十二月二十四日李裕桓《聶湘溪談傅斯年》一文報導傅斯年同鄉聶湘溪回憶說：「孟真四歲即和其祖父同床共寢，每到破曉，尚未起床，便口授以歷史故事，從盤古開天闢地，系統地講到明朝，歷時四年，一部二十四史就口授完畢。在他的幼小心靈裡就埋下了研究歷史的興趣，其後能成為歷史學家，委以歷史研究所所長的職務而有成就，是與其家學淵源分不開的。」

而傅斯年成年後對其弟傅斯岩曾說：「祖父生前所教我們兄弟的，盡是忠孝節義，從未灌輸絲

1 光緒《盧州府志》卷十七《學校志》。

毫不潔不正的思想。我兄弟得有今日，都是祖父所賜。」[1]

傅斯年幼年喪父，由祖父及母親撫育成人。

實際上，在傅斯年的童年時代，對他影響最大的人就是他的祖父和母親。

光緒二十七年春，傅斯年不滿六歲，傅淦便把他送入了私塾，先後向孫達宸、馬殿仁就讀。當時清朝的科舉制已經廢除了，但聊城的人們仍然對科舉制重開抱有希望。傅斯年小時候，正處於「經降史升」的時期，因此傅斯年自小就酷愛文史，十一歲便讀完了《十三經》，是當地遠近聞名的神童。

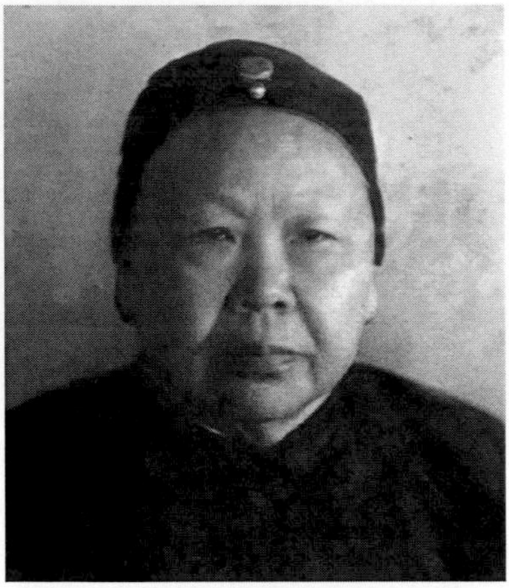

傅斯年生母

光緒三十一年，東昌府和聊城縣行政當局實行教育改革，書院一律改為學堂。傅斯年結束了長達四年的塾學生活，進入東昌府立小學堂讀書。

一九〇九年春，傅斯年考入天津府立中學堂。

關於這時期的生活，傅斯年家族的世交好友英千里曾有文章回憶說：「傅先生考入了天津府立中學。當時學校尚無宿舍，他就住在我家裡。那時他年齡十四歲，我才九歲。幾個月以後，學校有了宿舍，他就搬進去了。可是每逢假期，他必到我家裡看望。……他住在我家的時候，我同他並不很親密，因為在我一個九歲的頑皮孩子的眼裡，看這位十四歲的傅大哥是個魁偉而莊嚴的『大人』。他每天下了學除溫習功課外，就陪著先父談論一些中外時局或經史文章，決不肯同我這『小豆子』

1 傅樂成《時代的追憶論文集》，時報文化出版事業有限公司，一九八四年，一二四頁。

玩耍和淘氣。所以我對他只有一種『敬而畏之』的心理。這種心理，雖然過了四十年，我還沒有完全撇掉。先母是最喜歡傅大哥的，說他聰明而老成。我家是天主教徒，因此先母常給他講教義，並在星期日帶他進教堂。」[1]當時，他父親的學生侯延塽從生活上和學業上給與了他無微不至的關懷、照顧和甚至學術上的引導。以至於著名學者毛子水特別指出：「傅先生幼時文史的根柢，除他的祖父外，受到侯先生培養的益處很多。就是他生平樂於幫助故人的子弟，恐怕侯先生的榜樣亦不會沒有幾分影響的。」[2]

一九一一年臘月，他與聊城縣紳丁理臣之長女丁馥萃女士結婚。

一九一三年夏，他考入北京大學預科，同學中就有日後大名頂頂的袁同禮、毛子水、顧頡剛等人。當時的北京大學預科分為兩部：一部是理工科的預科，一部是文史法科的預科。這一劃分顯然是接受了當時日本大學預科的劃分方法。三年預科學習中，考試三次，他每次都是全班第一。

他在預科三年的學習中，因為對清代張惠言經學的推崇而震驚了當時的任課教師們，以至於北京大學的遺老遺少的國學家們如劉申叔等人以為找到了可以傳承學術衣缽的經學弟子。但是，時代的呼喚，特別是受胡適思想的影響，使得他反而逐漸走上了新文化運動，並且成為新時代思想的積極參與者和開創者。

傅斯年考入北京大學時和弟弟合影

1 《懷念傅斯年》，秀威資訊科技股份有限公司，二〇一四年，三九頁。

2 《傅孟真傳記資料一》，天一出版社，一九七九年，七頁。

據說，傅斯年在預科時期就與沈沅等同學成立了「文學會」，創辦了《勸學》雜誌。後來又更名為「雄辯會」。其宗旨乃是意圖提高各位同學的文學素養和邏輯能力，鍛煉演講才能。可見當時的傅斯年已經開始鍛煉自己的領導能力和社會活動能力。這為他日後在北京大學的活動奠定了基礎。

一九一六年夏，他卒業於北京大學預科。秋，他考入北京大學文科國文門。

根據毛子水的回憶文章記載：「他那時的志願，實在是要通當時所謂『國學』的全體，惟以語言文字為讀一切書的門徑，所以托身中國文學系。……當時北京大學文史科學生讀書的風氣，受章太炎先生學說的影響很大。傅先生最初亦是崇信章氏的一人。」[1]又，他在北京大學預科的同學伍淑也曾回憶說：「我認識孟真，是在民國五年下半年，在北大上課的第一天。大約在一個上午，上什麼歷史，一位長鬍子的教員來了，分到三張講義，彷彿都是四個字一句的。上課半小時，黑板上寫滿了講義校勘記，感覺到乏味，於是開始注意班上的同學；發現第二排當中一位大胖子有點特別，因為教員的眼睛，老是注意他的身上。退了課，這位胖子同一位像阿拉伯馬一樣的同學在課堂的角落談起天來了，圍起一班同學來聽，議論風生，夾雜些笑聲。我就很欣賞他的風度，到他臺子上一看，放了幾本《檢論》，上面有了紅色的批點，卻沒有仔細去看他，下了課，回到宿舍，才打聽到他就是山東傅斯年。」[2]

這一點也可以通過當時羅家倫的回憶得到見證：「就在當時的北大，有一位朱蓬仙教授，也是

---

1 《傅孟真傳記資料（一）》，天一出版社，一九七九年，七頁。

2 《懷念傅斯年》，秀威資訊科技股份有限公司，二〇一四年，一四一—一四二頁。

太炎弟子，可是所教的《文心雕龍》卻非所長，在教室裡不免出了好些錯誤，可是要舉發這些錯誤，學生的筆記終究難以為憑。恰好有一位姓張的同學借到那部朱教授的講義全稿，交給孟真，孟真一夜看完，摘出三十幾條錯誤，由全班簽名上書校長蔡先生，請求補救書中附列這錯誤的三十幾條。蔡先生自己對於這問題是內行，看了自然明白，可是他不信這是由學生們自己發覺的，並且似乎要預防教授們互相攻詰之風，於是突然召見簽名的全班學生，那時候同學們也慌了，害怕蔡先生要考，又怕孟真一人擔負這個責任，未免太重，於是大家在見蔡先生之前，每人分任幾條，預備好了，方才進去。果然蔡先生當面口試起來了，分擔的人回答的頭頭是道。考完之後，蔡先生一聲不響，學生們也一聲不響，一鞠躬魚貫退出。到了適當的時候，這門功課重新調整了。」[1]

當然，因為傅斯年的國學基礎實在超群，以至於當時甚至出現了「當時真正的國學大師如劉申叔、黃季剛、陳伯弢幾位先生，也非常之讚賞孟真，抱著老儒傳經的觀念，想他繼承儀征學統或是太炎學派等衣缽」[2]這樣的局面。

在此期間，傅斯年曾撰寫《文學革新申義》一文，顯然這是積極地回應胡適《文學改良芻議》一文而來的，目的也是提倡白話文。而此文的出現還有著同學顧頡剛的功勞。

根據顧頡剛的回憶：「傅斯年本是『中國文學系』的學生，黃侃教授的高足，而黃侃則是北大裡有力的守舊派，一向為了《新青年》派提倡白話文而引起他的痛罵的，料想不到我竟把傅斯年引

1 《懷念傅斯年》，秀威資訊科技股份有限公司，二〇一四年，五一—五二頁。
2 《懷念傅斯年》，秀威資訊科技股份有限公司，二〇一四年，五一—五二頁。

進了胡適的路子上去，後來竟辦起《新潮》來，成為《新青年》的得力助手。」[1]為此，胡適評述說：「他認為文學改革應該引起一個思想的改革運動。任何文章都可以用白話來寫」，進而胡適還引用傅斯年的原話「真正的中華民國必須建設在新思想的上面，而新思想必須放在新文學的裡面。」

——胡適甚至主張傅斯年到了晚年依然秉持著這樣的見解。[2]

根據胡適的親身回憶，我們知道當時的傅斯年曾經暗中聽課考察剛回國任教的胡適的學問和思想的深淺：

我在若干年後才知道他在很早的時候就是胡適之的保駕人，在不知不覺中已經替我作了保護的工作。諸位看過顧頡剛先生的《古史辨》第一集，上邊一個七萬字的長序嗎？裡邊曾說到我當時在北大教哲學史的情形。那時北大中國哲學系的學生都感覺一個新的留學生叫做胡適之的居

1 《五四時期的社團》，三聯書店，一九七九年，一二三頁。

2 《懷念傅斯年》，秀威資訊科技股份有限公司，二〇一四年，二—三頁。

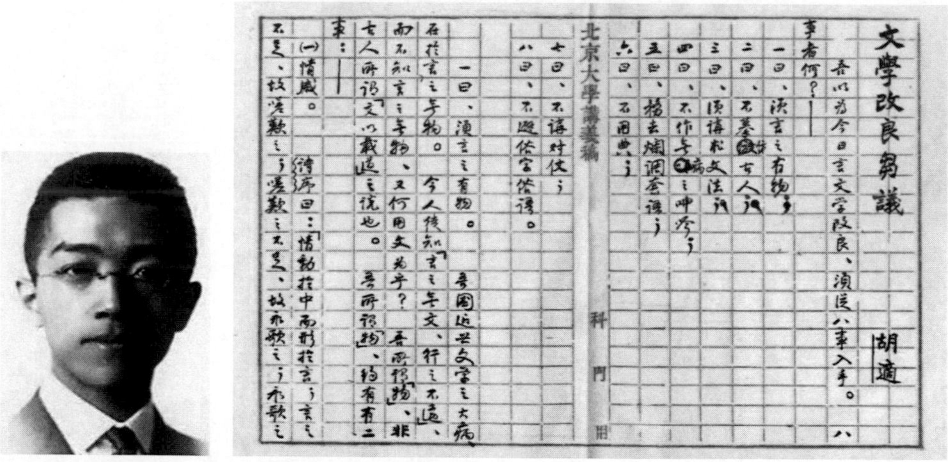

年青時代的胡適及其《文學改良芻議》手稿

然大膽的想剿斷中國的哲學史；因為原來講哲學史的先生們，講了兩年才講到商朝，而胡適之一來就把商朝以前的割斷，從西周晚年東周說起，這一班學生們都說這是思想造反；這樣的人怎麼配來講授呢！那時候，孟真在學校中已經是一個力量。那些學生們就去聽聽我的課，看看是不是應該趕走。他聽了幾天以後，就告訴同學們說：「這個人書雖然讀得不多，但他走的這一條路是對的。你們不能鬧。」[1]

因此，這是胡適和傅斯年師生情誼的起點，他們二人從一開始就有著相同和相近的學術理性和價值選擇。

一九一八年八月九日，傅斯年主動致函北京大學校長蔡元培，提出了他主張哲學門應該歸屬理科的看法：「校長先生鈞鑒：月來學生對於吾校哲學門隸屬文科之制度，頗存懷疑之念，謹貢愚見於次。以哲學、文學、史學統為一科，而號曰文科，在於西洋，恐無此學制。且主大學制度，本屬集合殊國性質至不齊一之學制，而強合之，其不倫不類，一望而知。即以文科一端而論，卒業於哲學門者，乃號『文學士』，文科之內，有哲學門，稍思其義，便生『瓠不呱』之感也。中國人之研治哲學者，恒以歷史為材料，西洋人則恒以自然科學為材料。考之哲學歷史，凡自然科學作一大進步時，即哲學發一異彩之日，以歷史為哲學之根據，其用甚局；以自然科學為哲學之根據，其用至溥。美國研治科學，得博士位者，號『哲學博士』，英國牛津諸大學，研治哲學，得博士位者，號『科學博士』，於是可知哲學與科學之關係長，而與文學之關係薄也。今文科統括三門，曰哲學，曰文

1 《懷念傅斯年》，秀威資訊科技股份有限公司，二〇一四年，二一三頁。

學，曰史學，文史兩途，性質固不齊一。史為科學，而文為藝術，今世有以科學方法，研治文學原理者，或字此曰（Science of Literature）（《赫胥黎雜論集》），或字此曰（Philosophy of Literature）（赫文引他說），然是不過文學研究之一面，其主體固是藝術，不為科學也。雖然，文史二事，相用至殷，自通常觀之，史書之文，為文學之一部，而中國『文史』一稱，相習沿用久矣。循名責實，文史二門，宜不必分也。返觀哲學，於文學，絕少聯絡，不可以文史合科之例衡之。」[1]

有鑒於此，傅斯年得出的結論是：「今學生所以主張哲學門應歸入理科者，不僅按名求實，以為哲學不應被以文科之名也，實緣哲學入之文科，眾多誤會，因之以生，若改入理科，則大眾對之，觀念頓異，然後謀哲學與理科諸門課程上之聯絡，一轉移間，精神上之變革，為不少矣。」[2]

這封信的觀點和論據都十分幼稚，顯然傅斯年目的是想引起校長對他的特別關注，而非真的想將哲學門納入理科。那個時候，年輕的傅斯年希望表現的心理可以理解。而當時的北京大學也正鼓勵青年學生思想解放、暢所欲言。

雖然這封來信中的觀點顯得過於偏激而且幼稚，但是很榮幸，作為教育家的校長蔡元培親自給他回信答覆說：「傅君以哲學門隸屬文科為不當，誠然。然組入理科，則所謂文科者，不異將使人視為空虛之府乎。治哲學者不能不根據科學，即文學史學，亦何莫不然。不特文學史學近皆用科學的研究法也。文學必根據於心理學及美學等，今之實驗心理學，及實驗美學，皆可屬於理科者也。史學必根據於地質學、地文學、人類學等，是數者，皆屬於理科者也。如哲學可併入理科，則文史

1 《傅斯年遺劄》第一卷，歷史語言研究所，二〇一一年，一—二頁。
2 《傅斯年遺劄》第一卷，歷史語言研究所，二〇一一年，三—四頁。

亦然。如以理科之名，僅足為自然科學之代表，不足以包文學，則哲學之玄學，亦決非理科所能包也。至於分設文哲理三科，則彼此錯綜之處更多。以上兩法似皆不如破除文理兩科之界限，而合組為大學本科之為適當也。蔡元培附識。」[1]

傅斯年和蔡元培一生的師生結緣正是源於此事、此信，其意義對傅斯年來說實在重大。

一九一八年十月開始，受到民主與科學新思潮的影響，與羅家倫、毛子水、顧頡剛、康白情、俞平伯等二十餘人醞釀組織新潮社，仿效《新青年》創辦《新潮》月刊，提倡新文化。

一九一八年十二月三日，《北京大學日刊》刊登了《新潮》雜誌社啟事，啟事說：「同人等集合同趣組成一月刊雜誌，定名曰《新潮》，專以介紹西洋近代思潮，批評中國現代學術上社會上各問題為職司。不取庸言，不為無主義之文辭，成立方始，切待匡正，同學諸君如肯賜以指教，最為歡迎！」

當時，這個文學社團得到了陳獨秀、李大釗、胡適等北京大學師長們的熱情支持。

一九一九年一月，在當月發佈的創刊號上，傅斯年撰寫了《新潮．發刊旨趣書》一文。在該文中，他提出：「向者吾校性質雖取法於外國大學，實與歷史上所謂『國學』者一貫，未足列於世界大學之林；今日幸能脫棄舊型入於軌道。向者吾校作用雖曰培植學業，而所成就者要不過一般社會服務之人，與學問之發展無與；今日幸能正其目的，以大學之正義為心。又向者吾校風氣不能自別於一般社會，凡所培植皆適於今日社會之人也；今日幸能漸入世界潮流，欲為未來中國社會作之先導。本此精神，循此途徑，期之以十年，則今日之大學固來日中國一切新學術之策源地；而大學

1 《傅斯年遺劄》第一卷，歷史語言研究所，二〇一一年，四頁。

之思潮未必不可普遍中國，影響無量。同人等學業淺陋，逢此轉移之會，雖不敢以此弘業妄自負荷，要當竭盡思力，勉為一二分之贊助。一則以吾校真精神喻於國人，二則為將來之真學者鼓動興趣。同人等深慚不能自致於真學者之列，特發願為人作前驅而已。名曰《新潮》，其義可知也。」[1]

與此同時，北京大學的另外一部分學生，在劉申叔、黃侃等人支持下，則創立了《國故》月刊。專門和《新潮》唱對臺戲。可見當時的北京大學新舊思想的鬥爭多麼激烈。

而當時的北京大學校長蔡元培在致傅增湘的信中表明了他對《新潮》與《國故》的雙重支持態度。他說：「敝校一部分學生所組之《新潮》出版以後，又有《國故》之發行，新舊共張，無所缺畸。在學生則隨身好尚，各尊其所聞」[2]。

出了大名的傅斯年，在當時也受到了他人的嫉妒和誹謗。有人在上海的某家小報上造謠說傅斯

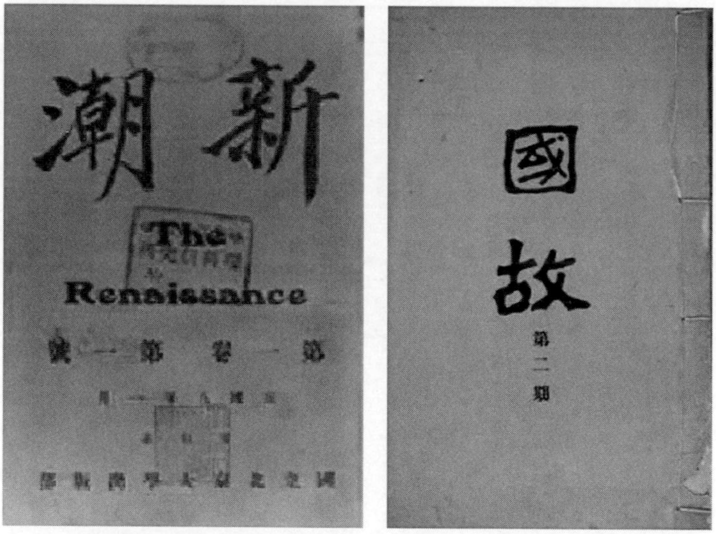

當時北京大學創辦的《新潮》和《國故》月刊

1 《傅斯年全集》第一卷，湖南教育出版社，二〇〇三年，七九—八二頁。
2 《傅斯年》，山東人民出版社，一九九一年，七四頁。

年背地裡拿了日本煙草公司的好處，一時間傳得人人皆知。於是，當時遠在上海的蔣夢麟特地寫信給傅斯年加以安慰。[1]

《新潮》發行後訊速產生了巨大的影響和支持，傅斯年也因此成為當時北京大學的著名學生領袖。根據羅家倫的回憶：「《新潮》能有這種成就，得力於孟眞為最多。當時孟眞和我雖然一道從事編輯的工作，可是在開始的幾期，孟眞實為主編。孟眞把握新文化運動的主張很堅定，絕不妥協；而選擇文章的標準又很嚴」。[2]根據歐陽哲生《傅斯年與北京大學》一文記載：「傅斯年在《新潮》上發表了四十多篇文章，內容涉及文學語言、社會政治、道德倫理、哲學歷史等領域，產生了極大的社會影響，從此他蜚聲文壇，成為北京大學一位富有魅力的學生領袖人物。」[3]

一九一九年四月一日，傅斯年在《新潮》雜誌上發表《故書新評》一文，開篇便指出：「中國人讀故書實在是件不急的事……應當先研究西洋的有系統的學問，等到曾使喚求學完的方法了，然後不妨分點餘力去讀舊書」。

一九一九年五月二日，蔡元培校長將巴黎和會上中國外交失利的消息告訴《新潮》社的羅家倫、傅斯年、康白情、段錫朋等人。得知這一消息後，傅斯年立刻在《新潮》五月最新一期的雜誌上主持起草了《北京學界全體宣言》一文，他宣稱：「現在日本在萬國和會上要求併吞青島，管理山東一切權利，就要成功！他們的外交大勝利了！我們的外交大失敗了！山東大勢一去，就是破壞中國

---

1 《懷念傅斯年》，秀威資訊科技股份有限公司，二〇一四年，六五頁。
2 《懷念傅斯年》，秀威資訊科技股份有限公司，二〇一四年，五二頁。
3 歐陽哲生《傅斯年一生志業研究》，秀威資訊科技股份有限公司，二〇一四年，一三六頁。

的領土！中國的領土破壞了，中國就亡了！所以我們學界今天排隊遊行，到各公使館去，要求各國出來維持公理。務望全國工商各界，一律起來，設法開國民大會，外爭國權，內除國賊，中國存亡，就在此舉了！今與全國同胞立兩條信條道：中國的土地可以征服不可以斷送！中國的人民可以殺戮不可以低頭！」[1]

五月三日晚上，傅斯年等新潮社同學們出席了在北京大學召開的全體學生大會。在這次會議上，傅斯年等二十名學生被推為代表，負責第二天大示威的組織事宜。

五月四日，北京大學等十三所院校三千餘名學生彙集天安門，舉行了聲勢浩大的示威活動，傅斯年擔任遊行總指揮。他扛著大旗走在最前面。

當學生遊行隊伍從沙灘大街走到東交民巷西門口美國使館門前時受阻。於是，大家就憤怒地轉向附近的曹汝霖的住宅——趙家樓。憤怒的學生們在那裡抓到了正在曹家的章宗祥，痛打了他並一把火燒了趙家樓。

北洋軍警趕赴驅趕人群，並加以現場鎮壓，當場就

傅斯年（左三）扛著北大旗幟走在前面

1 引《羅家倫先生文存論著》，臺灣國民黨史委員會，一九八九年，一頁。

逮捕了三十二名學生。

五月五日在北京大學校內，傅斯年與當時北京大學「國民社」的學生領袖許德珩在學生會辦公室發生激烈地爭吵，而許德珩卻首先打了他一巴掌。大怒之下的傅斯年當即「賭咒不到學生會裡來工作」。

從此以後，傅斯年退出了轟轟烈烈的北京大學的學生運動。

關於傅斯年在北京大學學習期間的成績，歐陽哲生《傅斯年與北京大學》一文記載：「傅斯年入北大之初，長得人高馬大，一付典型的山東大漢模樣，實則身體孱弱。但他天資甚高，又很勤奮，故成績優異，是校內有名的高材生。……在北大預科學習三年，傅斯年接受了嚴格的訓練，成績在班上名列前茅。一九一六年夏，傅斯年以平均九四點六分的高分成績獲得全班第一名，升入北大本科國文門。現將民國五年（一九一六年）六月傅斯年的畢業考試成績茲錄於此：西洋史九十三分，經濟八十五分，心理九十四分，英文作文九十四分，論理九十六分，英文古文九十八分，法學通論八十分，英文文學九十八分，德文文法讀本九十七分，文章學九十八分，地理一百分，歷史九十九分，文字學八十五分，拉丁文七十分，操行一百分，總計一千四百八十二分，曠課扣分加三分，總平均九十二・六分，實得九十五・六分、九十三・六分，九十四・六分。」[1]又見該文對傅斯年北京大學本科學習成績記載：「傅斯年的大學成績優秀，在班上居於前列。第一學年，中國文學一百六十分，文字學一百八十分，中國史九十分，中國文學史八十五分，論理學一百分，操行一百四十分，總計七百五十五分，平均八十九・八分，扣分一分，實得八十八・九分。居全班第一名。第二

1 歐陽哲生《傅斯年一生志業研究》，秀威資訊科技股份有限公司，二〇一四年，一三一頁。

學年，古代文學史九十三．五分，近代歐洲文學史八十分，日文六十七分，文字學八十分，總計三百二十．五分，平均八十．一分。列全班第三名（排在楊振聲，羅常培之後）。第三學年，近代文學史八十七．五分，文字學八十五分，言語學九十六分，詞曲八十二分，日文C班七十分，總計四百二十．五分。平均八十四．一分。居全班第五名（排在區文雄，崔志文，張煊，俞平伯之後）。」[1]

作為北京大學著名的才子和學運領袖，傅斯年在家鄉已經成了一個傳說，一直綿延至今。比如，鄧廣銘就曾回憶：「我在家鄉讀私塾的時候，就聽有人說，聊城有個傅斯年，是黃河流域第一才子。傅先生舊學功底深厚，在北京大學是拔尖的學生，而且和羅家倫等人主編過《新潮》刊物，所以在我們那偏僻的山林裡都有不少人知道他的名字，我也很崇拜他。」[2]

傅斯年自己曾回憶他在北京大學的學習生涯說：

1 歐陽哲生《傅斯年一生志業研究》，秀威資訊科技股份有限公司，二〇一四年，一三七—一三八頁。

2 《傅斯年》，山東人民出版社，一九九一年，二頁。

傅斯年和北京大學國學門同學合影

「我在北京大學六年（預科三年，本科三年），從民國二年到民國八年。那時候學生的平均購買力比現在高得多，吃個小館，不算稀奇。我是個中產階級的無產貧家出身，但也差不多每星期跑到東安市場買肉回來吃。我在這六年中，五年住宿舍，飯食的錢，一月合四塊多錢，吃的和現在銀行下級行員差不多。我在學校的宿舍裡住了五年，最後一年因為在報上作點小文，有幾個錢，便『住公寓』去了。那時候北京大學左右的公寓不計其數，小飯鋪不計其數，買零肉的尤其不計其數。」[1]

一九二〇年冬，受蔡元培推薦出洋，傅斯年赴省會濟南應考，考取了「山東省教育廳招考本省籍官費留學生」的指標。他從此開始了負笈歐洲的留學生涯。

一九二〇年一月二日，傅斯年從上海啟程坐船，歷經一個多月的海上顛簸，二月中旬終於到達英國利物浦港。

走之前，他曾信誓旦旦地說：「我這次往歐洲去，奢望太多，一句話說，澄清思想中的糾纏，練成一個可以自己信賴過的我。這出北京的一天，雖然是出國門，但是長途的發軔自不免起了無數的感想，過去的、未來的、快意的、悲觀的，對這霜雪飄零的景物，心上不免受些感動，人生的真價值於我，現在看來只是就其『論而擴充之』，待後來充滿了，作一個相當的犧牲。」[2]

一九二〇年三月二十日，他進入英國愛丁堡大學開始了留學生活。剛到英國，他就在北京《晨報》每天連載《英倫遊記》、《留學英國最先要知道的事》之類的文章，開始了他的賣文生涯。

但是，很快他就發現當時英國的心理學和物理學更吸引他。於是，他就轉入了倫敦大學研究院

---

1 《傅斯年全集》第七冊，聯經出版事業公司，一九八〇年，二七〇—二七一頁。

2 《傅斯年全集》第一卷，湖南教育出版社，二〇〇三年，三八一頁。

（University College），師從著名心理學家史培曼（C.Spearman）教授，研究學習實驗心理學、生理學，並選修了數學、物理以及愛因斯坦的相對論、勃朗克的量子論等課程。可見當時的他滿是一幅科學救國的思想意識。而當時在歐洲各國的大學中，選擇心理學專業一般都要求具備醫學本科學歷。為此，傅斯年不得不開始了醫學本科課程的學習。很快，這一努力中途夭折了。（有人歸結為傅斯年老同學俞平伯的離開[1]，這個理由實在近乎荒唐。以至於我差點以為他是否要給我們開講傅—俞之間的斷背山秘聞。）因為北京大學本科畢業的他，本來不需要再重新學習一次本科課程，傅斯年明白了心理學碩士學歷對他並不重要，重要的是具備了心理學的知識素養。這次變化也徹底讓他醒悟了留洋目的是追求科學知識，而不是學歷文憑。

在英國留學時期的傅斯年

我們看看傅斯年致函胡適的信中是怎麼談到這個問題的：「平伯忽然於抵英兩星期後回國。這真是再也預想不到的事。他走的很巧妙，我竟不知道。我很怕他是精神病，所以趕到馬賽去截他。在馬賽見了他，原來是想家，說他下船回英，不聽，又沒力量強制他下船，只好聽他走罷。這真是我近中所最不快的一種經歷。一句話說，平伯是他的家庭把他害了。他有生以來這次上船是第一次離開家。他又中國文先生的毒不淺，無病呻吟的思想極多。他的性情又太孤僻，從來不和朋友商量，

1 王汎森《傅斯年：中國近代歷史與政治中的個體生命》，三聯書店，二〇一七年，六八頁。

一味獨斷的。所以我竟不曾覺察出他的意思來，而不及預防。他到歐洲來，我實鼓吹之，竟成如此之結果，說不出如何難受呢！」[1]僅此而已，並未影響到傅斯年選修什麼課程。

他的同學羅家倫對此解釋說：「進了倫敦大學研究院，從史培曼（Spearman）教授研究實驗心理學。這看去像是一件好奇怪的事，要明白他這種舉動，就得要明白新文化運動時代那一班人的學術的心理背景。那時候，大家對於自然科學，非常傾倒，除了想從自然科學裡面得到所謂可靠的知識而外，而且想從那裡面得到科學方法的訓練。在本門以內固然可以應用，就是換了方向來治另一套學問，也可以應用。這是孟真要治實驗心理學的原因。」[2]而他自己在寫給胡適的信中則坦誠地說：「我的本意，想入理科第一學年，Spearman 不勸我這樣，所以現在一面做 Postgraduatework（研究生功課），一面再於 Undergraduate（大學本科）之科目中選些聽講。近中溫習化學、物理學、數學等，興味很濃，回想在大學時六年，一誤於預科一部，再誤於文科國文門，言之可歎。此後學心理學大約偏於 Biological（生物學的）一派與講 Freudian Psychoanlysis（弗洛伊德精神

一九二一年傅斯年和蔡元培、徐志摩、道藩等在英合影

1 《傅斯年遺札》第一卷，歷史語言研究所，二〇一一年，一四—一五頁。

2 《懷念傅斯年》，秀威資訊科技股份有限公司，二〇一四年，五三—五四頁。

分析學）之一派。下學年所習科目半在理科，半在醫科，斯年近中對於求學之計畫比前所定又稍有變更。總之，年限增長，範圍縮小。哲學諸科概不曾選習。我想若不於自然或社會科學有一二種知道個大略，有些小根基，先去學哲學定無著落。近來很不想做文章：一來讀書之興濃，作文之興便暴減；二來於科學上有些興味，望而空談的文章便很覺得自慚了；三來近中心境思想覺得比以前複雜，研究的態度稍多些，便不大敢說冒失話；四來近中更覺得心裡邊 Extroversion（外向）的趨向銳減，而 Introvestion（內向）之趨向大增，以此不免有些懶的地方。」[1]

這裏的「史培曼（Spearman）教授」，原名 Charles Spearman，生於一八六三年，卒於一九四五年。英國著名心理學家。一九〇六年，他獲得博士學位。一九一一年，他正式就任「Grote Professorship of the Philosophy of Mind and Logic」講座教授。

三年學下來，雖然他的醫學知識和心理學知識得到了長足的進展和積累，但是因為傅斯年並沒有得到任何學位，這使得他失去了繼續獲得英國留學簽證的可能。於是，他不得不轉赴他國繼續他的學習。

當時絕大多數留學生面臨這赴德、赴法、赴美的三重選擇。而最後衡量了外語能力和經濟能力，他選擇了德國。王汎森在《傅斯年：中國近代歷史與政治中的個體生命》一書中並沒有意識到這裡面的問題是留學簽證，他反而以為傅斯年是英語不好才被迫

傅斯年的導師史培曼（Spearman）教授

1 《傅斯年遺札》第一卷，歷史語言研究所，二〇一一年，一七頁。

離開英國。[1]這一懷疑性主張實在讓人大跌眼鏡！且不說當時的傅斯年在北京大學時期英語考試成績和實際水準就很高了，特別是他的學生楊志玖就曾直言傅斯年「英文很好」。[2]

我們看看傅斯年是怎麼對蔡元培解釋這個問題的：「斯年臨去國時，已決定學心理學。北大師友，多勸我學歷史，這或者是就我一向所學者立論，和我也未常不宜。……心理學到現在還不是一個成立的科學，因此各派難合。斯年所好乃 Hobbouse、McDouyall 一派以生物科學講心理者，亦甚喜 Frend 一派之心理分析學。此兩派皆以心理學為生物學之一部。至於專以自然科學之方法講心理者，頗與我的性情為遠。」[3]他歸結為「心理學到現在還不是一個成立的科學」而已。

一九二三年六月，傅斯年由英至德。九月，他轉赴柏林大學人文學院，主要是學習比較語言學，但是也經常選修一些理工科課程。羅家倫就回憶說：「他在柏林大學既聽相對論，又聽比較語言學。他有了許多科學的方法和理論，又回頭發現了他自己曾經儲藏下的很豐富的中國歷史語文的知識，在此中可以另闢天地，所以他不但配談研究的科學，而且是備了一般科學理論的通才，並且更配做中央研究院歷史語言的所長。這是孟真忽而研究中國文學，忽而研究實驗心理學，忽而研究物理數學，忽而又成為歷史語言學的權威的過程。」[4]

1 王汎森《傅斯年：中國近代歷史與政治中的個體生命》，三聯書店，二〇一七年，七一—七二頁。
2 《傅斯年》，山東人民出版社，一九九一年，三五頁。
3 《傅斯年遺劄》第一卷，歷史語言研究所，二〇一一年，一九—二〇頁。
4 《懷念傅斯年》，秀威資訊科技股份有限公司，二〇一四年，五四頁。

一九二四年傅斯年和留德同學合影

但是在德幾年留學時期，官費則時有時無，以至於多次讓他身處困境。

一九二六年二月，他曾在給羅家倫信中如實闡述：「弟在巴黎最後接到朱寄之二十，換了後，還債等已精光，末日只剩了三十佛朗，其手中之二十馬克尚是從吾寄我者也。到了此地，幸員外尚有幾文，故用到十一月，過了初十，朱寄來二十鎊，交了二月房錢去其過半，所餘的月底還完了員外怎麼辦呢？幸與老陳定了一約，他先把二十鎊之馬克給我，我交了學費及他種零費，借給一位更窮的朋友三十馬克，交了這月房錢，今天只剩下四個半馬克，愁得這兩天無以為計也。」[5]

在遊學六年半時間中，大部份時間都在研讀實驗心理學，在柏林大學後期才開始閱讀比較語言學並學習東方語言，但他並沒有取得任何學位。一九二四年曾往德國訪問的趙元任夫人楊步偉寫道：「那時在德國的學生們大多數玩的亂得不得了，他們說只有孟真和寅恪兩個人，是『寧國府大門前的一對石獅子』。他們常常午飯見面，並且大家說好了各吃各的，因為大家都是苦學生。」[6]

也正是在此事，傅斯年開始接觸到了著名的蘭克學派。

蘭克，這是德語 Leopold von Ranke 的漢語譯名。蘭克出生於一七九五年十二月二十一日，卒於一八八六年五月二十三日。他是十九世紀德國乃至於世界歷史學界最重要的歷史學家，更被稱之為近代西方歷史學的奠基人，並被譽為「近代史學之父」。他最核心的主張就是研究歷史必須以原始檔案和文獻為中心，努力還原歷史事件發生時期的原貌。因此，這個學派也被成為實證學派。雖然如此看重原始史料，但是蘭克並沒有提出「史學即史料學」這樣絕對的主張。

5 《傅斯年全集》第七卷，湖南教育出版社，二〇〇三年，二五頁。
6 《談陳寅恪》，臺灣傳記文學出版社，一九七八年，二四頁。

蘭克在《拉丁與條頓民族史》（*Geschichten der romanischen und germanischen Völker von 1494 bis 1514*）一書中表示，治史的目的在於瞭解真實發生之歷史事實，而非要找出歷史發展的規則；這樣就實現了對歷史學之科學性的追求。他還提出「歷史既是藝術，也是科學」的論點。整個十九世紀，幾乎都是這個學派的天下。但是進入二十世紀初期以後，從西方歷史學界誕生了法國年鑒學派、德國社會史學派等新興的歷史學派正在逐漸占據著歐洲歷史學界。因此，當時傅斯年選擇這個學派而不是正流行的法國年鑒學派、德國社會史學派，唯一的解釋就是傅斯年本人覺得這個學派的實證特點和乾嘉考證學派、和明清時期的實學思潮是相互呼應，接受起來毫無違和感。

蘭克（Leopold von Ranke）教授

蘭克學派對亞洲歷史學和中國歷史學也同樣產生了巨大的影響。明治維新時代，日德關係得到了突飛猛進的發展和改善。一八七七年，日本東京大學成立。正處於大力發展新式教育事業的日本，通過德國駐日使館的特別推薦，高薪聘請德國歷史語言考據學派的史學大師蘭克教授的著名弟子瑞斯博士（Ludwig Riess）出任新設立的東京大學史學科主任教授。通過瑞斯幾年的辛苦教學，徹底改變了近代日本歷史學的發展軌跡。瑞斯的弟子白鳥庫吉成了近代日本歷史學界最大的泰斗和東洋史學東京學派的兩大奠基人之一。而同樣畢業於東京大學的桑原陟藏，更是以歷史學就是計量科學的主張，積極推廣和發展了蘭克學派在京都大學的傳播，使他成為近代日本歷史學界東洋史學京都學派的三大創始人之一。因此，當一九二四年下半年，傅斯年在德國接觸到蘭克學派的時候，日本已經完成了近代歷史學的革新和對蘭克學派的接受和發展。中日歷史學界在接受蘭克學派尚出現了將近四十多年的時間差。

王汎森在書中也贊同說：「從一九二四年下半年起，傅斯年的興趣轉向德國史學傳統，尤其是蘭克學派。」[1]他還分析說：「選擇蘭克而不是別的歷史學家作為主要榜樣，映照出他傾向追求一種客觀、科學、嚴密的史學。這種新的興趣很容易讓人想到清代考據學。」[2]因此，傅斯年在創建歷史語言研究所時，特別希望可以把歷史學「建設的和地質學、生物學等同樣」的程度。

一九二六年一月前後，他的官費已經到期了。無法再申請繼續延續。當時他致函羅家倫說：「特別糟者是今後全無辦法，山東學費已全無望矣。一言難盡，且待下回分解。」[3]這是傅斯年不得不開始考慮返回中國的最大原因。

1 王汎森《傅斯年：中國近代歷史與政治中的個體生命》，三聯書店，二〇一七年，七七頁。
2 王汎森《傅斯年：中國近代歷史與政治中的個體生命》，三聯書店，二〇一七年，七七頁。
3 《傅斯年遺劄》第一卷，歷史語言研究所，二〇一一年，三四頁。

第二章
初試身手：中山大學時期的傅斯年

一九二六年十月，因簽證到期無法延續，加之官費資金早就已經截止，傅斯年不得不開始回國之旅。那時價格便宜的船票一般都是由法國啟程的。於是，他由德國來到法國馬賽港，乘船歸國。十一月中旬，他達到上海。於是，返回山東看望母親和妻子。而後，傅斯年接到他的同學、時任中山大學副委員長朱家驊的來信，答應接納他來中山大學任教。

對於聘請傅斯年，朱家驊回憶說：「民國六年在北京，沈尹默先生對我說：『傅孟真這個人才氣非凡！』我當時並不認識他，到了民國十五年我在中山大學，為了充實文學院，要找一位對新文學有創造力，並對治新史學負有時名的學者來主持國文系和史學系，和戴季陶、顧孟餘兩先生商量，聘請他來擔任院長兼兩系主任。是年冬，他從德國回來到校，馬上全力以赴，他延聘有名教授，自任功課亦甚多。十六年春，更在文學院內，創辦語言歷史研究所，他對教務貢獻甚大，當時中山大學的聲譽隆盛，他出力很多。」[1]

為何沒有得到北京大學和清華大學的教職？有人解釋說：「一九二六年十一月，傅斯年回國之際，國內局勢動盪，政治黑暗，北京大學處於存亡未卜的危機之中，因為當時正是北洋軍閥執政最黑暗的時期，對內殘暴統治，對外軟弱無能，激起了全國人民尤其是學生的不滿和抗議。一九二六年三月十八日，北京高校學生因為反對日本軍隊派軍艦炮擊天津大沽口，對中國公然侵略挑釁的行為，紛紛組織起來向段祺瑞執政府請願。當浩浩蕩蕩的遊行隊伍來到執政府門口時，遭到槍擊和毆打，當場死傷數百人，這就是震驚中外的『三一八』慘案，其中北大、北京女師大死傷最多。慘案發生後，北洋軍閥政府面對群情洶洶的北京高校，打算集中對付一些在學生運動中較為積極的學

1 《懷念傅斯年》，秀威資訊科技股份有限公司，二〇一四年，八四頁。

校，於是計畫『掃除三個半學校』，分別是中俄大學、中法大學、北京女子師範大學和北京大學之一部，並擬定了一張包括蔣夢麟、朱家驊、魯迅等五十餘位知名人士的通緝名單。北京大學等幾所高校當時處於風雨欲來、前途未卜之中。北大代理校長蔣夢麟，教授胡適、劉半農、馬敘倫、周覽、高一涵、陳翰笙、顧孟餘、馬寅初、王世傑等意識到危險，先後離京另謀生路。在這種動盪的局面下，傅斯年回國執教北大的希望自然化為泡影。」[1]這一解釋實在有些牽強。文字雖然洋洋灑灑，實際卻完全不著邊際。因為當時來北京大學和清華大學工作的歸國博士、碩士們絲毫不受上述政治事件的影響。該文無非想涉及出一幅傅斯年政治正確而已，結果卻是杜撰多於實證。（不排除這是傅斯年後代同鄉出於鄉願情節而刻意杜撰。）

而清華大學雖然經他的同學、時任清華國學院導師的陳寅恪大力推薦，但是吳宓顯然並不認同，吳更看好著名的文史大家柳詒徵。在當天的日記中，吳宓記載：「梅教務長來，向寅恪商請教授。校中必欲聘傅斯年等以授中國文史，而必不肯聘柳公。不得不為本校惜，且為世局哭也。」[2]最後，還是柳詒徵獲得多數認可。

傅斯年對自己也有清醒的認識，他說：「到清華本無不可，但也有下列數難，使這事不成問題。（一）我也不願即去，因為我果去，恐也如元任的局面，半在大學，半在國學院，但我很想先自己整理一年再去，因彼處我畏王靜庵君，梁非我所畏，陳我所敬，亦非所畏。（二）此時已不成，因開學久，功課定。（三）不便去說。趙處我最不能說，因為本是他約我，我以北大故辭之。今我最

1 《傅斯年評傳》，中國社會科學出版社，二〇一四年，第四章，一頁。

2 见《吳宓與陳寅恪》，清華大學出版社，一九九二年，三七頁。

無顏去說，陳處因他老本是不管閒事的，最不宜奉擾。金處本無妨說，但我也不能在此時心緒下說。有此三項，亦須放在計畫之外。」[1]

唯一解釋就是因為他沒有學位。看來，當時的傅斯年，既沒有取得洋學位，也沒有過人的知名度和著作，至少連吳宓都不想再次複製一次陳寅恪進入清華的模式。以至於他自己曾感歎道：「我去北大的事是吹了。不知向何一方面走也」。[2]

一九二七年，傅斯年單身赴任廣州，任國立中山大學教授。

在中山大學時期的傅斯年，學術上創建了語言歷史研究所和政治上加入了國民黨——尤其是他得到了國民黨中央監察委員吳稚暉、蔡元培等人大力提拔，加之校方上司加恩人朱家驊對他的全面支持，這為傅斯年日後的發展提供了最大最堅實的保障。這一點歐陽哲生在書中已有詳細闡述。[3]但是，他沒有指出的是：當時在國民黨領袖蔣介石身邊活躍著文武兩套幕僚：其中，文官幕僚又分成兩大派，一派是以孔祥熙為核心的官僚買辦集團勢力；另一派則是以吳稚暉、蔡元培、朱家驊等人為核心歸國留學知識份子集團勢力。這兩大派系在蔣介石的身邊相互傾軋、爭寵於蔣，成為傅斯年最大的政治背景和靠山。

傅斯年在一九二九年曾致函蔡元培表達了他對當時政治的看法：「平實論起，此日政治實無我等立場，而中央研究院值不得先生為之拔一毛。何以言之？一人立生只有一義，並無二義，自變其

1 《傅斯年遺劄》第一卷，歷史語言研究所，二〇一一年，九七頁。
2 《傅斯年遺劄》第一卷，歷史語言研究所，二〇一一年，一〇〇頁。
3 歐陽哲生《傅斯年一生志業研究》，秀威資訊科技股份有限公司，二〇一四年，二二〇頁。

義者不祥。先生二十年中以智識階級之先進，領導全國之革新派。當北大風氣披靡一時之時，先生實全國第一位革新家，故先生之立場在改革傳統以就有道，先生之道德的勢力在全國知識階級。今政府日趨於復古，先生極難列位分責於其中，遑論主張一無可行乎？」[1]這樣的觀點，完全是留洋歸國知識份子勢力集團的集體心聲。而蔡元培當時正是和吳稚暉等人一起出現在蔣介石的文官幕僚系列中。

傅斯年是何時開始認識的國民黨元老吳稚暉，這個對他人生產生了重大影響的恩人？

根據我的考察，早在一九二〇年傅斯年還在英國留學的時期，就曾認識了來訪的吳稚暉。見傅斯年一九二〇年九月致蔡元培信函中：「吳稚暉先生過倫敦來談了半天，很覺感動。」[2]當時，吳稚暉到法國出任里昂中法大學校長（Institut Franco-Chinois de Lyon），順便來英國看望那裏的北京大學舊友。而吳稚暉又和陳誠保持著非常深厚和長期的私人友誼，這為傅斯年和陳誠的交往提供了基礎。

1 《傅斯年遺劄》第一卷，歷史語言研究所，二〇一一年，二〇三—二〇四頁。

2 《傅斯年遺劄》第一卷，歷史語言研究所，二〇一一年，二一頁。

傅斯年人生的三大貴人吳稚暉、蔡元培、朱家驊

關於他的加入國民黨並參加國民黨部活動的歷史事實，目前只又唯一個證據就是《國立中山大學日報》一九二七年六月二十一日報導。王汎森在書中也認可並表明「差不多與此同時，他加入了國民黨」[1]然後匆匆一筆帶過，不敢再做任何深究。實際上，當時國民黨部制定的每月一日召開一次各黨部「精神月會」（即國民黨員每月的組織活動和思想彙報溝通活動）則是不可或缺的絕對鐵證！可惜這個證據一直被學術界所忽視！我正是通過對國民黨基層黨部「精神月會」參與者的調查，找到了傅斯年加入國民黨和參與「精神月會」的準確資訊。正是因為得到了國民黨高層對他的絕對支持，才使得他如魚得水從中山大學走向中央研究院！比如，鄭天挺日記中就如實記載了傅斯年在西南聯大時期參加國民黨部每月一次的精神月會活動：「十一時舉行精神月會，由月涵主席報告，孟真講演汪精衛之罪行，全體決議通電致討。」[2]

——甚至後來還出現了蔣介石直接指令傅斯年參加國民黨中央委員會黨部的精神月會的現象。

根據伍叔的回憶：「孟眞進了中山大學的第一天，校長請客，我在作陪，他低聲問了一位熟人，默默第指著我說：『他教些什麼？』我是氣極了，他依舊是這樣無禮，但是他海外歸來以後，一頂黑帽子，意氣之盛，猶十倍於往昔，望上去眞似神仙中人。」[3]顯然，這時的傅斯年不能免俗，以至於老同學依然對他的派頭十足感到不滿。很難設想這樣冒尖的又領袖欲的人物不被社會打壓。但是由於有了朱家驊等人的支持，他不但立刻就任中山大學教授，而且還很快兼任文科學長（即，文

1 王汎森《傅斯年：中國近代歷史與政治中的個體生命》，三聯書店，二〇一七年，八七頁。
2 《鄭天挺西南聯大日記》一九四〇年三月一日，中華書局，二〇一八年。
3 《懷念傅斯年》，秀威資訊科技股份有限公司，二〇一四年，一四三頁。

學院長）及國文、歷史兩系的系主任。這真不是常人所能得到的機會，卻也養成了他日後目中無人又經常惡語褒貶他人的習慣。

在就任了文科學長及國文、歷史兩系的系主任之後，他為中山大學聘請了不少著名學者和留洋博士碩士們到任，增加了中山大學的學術知名度和影響力。

比如，毛子水就是這一時期主動接到了他的聘請：「廣州中山大學有電來請我到中山大學教書。我雖然事先沒有接到孟真的信，知道這必出自孟真的意思。」[1]

而他為了聘請顧頡剛到任、造成魯迅主動辭職一事，更是盡人皆知的往事。

為此，傅斯年特地給中山大學文史科的學生們寫了一封信說明此事，他特別解釋說：「顧先生的聘請，是本校去年顧孟餘先生提出通過，並列入『應特別力聘』一欄內去請的。顧先生回信云：『不能去廈，過年可來。』校中並未嘗以此回信解約。此事遠在我到校之前。上月顧頡剛先生來信，云想到校，遂問之於周先生。周先生云：『他來我就去』。我思之至十數次，終於以友誼的關係，電他不來。過一星期，又去兩信。不圖廈郵罷工，兩信未達。顧先生於星期日到此，星期一見後，我真萬分焦急。我想不到學校有何種理由拒顧，而不拒顧則文科無以維持安寧。想了好幾種法子，請顧先生他去，因為是朋友，所以敢如此做。結果，顧先生亦不諒我（因為自覺無不是處），同時亦不能留周先生之辭，心緒如焚矣。」[2]可見他當時左右為難，完全無法掌控局面。

與此同時，一九二七年六月二十日，傅斯年在主持中山大學文科第四次教授會議上，提出了建

1 《懷念傅斯年》，秀威資訊科技股份有限公司，二〇一四年，八二頁。

2 《傅斯年遺劄》第一卷，歷史語言研究所，二〇一一年，一〇六頁。

立語言歷史學研究所的構想。

八月，他正式開始運作並籌備創立「國立中山大學語言歷史研究所」，下設語言、歷史、考古和民俗四個分支，意圖將在德國所學研究模式複製到中山大學。但是，施耐德在《真理與歷史——傅斯年、陳寅恪的史學思想與民族認同》一書中主張：「傅斯年的史學理論帶有對史料進行經驗主義式的處理之限制、種種歷史哲學的烙印和明顯否定跨時代的發展模式及歷史法則。因此，不能將傅斯年的史學標誌為歷史主義史學對於這種現象有兩種可能的解釋，一是傅斯年接受了美國學術界的蘭克觀，二是中國式的接受蘭克」。[1]此說有些求之過深。其實，接受某種外來理論，作為一個學術用語用來闡述一個接受的具體過程，必然存在對原典或擴大或縮小的接受性誤讀。從事思想和文化的接受，畢竟不同於考古學。對於傅斯年來說，他感興趣的只是實證主義的考證方法和理論宣言而已，這就使得他在清代乾嘉考證學派和德國蘭克史學之間找尋到了相互交叉點，已經實現了隔世相知的效果。

一九二八年一月「國立中山大學語言歷史研究所」正式宣告成立。

當時的主講教師們先後有傅斯年、馬衡、商承祚、顧頡剛、珂羅倔倫、史祿國、容肇祖、聞宥、沈剛伯、黃仲琴、余永梁、何思敬、鐘敬文、劉奇峰、馬太玄、陳錫鑲、莊澤軒、崔載陽、羅常培、丁山、徐信符、陳功甫、辛樹幟、伍椒、葛定華、劉朝陽、蔣徑三等二十餘人。其中，語言組負責人聞宥，歷史組負責人沈剛伯、考古負責人商承祚、民俗負責人何思敬。

真正的該所專職教師名單如下：

1　施耐德《真理與歷史——傅斯年、陳寅恪的史學思想與民族認同》，關山、李貌華譯，社會科學文獻出版社，二〇〇八年，一六九頁。

研究所主任：傅斯年（一九二八／一—一九二八／十一／九），顧頡剛（一九二八／十一／九—以後）。

考古學主任：商承祚。

民俗學主任：何思敬。

歷史學主任：沈剛伯。

語言學主任：聞宥。

助教：劉朝陽、蔣徑三。

學術委員名單如下：商承祚、劉奇峰、沈剛伯、伍椒、何思敬、聞宥、葛定華、黃仲琴。

名譽顧問名單如下：趙元任、傅斯年、陳垣、鄧爾雅、何遂、謝英伯、辛樹幟、童仲華。

無論哪一個名單，都沒有涉及到陳寅恪！換句話說，一九二八—一九三〇年的陳寅恪在中國學術界的實際知名度和學術成就尚未得到當時學術界的普遍認可！而陳垣、趙元任卻赫然在列。可貴的是：作為「國立中山大學語言歷史研究所」主任的傅斯年，當時尚不敢站出來給陳寅恪吹喇叭抬轎子。

當時已有藏書十二萬餘冊，碑帖三萬餘張，皆由顧頡剛自江浙各個書肆採購而得。一九二八—一九三〇年三年

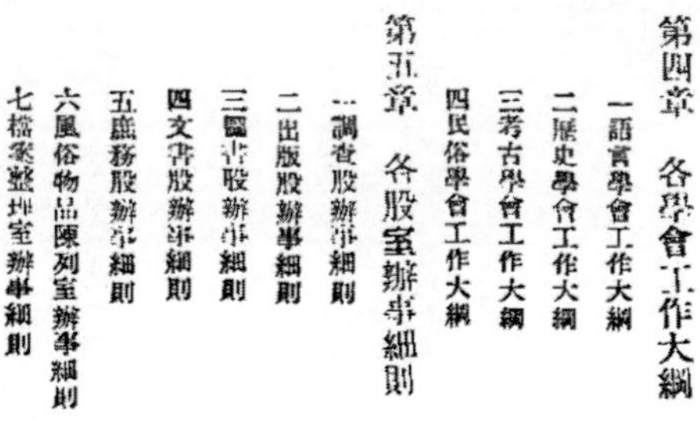
第四章　各學會工作大綱
一語言學會工作大綱
二歷史學會工作大綱
三考古學會工作大綱
四民俗學會工作大綱
第五章　各股室辦事細則
一調查股辦事細則
二出版股辦事細則
三圖書股辦事細則
四文書股辦事細則
五庶務股辦事細則
六風俗物品陳列室辦事細則
七檔案整理室辦事細則

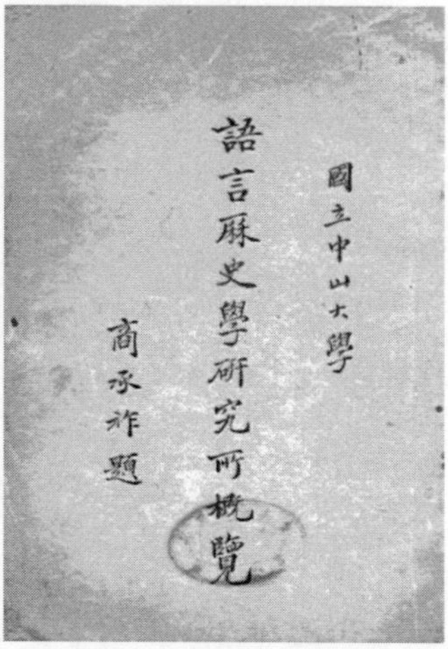

《國立中山大學語言歷史學研究所概覽》一書

間共畢業了研究生二十二人。一九三〇年，該所曾編輯出版了《國立中山大學語言歷史學研究所概覽》一書，詳細記載了該所從創建以來最初三年的歷史。

我們從當時這個所的規模和傅斯年的管理模式，百分之百就是中央研究院歷史語言研究所的規模和模式。可惜至今為止海內外所有研究傅斯年和歷史語言研究所的論著中，基本完全無視一九二八—一九三〇年三年間傅斯年領導下的國立中山大學語言歷史學研究所的具體運作過程和學術成就。一言以蔽之，中央研究院歷史語言研究所的全部科研計畫幾乎全都出現在《國立中山大學語言歷史學研究所概覽》一書「今後之計畫」一節中！[1]不瞭解這一點，幾乎等於根本不瞭解中央研究院歷史語言研究所形成過程和發展規劃等具體由來。

傅斯年在忙碌的行政工作之餘，也沒有忘記堅持教學和科研。

王汎森曾闡述：「傅斯年回到中國，馬上被聘為等於中山大學文學院院長的職位。從民國十六年起傅斯年千方百計想請胡適南下到中山大學任教，但未成功。不過胡、傅二人的交誼日漸親密，而胡適與顧頡剛原本密切的關係卻日漸疏遠。錢穆在《師友雜憶》上的觀察是有道理的。他覺得胡適始則依違於傅、顧二人之間，後則逐漸傾向傅氏，尤其以古史方面的見解為然。由於史語所安陽殷墟發掘的成果，使得胡適逐步放棄早年的疑古之說，而且還親自到史語所演講、對過去主張商代是銅器時代以前表示他的愧歉。此後，他對傅斯年領導史語所的能力極為肯定，並不斷地在日記中表示對傅氏在古史方面的精微見解表示讚歎。而胡適的〈說儒〉這篇文字便受到傅斯年《周東封與

1 《國立中山大學語言歷史學研究所概覽》，中山大學語言歷史研究所內部刊印，一九三〇年，四—一五頁。

殷遺民》的影響。」[1]

一九二七年十一月一日《國立中山大學語言歷史研究所週刊》第一集第一期正式刊印。

在該週刊的《發刊詞》中，提出：「語言學和歷史學在中國發端甚早，中國所有的學問比較，成績最豐富的，也應推這兩樣。但為歷史上種種勢力所束縛，經歷了兩千餘年還不曾打下一個堅實的基礎。我們生當現在，既沒有功利的成見，知道一切學問，不都是致用的。又打破了崇拜偶像的陋習，不願把自己的理性屈服於前人的權威之下。所以我們正可承受了現代研究學問的最適當的方法，來開闢這些方面的新世界。語言歷史學也正和其他自然科學同手段，所差只是一個分工。我們要實地搜羅材料，到民眾中尋方言，到古文化遺址發掘，到各種的人間社會去采風問俗，建設許多的新學問。」[2]雖然沒有署名作者，但是從全文語氣和觀點來看，傅斯年是主要撰稿人應該毫無問題。因此，傅斯年早年提出的「研究國故有兩種手段：一、整理國故；二、追摹國故。由前一說，是我所最佩服的：把我中國以往的學術、政治、社會等等做材料，研究出些有系統的事物來。不特有益於中國學問界，或者有補於『世界的』科學」[3]這樣的主張，也就解釋了眼下他整理歷史的新意義。

傅斯年自己也曾被行政事務困擾而煩惱。

在給胡適的信中，他直言：「自從到了廣州以後，研究所週刊出到四十二期了，我沒有作成一

1 見http://www.yucc.org.tw/news/column/80e190698207508565af5e74

2 《國立中山大學語言歷史研究所週刊》第一集第一期，一九二七年十一月一日。

3 《傅斯年文集》第一卷，湖南教育出版社，二〇〇三年，二五八頁。

篇文字，心中愈弄愈亂，坐定讀書簡直沒有這回事，因為責任所在，天天要到學校去一次，而寓所離校又遠，在路上費去的時間不知多少，一天一天，一月一月的蹉跎下去，我那得不恨？我那得不想走？照現在這樣得做下去，不到五年，我是一個落伍者了，我完了，我除了做學閥之外再沒有別的路了！所以這一關，我一定要打破，一定要在別人看為『得意』的環境中掙扎奮鬥。」[1]

與此同時，一九二七年四月十七日，中國國民黨中央政治會議第七十四次會議在南京舉行，李石曾提出設立中央研究院。

當年十一月九日，在頒佈的《中央研究院組織法》中明定「中央研究院直隸於中華民國國民政府，為中華民國最高學術研究機關」，下設物理、化學、工程、地質、天文、氣象、歷史語言、國文學、考古學、心理學、教育、社會科學、動物、植物等十四個研究所。

一九二八年三月，傅斯年接到命令，要求他組建中央研究院歷史語言研究所。

李濟曾說明了這個研究所設立的理由如下：「在中國境內語言學和歷史學的材料是很多的，歐洲人求之尚難得，我們卻坐看他毀壞亡失。我們著實不滿這個狀態，著實不服氣就是物質的原料以外，即便學問的原料也被歐洲人搬了去乃至偷了去。我們很想借幾個不陳的工具，處治這些新獲見的材料，所以才有這歷史語言研究所之設置」。[2]

四月二日，傅斯年致函胡適，向他說明了組建中央研究院歷史語言研究所的目標所在：「中央研究院之語言歷史研究所，業已籌備，決非先生戲謂狡兔三窟，實斯年等實現理想之奮鬥，為中國

1 《胡適往來書信選》上卷，中華書局，一九七九年，五三七頁。

2 《傅斯年所長紀念特刊》，歷史語言研究所，一九五一年，一一頁。

而豪外國，必黽勉匍卜以赴之。現在不吹，我等自信兩年之後，必有可觀。然若干事件非先生不能舉，導領工作非先生不能為，必有以來以成此事！」[1]可見，當時胡適也不理解傅斯年為何剛在中山大學設立了語言歷史研究所、馬上又在中央研究院籌備歷史語言研究所，胡適認為傅斯年這是狡兔三窟行為。傅斯年此信加以解說，並且自信「兩年之後，必有可觀」。事實證明，果真如此。

四月二十三日，國民政府特任蔡元培為中央研究院院長。

六月九日，中央研究院第一次院務會議在上海舉行，宣告了中央研究院正式成立。

歷史語言研究所成立後，傅斯年開始貫徹他個人的史學觀，推行他的行政措施。

在這個問題上，他明確地提出三個口號，即：「把些傳統的或自造的仁義禮智或其他主觀同歷史學和語言學混在一起的人，絕對不是我們的同志」的放棄主張，這是他的第一個口號。而他想要吸納的是：「要把歷史學、語言學建設得和生物學、地質學等同樣，乃是我們的同志」的主張，這是他的第二個口號。而他提出的終極目的則是「我們要科學的東方學之正統在中國」的主張，成了他的第三個口號。[2]這三個口號為歷史語言研究所的發展指定了大的方針和方向。這也成為取代舊史學及當時新興的古史辨學派等各類史學思潮的號角。而他對歷史語言研究所的科研要求則同樣是「不以空論為學問，亦不以史觀為急圖，乃純就史料以探史實也。」[3]

八月二十九日，第一批聘任的研究員二十五人名單如下：

---

1 《傅斯年遺劄》第一卷，歷史語言研究所，二〇一一年，一一三頁。
2 《傅斯年》，山東人民出版社，一九九一年，一〇三頁。
3 《傅斯年全集》第三卷，湖南教育出版社，二〇〇三年，三五五頁。

一、蔡元培先生（特約）
二、胡適先生（特約）
三、陳垣先生（特約）
四、陳寅恪先生（特約，或改為兼任）
五、趙元任先生（特約）
六、俞大維先生（未定）
七、劉復先生（特約兼任，或改為兼任）
八、林語堂先生（特約）
九、馬衡先生（特約）
十、李濟先生（特約）
十一、容庚先生（特約）
十二、朱希祖先生（特約）
十三、沈兼士先生（特約）
十四、徐炳昶先生（特約）
十五、袁復禮先生（特約）
十六、許地山先生（特約）
十七、馮友蘭先生（特約）
十八、羅家倫先生（特約）
十九、顧頡剛先生（專任，但中山大學職務未解時不支薪俸）

廿、楊振聲先生（特約）
廿一、傅斯年（專任，但中山大學職務未解時不支薪俸）
廿二、史祿國先生（兼任）
廿三、羅常培先生（特約）
廿四、丁山先生（特約）
廿五、辛樹幟先生（特約）
以上專任者二人，兼任者一人，特約者二十人，未定者二人（大約係兼任）。
再，沈兼士先生未經前籌備員會通過，合併聲明。

右上院長　蔡先生

歷史語言研究所籌備員傅斯年八月廿九日

杏佛先生同此。[1]

一九二八年十月二十二日，獨立於中山大學之外的中央研究院歷史語言研究所正式在廣州成立，傅斯年出任所長。

十月二十六日，傅斯年給廣州市公安局寫申請函，說明設立中央研究院歷史語言研究所一事：「敬啟者：國立中央研究院於本年七月決議設置歷史語言研究所，暫置廣州，以便從事方言學、人類學各項工作。茲已租定廣州市東山恤孤院後街三十五號柏園為所址，除由敝院另行函知廣州市政

1 《傅斯年遺劄》第一卷，歷史語言研究所，二〇一一年，一四五—一四六頁。

府外，相應先行通知貴局，即希查照並請按照公安局保護各政府機關各項規定及習慣，適用於敝所，至感公誼。此致廣州市公安局。」[1] 該所具體辦公地點在廣州東山恤孤院街三十五號柏園。

故此，楊志玖《傅斯年與歷史語言研究所》一文中曾給出很公正而客觀的評價說：「傅斯年在學術上的最大貢獻，恐怕應在於他創辦並主持了中央研究院歷史語言研究所。」[2]

根據傅斯年撰寫的《歷史語言研究所工作之旨趣》一文，他對傳統的語言學和歷史學給出了如下三個批判：

第一，「凡能直接研究材料，便進步。凡間接地研究前人所研究或前人所創造之系統，而不繁豐細密地參照所包含的事實，便退步。上項正是所謂科學的研究，下項正是所謂書院學究的研究。在自然科學是這樣，在語言學和歷史學亦何嘗不然？」[3]

傅斯年舉例說以《說文》為材料，能充量地只能研究金文學和甲骨學等，這是遠遠不夠的。他認為：「能利用各地各時的直接材料，大如地方誌書，小如私人的日記，遠如石器時代的發掘，近如某個洋行的貿易冊，去把史事無論巨者或細者，單者或綜合者，條理出來，是科學的本事」[4]。因為科學研究中的題目是事實之彙集，所以有些從前世傳來的題目經過若干時期，被解散了，這就破壞了學術問題遺傳的問題。他指出：「中國的所謂經學中甚多題目，如西洋的哲學。所以中國各地零零碎碎致力於歷史或語言範圍內事的人也本不少，還有些所謂整理國故的工作，不過每每因為

1 《傅斯年遺劄》第一卷，歷史語言研究所，二〇一一年，一五六—一五七頁。
2 參見楊志玖《傅斯年與歷史語言研究所》，《文史知識》，一九九九年第五期。
3 《傅斯年全集》第四冊，聯經出版事業公司，一九八〇年，二五二—二六六頁。
4 《傅斯年全集》第四冊，聯經出版事業公司，一九八〇年，二五三—二六六頁。

所持住的一些題目不在關鍵中，換言之，無後世的題目，或者是自縛的題目，遂致於這些學問不見奔馳的發展，只表昏黃的殘缺」[1]。

第二，「凡一種學問能擴張它研究的材料便進步，不能的便退步。西洋人研究中國或牽連中國的事物，本來沒有很多的成績，因為他們讀中國書不能親切，於中國事實不能嚴辨，所以關於一切文字審求，文籍考訂，史事辨別，等等，在他們永遠一籌莫展。但他們卻有些地方比我們範圍來得寬些。」[2]

傅斯年認為我們古代的歷史學家基本不會認真考慮四裔的歷史和地理問題。那些為歷代中國學者們所忽略的如匈奴、鮮卑、突厥、回紇、契丹、女真、蒙古、滿洲等問題，現在卻有很多的歐洲學者們給與了特殊的關注和研究。尤其是神祇崇拜、歌謠、民俗等問題，中國歷史學者們幾乎不會注意這些小問題。傅斯年特別指出：「西洋人作學問不是去讀書，是動手動腳到處尋找新材料，隨時擴大舊範圍，所以這學問才有四方的發展，向上的增高。」[3]因此，中國文字學的進步是因為有了甲骨學和金文學的研究成果。這樣才形成「材料愈擴充，學問愈進步，利用了檔案，然後可以訂史，利用了別國的記載，然後可以考四裔史事」[4]的局面。

第三，「凡一種學問能擴充它作研究時應用的工具的，則進步；不能的，則退步。實驗學家之

1 《傅斯年全集》第四冊，聯經出版事業公司，一九八〇年，二五三—二六六頁。
2 《傅斯年全集》第四冊，聯經出版事業公司，一九八〇年，二五三—二六六頁。
3 《傅斯年全集》第四冊，聯經出版事業公司，一九八〇年，二五三—二六六頁。
4 《傅斯年全集》第四冊，聯經出版事業公司，一九八〇年，二五三—二六六頁。

相競如鬥寶一般，不得其器，不成其事，語言學和歷史學亦復如此。」[1]

傅斯年發現了古代的音韻學者們無法辨識古音，甚至連一部《切韻》都搞不明白。他還發現隋唐中古音，西方學者們利用梵音、西藏、緬甸、暹羅等語音，按照譯名給與對比研究和辨識。他指出：「將來以比較言語學的方法來建設中國古代言語學，取資於這些語言中的印證處至多，沒有這些工具不能成這些學問。」[2]他還發現古代中國史學缺乏地質、地理、考古、生物、氣象、天文等學，而這些無一不可以成為研究歷史問題者之工具。因此，「中國史學者先沒有這些工具，哪能使得史學進步，無非靠天幫忙，這裡那裡現些出土物，又靠西洋人的腿，然而卻又不一定是他們的胸袋，找到些新材料而已。」[3]

一九二九年春，中央研究院歷史語言研究所從廣州遷往舊北平北海靜心齋，傅斯年同時兼任北京大學文學院教授，講授「中國上古史專題研究」及「中國古代文學史」。

根據沈頌金《傅斯年與中國考古學》一文的介紹：「一九二八—一九三七年在安陽殷墟的十五次發掘；與山東、河南兩省地方政府分別組成古蹟研究會，發掘了山東城子崖和兩城鎮遺址，河南浚縣辛村衛國基地，汲縣山彪鎮和輝縣琉璃閣東周墓地以及永城造律臺等遺址。抗戰爆發後，時局動盪，中國東南半壁河山淪入日本之手。該所仍在大後方堅持考古發掘不輟，先後組成幾支考察團，發掘了雲南大理、蒼洱地區的古代遺址，四川彭山漢代崖墓及成都前蜀王建墓，又在河西走廊和關

1 《傅斯年全集》第四冊，聯經出版事業公司，一九八〇年，二五三—二六六頁。
2 《傅斯年全集》第四冊，聯經出版事業公司，一九八〇年，二五三—二六六頁。
3 《傅斯年全集》第四冊，聯經出版事業公司，一九八〇年，二五三—二六六頁。

中地區進行調查發掘，獲得了大量的考古資料，在中國考古學史上寫下了輝煌的一頁。下面僅以安陽殷墟的發掘和研究為中心，說明歷史語言研究所為中國考古學的發展所作的巨大貢獻。」[1]

1 沈頌金《傅斯年與中國考古學》，《山東社會科學》，二〇〇〇年第三期。

第三章

橫空出世：史語所早期的考古和整理史料活動

一九二九年三月，中央研究院歷史語言研究所遷移至舊北平北海靜心齋。

秋，胡適約請傅斯年兼任北京大學文學院教授。在那裡，他先後講授過《中國古代史專題研究》、《秦漢史》、《史學方法導論》和《中國文學史》等課程。雖然他自己已經做出了相關規定：禁止研究所專職科研人員在外兼職。

為此，他特別下達命令說：「一、全所完全集中在北平。二、停止所外一切工作。三、專辦幾件事，凡在至少一年之內，不可以刊佈之工作，皆停止。」[1]

針對這一特殊的規定，鄧廣銘為之辯解說：「傅先生所以在北大兼課，主要是想為歷史語言研究所選拔人才。當時歷史語言研究所人才濟濟，像陳寅恪、徐中舒、董作賓、郭寶鈞、李濟等，但總要培養青年學者作接班人。所以，傅斯年、董作賓、李濟、梁思永諸先生都在北大講課，想發現選拔人才。後來，北大畢業生到史語所去的很多，我的同學中就有胡厚宣、張政烺、傅樂煥、王崇武等人。」[2]

一九三〇年傅斯年在京和歷史語言研究所同仁合影

李方桂也曾回憶說：「他辦史語所也有一個原則，即凡在史語所工作的人都不准在外面兼課，但陳寅恪和趙元任一定要在清華兼課，他不得已，為了請到這兩位傑出人才，只好退讓一步說：

1 《傅斯年遺劄》第一卷，歷史語言研究所，二〇一一年，二一八頁。

2 《傅斯年》，山東人民出版社，一九九一年，三頁。

『好，只有你們兩位可以在外兼課，別人都不許』。」[1]

當時聽過傅斯年講課的學生楊志玖，後來回憶說：「我在北京大學史學系讀書時，曾旁聽過傅先生的先秦史專題課，我雖不能完全領會他講課的內容，但對他發表的獨到的見解，對史籍的熟悉，旁徵博引，融合中西的學識以及滔滔不絕的口才，卻深感新奇和欽佩。他時而背一段《左傳》，時而翻一篇英文文獻，中西互證，左右逢源，宛如一個表演藝術家，聽他的課也是一種藝術享受。」[2]

就發現優秀學生一事來說，傅斯年慧眼識高去尋應該是個典型案例。一九三五年七月四日，傅斯年致函李濟重點談高去尋。他說：「弟本屆在北大教書，發見一個很可造就的青年，其人名高去尋。先是弟在北大教書之前，曾詢頡剛以『北大好學生』，頡剛開五六人，其中有高去尋。旋又云『高不行』，因此弟未深注意。後來發見頡剛所謂『頂行』者，乃真不甚行。因此，又注意其所謂『好中之不好』者，乃覺此君大可有為也。（近又詢頡剛，則云『此君（高）最好』，可知頡剛胸中實無定見也。）與思永談及。思永云，他『在北大教書時發見此人，極為注意』。然以研究所無錢，未向弟提及。弟將其原著文一，及論文一，送思永一看。思永云，『此人實好。彼能認識此問題，並知 how to approach it，可稱難得』。他贊成約他到研究所來。」[3]從此，高去尋正式走進歷史語言研究所，並逐漸成為著名考古學家。因其在第十二次殷墟考古發掘隊年齡

1 《傅孟真傳記資料三》，天一出版社，一九七九年，八二頁。
2 《傅斯年》，山東人民出版社，一九九一年，三四頁。
3 《傅斯年遺劄》第二卷，歷史語言研究所，二〇一一年，六七〇—六七一頁。

排名第九，從此被人戲稱高老九。一九四九年，他晉升為歷史語言研究所專任研究員。一九六六年，他當選為中央研究院院士。一九七八年開始，他成為歷史語言研究所所長。傅斯年慧眼選用的人才為歷史語言研究所發展和科研奮鬥了一生！

在這一時期，傅斯年親自領導了多次對殷墟和城子崖等地的大型考古遺址的系列發掘活動。

傅斯年確信：「古代歷史，多靠古物去研究。因為除古物外，沒有其他東西作為可靠的史料。我國自宋代以來，就有考古學的事情發生，但是沒有應用到歷史上去。中國古史時期，多相信《尚書》、《左傳》等書，但後來對於《尚書》、《左傳》亦發生懷疑，不可信處很多很多，於是不能不靠古物去推證。中國最早出土的東西，要算是鐘鼎彝器了。周朝鐘鼎文和商代彝器上所刻的文字去糾正古史的錯誤，可以顯明在研究古代史，舍從考古學入手外，沒有其他的方法。」[1]

高去尋在第十二次殷墟考古發掘現場留影

一九二八年六月六日，傅斯年聘請董作賓為研究員，他的聘請理由是：「為呈請事，查前中山大學預科國文教授董作賓君年少績學，天資學力俱茂，去冬以中大有參加西北考古調查團之議，即

1 《傅斯年全集》第四冊，聯經出版事業公司，一九八〇年，二九〇—二九一頁。

思貲董君前往，其事未成而董君以母病瘴疾，還鄉奉養。斯年等亦曾以就近調查各種可供研究之資料相托，董君不斷寄來，均可寶重。自中央研究院有籌備歷史語言研究所之議，斯年即函托其在家擔任通信，就地尋求一切材料，寄來先後收到，頗有可觀。董君著文亦多創見，如其商正王靜安君《唐韻》之作，即可見其從學之方術。謹按河南古物至多且要，歷史語言研究所必於彼工作，以成盛事，擬請大學院聘之為研究員，以定所業而利進行，並擬請大學院核准每月給予津貼百元，俾抒衣食之累而專研究之功，自當由職籌備處隨時報告成績，以符名實。再，現在擬就董君在河南之便，調查安陽、洛陽兩處，初步發掘所需之各事，前已擬就大綱，囑董君從事，如承核准，當即囑董君克日起程。所請各節是否有當，諸乞酌奪。」[1]

傅斯年給中央研究院報告中附上了董作賓的考古調查計畫：「董作賓調查辦法大綱：1.地點擬先向安陽調查小屯村及殷墟所在，次向洛陽城東尋求前歲發見三體石經之地，以便暑後作有規模之發掘。隨時參考故籍，測量地形，畫成各時代圖，以便多得可供發掘之點。2.時間擬自六月中旬起，至八月半止，為期兩月。約須途行半月，到汴住半月（工作：與省政府接洽請發護照；考究本省地志作書本上之調查；訪問安陽、洛陽人士，以前發見甲骨及石經情形。）安陽、洛陽各住半月。3.辦法須大學院發給『調查河南古蹟古物委托狀』為憑。川資甚難預定，先支二百元匯往，後來由研究所核辦。」[2]收到傅斯年的報告，中央研究院給予了高度重視，並特批一千銀元作為發掘經費。

一九二八年十月十三日—三十日，由董作賓主持的殷墟第一次考古正式展開。在十八天的發掘

1 《傅斯年全集》第一冊，聯經出版事業公司，一九八〇年，一三九—一四〇頁。
2 《傅斯年遺劄》第一卷，歷史語言研究所，二〇一一年，一四〇—一四一頁。

中，共出土有字甲骨八百餘片，還有大量其他文物。

這個發掘前後共歷時十年之久，圍繞著安陽小屯在不同地點先後進行了十五次發掘。當然，這只是早期的十五次發掘。因為一九四九年以後，中國社會科學院考古研究所還舉行了多次考古發掘活動。

一九二八年十一月三日，傅斯年致函董作賓，正是介紹李濟參與殷墟考古工作。該信中說：「李濟之先生今日過此，留住一周，即行北上。他聞兄工作什喜，當過安陽小留，盼與商之。他是中國此時於近代考古學上惟一有訓練之人也。」[1]顯然，由於當時的董作賓本人也缺乏主持大規模考古發掘的專業知識和水準，因此，嚴格地說，董作賓主持的首次殷墟發掘實在是考古學術含量不足的考古發掘。

在第一次發掘結束後，董作賓撰寫了《民國十七年十月試掘安陽小屯報告書》一長文。可以說：殷墟考古發掘由董作賓開始拉開序幕的。但是，針對第一次的發掘，李濟對此的評價卻是「仍襲古董商陳法，就地掘坑，直貫而下，惟檢有字甲骨，其餘皆視為副品。雖給地圖，亦太簡略，且地層

董作賓和殷墟第一次考古發掘全體人員合影

1 《傅斯年遺劄》第一卷，歷史語言研究所，二〇一一年，一五九頁。

紊亂，一無記載」。[1] 雖然，他如此歸納董作賓的考察發掘「雖較羅振玉略高一籌，而對於地層一無所記。」[2] 於是，傅斯年決定聘請李濟主持其後的殷墟考古發掘工作。以後，當時尚在年輕的李濟因其傑出的考古學成就被同仁們一致戲稱為「老太爺」，謂其研究古老而久遠的歷史之故。當時，李濟還通過在豫美國傳教士Carl Whiting Bishop的幫助，從美國著名的「史密斯學會」（Smithsonian Institution）那裏獲得了大約一萬美元的考古資助，這使得他有了充足的資金從事考古挖掘活動。對此，蔡元培曾回憶道：「董先生到了那裏，試掘了一次，斷其後來大有可為。為時雖短，所得頗可珍重，而於後來主持之任，謙讓未遑。其時，適李濟先生環遊返國，中央研究院即托其總持此業，以李先生在考古學上之學問與經驗，若總持此事，後來的希望無窮。承他不棄，答應了我們，即於本年（一九二九年）二月到了安陽，重開工程。」[3]

一九二九年三月七日—五月九日，李濟主持了殷墟第二次考古發掘。這次大致探明了殷墟遺址的範圍，留給秋季考古集中工作。

同年十月七日—十二月十二日，李濟主持了殷墟第三次考古發掘。十月初開工後，這一活動很快就引來了當地河南政府的強烈反對。十月二十一日，河南省政府派學者何日章前來，宣佈不准外省人在此從事考古活動。而何日章自己則讓其親屬帶領一個隊伍，開始強行盜墓式的挖掘活動。

為此，傅斯年多次致函給民國政府和河南省政府，闡明考古發掘不是挖寶發財、缺乏訓練的亂挖將徹底毀壞文物遺址等等主張，強烈要求立刻阻止何日章等人的亂挖盜墓行為。

1 《史語所發展史》，歷史語言研究所，九八頁。
2 《史語所發展史》，歷史語言研究所，九八頁。
3 《李濟考古學論文選集》編者後記，文物出版社，一九九〇年。

這個何日章，並非等閒之輩。他是河南省商城縣人。生於一八九三年十二月十九日。世代儒業，書香傳家。祖父何元傑，光緒戊戌科親賜翰林編修誥授中憲大夫；父何承傳，清末秀才。民國初年，何日章師範學校畢業後，在當地設館授教。兄弟四人。二弟何國政自鄉村師範畢業後，任職於河南省圖書館；三弟何國昭，畢業於保定軍校，曾任軍職及縣長；四弟何國晸，曾任警察局長。一九一七年，他畢業於國立北平師範大學英語系。而後先生曾留學日本，專心研究圖書館學。一九二二年，他創立河南省圖書館，並擔任首屆館長。一九三三年，他受聘出任國立北平師範大學教授兼圖書館館長。一九四八年後，他定居於臺灣，擔任臺灣省立圖書館研究室研究員。而後出任政治大學圖書館館長。一九二二—一九三二年間，他曾親自參與組織了河南省政府舉辦的殷墟考古發掘活動。

一九二九年十月二十三日，傅斯年致函蔡元培說：「豫省既拒院作，又派何日章，事如不校，不特各地皆不得掘，且殷墟必為草率從事者所毀。請即再電豫省，言明事前不通知之非禮，本院實負中國學術大任，應即照豫省十七年九月廿八日第一一〇二號公函照舊保護並先行令何日章停止，便商解決，一面院電北平武王侯劉雪亞總指揮，請令彰德駐軍停止雙方工作，俾免損壞地域。」[1] 同年十一月，傅斯年致函張道藩，請轉國民黨中組部部長陳果夫和河南省政府主席韓復榘，要求他們出面制止何日章的亂挖盜墓行為。[2] 同時，他又致電國民黨元老吳稚暉[3]、蔡元培[4]等人，要求他們向韓復榘和蔣介石轉達中央研究院的正當要求、維護考古工作正常展開。他明確了自己的立場

1 《傅斯年遺劄》第一卷，歷史語言研究所，二〇一一年，二三八頁。
2 《傅斯年遺劄》第一卷，歷史語言研究所，二〇一一年，二四一頁。
3 《傅斯年遺劄》第一卷，歷史語言研究所，二〇一一年，二四三頁。
4 《傅斯年遺劄》第一卷，歷史語言研究所，二〇一一年，二四三頁。

是：「中央研究院對河南地方只有善意合作之可論，決無爭物爭氣之可言，設若事實之誤解，體外之支節，均可不論耳。」[1]

為此，傅斯年親自來到河南，和各個部門領導人反覆講明考古發掘的意義和文物歸屬問題等等，前後工作了一個多月，這才保證殷墟發掘工作的繼續進行。

鄧廣銘回憶說：「要知道，當初搞殷墟發掘是不容易的，一方面是田野考古的人才缺乏，另一方面是河南人不讓挖，挖出的東西不讓外運。傅先生很有辦法，他在考古組中大量起用河南人，像董作賓、郭寶鈞、尹達、石璋如，還有一些，都是河南人，這就緩和了考古組和地方勢力間的矛盾。」[2]

李濟主持的殷墟第三次考古發掘出土了著名的「大龜四版」。這是在殷墟首次發現的大塊甲骨，龜版上刻滿了殷商時代的占卜文字。尤其是在十一月二十一日的發掘中，李濟在一堆碎陶片中發現了一片彩陶——這是安陽殷墟全部十五次發掘中所獲得的二十五萬塊陶片中唯一的一片具有仰韶文化性質的彩陶。

當年十二月七日，在傅斯年的上述多方活動下，國民政府再次致函河南省政府[3]，要求保護安陽考古發掘活動。

李濟在第三次殷墟考古發掘現場手持彩陶碎片留影

1 《傅斯年遺劄》第一卷，歷史語言研究所，二〇一一年，二六二—二六三頁。
2 《傅斯年》，山東人民出版社，一九九一年，八頁。
3 見臺灣國史館，檔案編號是001-097140-0002-005。

一九三〇年一月二十八日，傅斯年代表中央研究院正式致函河南省政府公函如下：

代擬院復河南省政府公文稿

函河南省政府為派本院傅所長斯年前往接洽安陽發掘事件由逕啟者：敝院在貴省安陽縣小屯村為考古之發掘已逾一年，中因貴省圖書館長何日章矇報事實，以致發生障礙，經由敝院呈請國民政府重行前往，已奉主席核准，遵即派考古組於本月十二日赴彰德工作。茲因解釋以前真相以清責任而除誤會並籌根本辦法起見，特派敝院歷史語言研究所傅所長斯年前往與貴省政【府】接洽一切，為此通知，諸希查照為荷。

此致

河南省政府[1]

但是，這件事因為涉及到中央和地方的所謂利益之爭，何日章等人在河南省政府暗中支持下，繼續亂挖盜墓。為此，傅斯年在一九三〇年四月十五日刊行的《史學月刊》上特地發表文章，揭示了如下內幕：

案，敝所往安陽之工作，本得河南省政府之許可，非逕自前往。旋何日章君請省政府函達敝院，將一部分古物置於開封。敝院當即函復，研究後分存首都及本地。是敝院但求研究，不據古物為己

1 《傅斯年遺劄》第一卷，歷史語言研究所，二〇一一年，二七二—二七三頁。

有之意，昭然若揭。其後軍事繁興，安陽土匪四起，李濟之先生在章河橋炸五小時前攝數骨類、陶類來北平本所，以求工作之不斷，更以便北平專門學者之參與研究。此本研究中必有之處置，為一切文化國家之通例。果因而誤會，來函聲詢，自可充分解答。乃何日章突於十月初旬，到安陽布告禁止吾等工作，由彼之妻舅警察學校畢業軒君率領「發掘」，無方法，無問題，公然聲言是來找寶貝的。斯年入京，向院陳明一切，由國府一再電令河南省政府「保護中央研究院發掘，停止何日章任意發掘，以免損毀現狀，致墜前功。」無如省政府職員中，有其好友，擱壓不理。斯年並即赴汴，向地方人士解釋。一則謂此事決非中央研究院與地方人士之爭執，吾等只求工作之安全順利，絕不據古物為己有。再則謂敝院願借殷墟發掘之機會，為河南學術作一切可能之幫助。地方賢士，表同情於我等者甚多，僅何氏及其二、三黨羽，曲繪其事如中央與地方之學術爭執耳。經長時之接洽，始得與河南省政府作五條之約定。乃斯年一去開封，何君又設術推翻此案，更派其警官妻舅前往大掘。此真殷墟之悲劇矣！吾等所敢自信者，為近代科學的考古方法。故以殷墟為一整個問題，並不專注意甲骨等。滿意工作經若干年，為中國古史解決若干重要問題，為中國史學爭一國際的地位，故李濟、董作賓先生等在場工作，方法求其至細，工具求其至精，記錄求其詳盡。近代考古學之殊於傳統的古器物學處，即在問題之零整，記錄之虛實，目證之有無。李、董諸君行之，為時不多，遭厄尤巨，然已引起國際學術之注意。若任何氏毀壞史料，國立中央研究院之責任安在？果何君能組成一個像樣的發掘團，吾等本可奉讓。無如何氏團中僅有一位號稱古學家之關君，從未一履安陽工作之場。率其事者，乃其警官妻舅。無照像專人，僅雇一照像館員，學我等工作時照像，而不知其何謂。遇一墓葬，見頭取頭，見腿取腿，積而陳之，不知誰為誰之頭。其葬式之記載，更無論矣！陶片則一往棄置。見吾等收之，偶效吾等保留若干。若地基問題，更不知何解矣。又專以市場價值為價值。彼等初次到安陽，經介紹到吾等工作地參觀三日，不言何為。見一白瓦片，大喜，謂若置開封，可值九十餘元。近督責工人，亦以誰能找到出寶的地方，則分半價獎之為言。此真太不成事體矣！尋此事之所以至此者，皆緣政治不上軌道，政府電文毫無效力。而何氏雖無學問，逢迎之手段則普著於河南。歷次軍閥，皆經其逢迎，而得接近。故非吾等向遵是非者，所得而對當也。河南學人旅北平者，如徐炳昶、李敬修、馮友蘭、傅銅等先生，皆同情於我等，一再函責河南省政府。北平古學先輩，如馬衡先生等，亦皆以為公敵。可知此事既非學術之爭，又非地方之爭，乃生當亂世，行路遇到打劫者也。貴志引為文化事業之爭執，乃但據何君傳單而立論。然何君傳單，直是欺語。彼見吾等工作之術，不得不抄襲若干方法論。然其在安陽、在開封所作為者，則與此全不相干。其記事尤欺妄也。所有詳細經過，及吾等立點，詳近刊三篇中。如荷貴報全為登出，既以校正貴報所登何君的傳單之誤，並以傳學術消息於關懷之人，為公為私，不勝感幸！貴報領袖東南之學人，負荷史學之大業，於文化事業爭執既標篤論，於學術屯厄必為義方之言！敢布區區。[1]

最後，傅斯年再次闡明：「中央研究院只求工作之安全、順利，絕不據古物為己有。去年發掘之始，本與河南省無任何條件之約定。後來一經何君呈請省政府來文，敝院即以分陳首都及本地之原則為答，是中央研究院之無私心，昭然若揭」[2]的總方針。

通過此文，何日章等人的盜墓發財嘴臉和缺乏考古知識和技術等問題徹底暴露！對於打消河南

1 《傅斯年遺劄》第一卷，歷史語言研究所，二〇一一年，二八七—二八九頁。

2 《傅斯年遺劄》第一卷，歷史語言研究所，二〇一一年，二九七頁。

省政府和學術界的地方利益情結居於重大的作用。

而且，傅斯年還在一九三〇年十一月二十日特別制定了由河南省籍的學者參與每次中央研究院的考古發掘活動的主張，徹底讓河南省政府和學術界從此再無話可說。即：

解決安陽殷墟發掘辦法

一、為謀中央學術機關與地方政府之合作越見，河南省政府教育廳遴選學者一人至三人參加國立中央研究院安陽殷墟發掘團。

二、發掘工作暨所獲古物均由安陽殷墟發掘團繕具清冊，每月函送河南教育廳存查。

三、安陽殷墟發掘團為研究便利起見，得將所掘古物移運適當地點，但須函知河南教育廳備查。

四、殷墟古物除重複者外，均於每批研究完結後，在開封磚林陳列，以便地方人士參訪。

五、俟全部發掘完透研究結束後，再由中央研究院與河南省政府會商陳列辦法。[1]

傅斯年、董作賓、李濟、梁思永在殷墟考古發掘現場合影

1 《傅斯年遺劄》第一卷，歷史語言研究所，二〇一一年，三〇四—三〇五頁。

一九三一年三月二十一日—五月十四日，李濟主持了殷墟第一次考古發掘。這次工作重點是後岡村，發掘範圍從小屯村向東擴展到後崗村，向西擴展到四盤磨村。他發現並確認了仰韶、龍山、殷代文化直接疊壓的地層，奠定了考古地層學的基礎。而且首次發現了殷代殉人遺跡。四月底，傅斯年到發掘現場進行視察，並於次年十一月他再次視察了發掘遺址。

一九三一年十一月七日—十二月十九日，李濟、梁思永主持了殷墟第五次考古發掘。

一九三二年三月—六月，第六次考察與發掘工作。在發掘中，考古工作者發現了殷代宮殿的若干遺址，同時出土了以甲骨為主的大量文物。

一九三二年十月十八日—十二月十五日，李濟、梁思永主持了殷墟第七次考古發掘。

一九三三年三月—五月，劉耀、石璋如主持了殷墟第八次考古發掘。這次發現了殷代墓葬，由此推斷小屯村附近有可能是殷都和殷陵所在地。劉耀、石璋如認為，侯家莊西北方向必有殷代大墓。

一九三四年三月九日—五月三十一日，劉耀、石璋如主持了殷墟侯家莊南部第九次考古發掘。

一九三四年十月三日—一九三五年一月一日，梁思永主持了殷墟侯家莊西北岡第十次考古發掘。當時的平均日用工也高達三百人。

一九三五年三月十一日—六月十五日，梁思永主持了殷墟侯家莊西北岡第十一次考古發掘。這次發掘規模最大，每天用工達到五百五十人以上，最多時達到近六百人。正是在如此多的河南當地學者和民工加入考古發掘隊之時，傅斯年致函李濟，特別指出：「弟意，河南工作，乃吾人命脈所繫，決不可放棄，應以至誠，不應過軟，軟只可到某一程度而止。亦決不可硬，尤斷乎不可干預河南內事。（如誰為河南博物院長。）」[1]這一提醒實在太有必要了。因為當時歷史語言考古所的考

1《傅斯年遺劄》第二卷，歷史語言研究所，二〇一一年，六八〇頁。

古發掘隊已經得到了河南省乃至全國的認可，傅斯年卻告誡李濟絕對不可介入河南學界的人事安排，以免因為人事糾紛帶來考古發掘活動的中止。這一預見是中肯的，也是非常老道的。這體現出傅斯年隊官場的深刻瞭解和對學術活動的維護。

一九三五年九月五日—十二月十六日，對殷墟侯家莊西北岡進行了第十二次考古發掘。

一九三六年三月十八日—六月二十四日，石璋如、郭寶鈞主持了殷墟小屯村第十三次考古發掘。六月十二日，就在這次考古發掘即將結束之時，意外地發現了保存完整的一坑甲骨。這就是大名鼎鼎、永垂史冊的YH127坑甲骨。

這坑甲骨不僅絕大多數是龜版，而且完整的龜甲就有三百多版，字甲一萬七千七百五十六片！根據石璋如回憶：「西北岡的發掘，有五個最多，即：參加的工作人員最多；用工人最多；用錢最多；占地最多；收穫最多。其中單就工資一項來說，每人每天工資四角，五天發一次，每人二元，五百人，五天便要發大洋一千元。本次工作一百零二天，除了星期天、下雨天停工，實際的天數約八十五天，要發十七次工資，即一萬七千元。這個數字在現在聽起來，簡直不算回事，可是在當時聽起來，真是駭人聽聞。一萬七千元，那還了得！」[1]

殷墟第十三次考古發掘YH127坑甲骨

1 《新學術之路》，歷史語言研究所，一九九八年，三五三頁。

一九三六年九月二十日－十二月三十日，梁思永主持了殷墟第十四次考古發掘，發現了一個埋有完整馬車和四匹馬的車馬葬坑。

一九三七年三月十六日－六月十九日，梁思永主持了殷墟第十五次考古發掘。在這次發掘中共發現有字甲骨一萬七千零九十六片，比前十四次發掘出的全部有字甲骨的總和還要多。

從一九二八年十月到一九三七年的十年間，在傅斯年的領導下，歷史語言研究所對安陽殷墟先後進行了大小十五次發掘，共發掘遺址十一處，累計發掘面積達四萬六千多平方米，獲得大量龜甲、獸骨和銅器，共計有器物一百六十九萬件，帶文字的甲骨二．五萬片。發掘因抗戰爆發而終止，十五次的發掘所得已震驚中外，成為二十世紀世界田野考古工作中最重要的成果之一。

梁思永在殷墟第十五次考古發掘現場留影

對於殷墟考古發掘在近現代中國學術史上的意義，老一代著名考古學家張光直曾一針見血地指出：「一方面是由於殷墟是中國考古學史上頭一個用現代科學方法作長期發掘的遺址，所以在殷墟發掘過程中考古學者所經驗出來的心得，對以後本世紀考古工作者思想和研究的習慣，留下了不可磨滅的影響。另一方面，由於殷墟是目前中國歷史上最早的一個有文字記錄的考古遺址，它對於中國史前和歷史時期間的瞭解上，便發生了承先啟後的作用」。[1]又可見《殷墟考古九十年回

1 張光直《安陽．序》，《考古人類學隨筆》，三聯書店，一九九九年。

眸》一文中總結：「殷墟早期發掘有三個特點：一是發掘由中國官方學術機構組織；二是發掘主持人是受過現代西方田野考古學訓練的中國學者李濟、梁思永等；三是整個發掘工作前後持續十年，是基本連貫的發掘行為，它不同於西方人士在中國境內的零星作業，而是由中國學術界主導的、由掌握現代考古學方法的中國學者主持的自覺考古活動。這些理由應足以使我們得出公允評價：一九二八年開始的殷墟發掘是中國學術界對現代西方田野考古學的主動接受和有計畫實施，它標誌著現代田野考古學在中國落地生根。」[1]

而接下來，讓我們看看親身參與殷墟考古發掘工作的著名考古學家李濟在《傅孟真先生領導的歷史語言研究所——幾個基本觀念及幾種重要工作的回顧》一文中的總結。他特別重申：「有三點特別值得申述：第一，科學的發掘證明了甲骨文字的真實性。這一點的重要常為一般對甲骨文字有興趣的人所不注意，但實富有邏輯的意義。因為在殷墟發掘以前，甲骨文字的真實性是假定的。就是沒有章太炎的質疑，科學的歷史學家也不能把它當著頭等的材料看待。有了史語所的發掘，這批材料的真實性才能明瞭，由此甲骨文的史料價值程度也大加提高。此後，就是最善疑的史學家也不敢抹殺這批材料。章炳麟晚年偷讀甲骨文，是他自己的門人傳出來的；第二，甲骨文雖是真實的文字，但傳世的甲骨文卻是真假難分。在殷墟發掘以前，最有經驗的藏家也是常常受騙的。有了發掘的資料，才得到辨別真假的標準；第三，與甲骨文同時，無文字的器物出土後，不但充實了史學家對於殷商文化知識的內容，同時也為史學及古器物學建立了一個堅強的據點，由此可以把那豐富的

1 唐際根《考古》，二〇一八年第十期，一一—二〇頁。

但是散漫的史前遺存推進一個有時間先後的秩序與行列。」[1]

和殷墟考古發掘密切相關的是城子崖龍山文化考古遺址的發掘。

它是龍山文化的命名地，位於今山東省章丘市龍山鎮附近的一塊長方形臺地上，與龍山鎮隔武源河相望。因臺地頂上可見城垣遺跡，所以被當地人稱為「城子崖」。

一九二八年三月二十四日，時任山東齊魯大學助教的吳金鼎在濟南東約六十里的歷城縣龍山鎮調查平陵故城時，發現了一處黑陶文化遺址。因城子崖遺址毗鄰龍山鎮的緣故，又被稱為「龍山文化」。城子崖遺址範圍南北長五百餘米，東西寬四百餘米，面積約二十二萬平方米左右。根據吳金鼎《平陵訪古記》中的記載：「本日上午，余有重要之發現……偕張君往村北深溝從事勘查。甫抵溝之南崖。就高埠上向鎮東一望，遙見一小城垣狀之臺地。詢之張君，蓋即吾人前次往平陵所經過之臺地，余曾懷疑其灰土層者也……先自北端而登，至臺西邊之高崖下。沿崖南行。見火燒之遺跡，紅土堆積甚厚。燒火之處似俱一定之形狀者。崖上之灰土包含層極為顯著。中含陶片，石塊及貝骨等物。頗與吾人所常見者不同。未幾，掘獲骨質之錐二枚。其製造之粗糙頗足代表其年代之久遠。余心不禁狂喜。自此之後余始確切認定此遺址包含層中所蘊蓄之重大意義……蓋余已證明此龍山遺址，確認新石器時代之一村落。一部古代史跡深藏黃土層中。嗣後余將犧牲所有餘暇，盡吾全力以求此遺址之瞭解。」[2]因此，它的發現，對於研究遠古時代城市起源問題具有重大的學術意義和標誌作用。

---

1 李濟《傅孟真先生領導的歷史語言研究所——幾個基本觀念及幾種重要工作的回顧》，《感舊錄》，臺北傳記文學出版社，一九八三年。

2 吳金鼎《平陵訪古記》，《歷史語言研究所集刊》第一本第四分冊，一九三〇年。

四月四日，他又再次來到這裡，仔細考察並確定城子崖遺址的真實性。

城子崖考古遺址的發現，與傅斯年對於中國上古史的研究有直接的關係。

傅斯年認為，中國古代文化是多元的，他說：「我們認為中國考古學如大成就，決不能僅憑一個路線的工作，也決不能但以外來的物品為建設此土考古年代之基礎，因為中國的史前史原文化不是一面的，而是多面相互混合反映以成立在這個文化的富土上的。憑藉現有的文籍及器物知識，我們不能自禁的假定海邊及其鄰近地域有一種固有文化，這文化正是組成周秦時代中國文化之一大分子。於是想，沿渤海黃海省分當在考古學上有重要的地位，於是有平陵臨淄的調查，於是有城子崖的發掘。這個發掘之動機，第一是想在彩陶區域以外作一試驗，第二是想看看中國古代文化之海濱性，第三是探比殷墟——有絕對年代知識的遺跡——更早的東方遺址。」[1]

一九二九年七月三十一日，吳金鼎第三次來到龍山。主要是瞭解遺址的範圍和文化層厚度。這次，他發掘出一個完整的石斧。

一九三〇年初，中央研究院歷史語言研究所與當時山東省政府協商，成立山東古跡研究會，由歷史語言研究所所長傅斯年任委員長，開始準備城子崖遺址的考古發掘工作。

八月十二日，吳金鼎第四次來到龍山，這次他的主要任務是考察城子崖周邊的古遺址分佈情況。

九月下旬，吳金鼎第五次來到了龍山，在遺址中部一個叫「魚脊骨」的地方，進行了小規模試掘，出土了骨鏃、石刀等遺物。

1 《傅斯年全集》第三冊，聯經出版事業公司，一九八〇年，二〇七頁。

當他第六次來到龍山，則是陪同李濟進行考古勘探。而後，李濟向傅斯年做了詳細彙報，促成了傅斯年一九三〇年春親自來到那裡進行考古探查。

一九三〇年十一月，由歷史語言研究所考古組組長李濟帶領董作賓、郭寶鈞、吳金鼎、李光宇、王湘等組成的考古隊對城子崖遺址進行了正式的第一次發掘。發掘活動為期一個月，發掘面積四百四十平方米，獲取了包括陶片、骨器、蚌器、石器以及人骨、獸骨在內的標本二萬三千八百七十八件。

一九三一年十月九日—三十一日，梁思永率領吳金鼎、王湘等人由安陽轉赴山東城子崖，開始了第二次發掘。這次發掘出土大量陶器、陶片，還發現了長約四百五十米、寬約三百九十米的版築城牆，首次發現了史前古城址。見如下照片，左一即梁思永。

傅斯年稱城子崖發掘是「中國考古學家在中國國家學術機關發佈其有預計之發掘未經前人手之遺址之第一次，頗有深切的意解，雖不敢以創新紀元自負，然後來此學之發展，或當承認此一工作為昆侖山下一個長源」。[1] 李濟認為城子

1 《傅斯年全集》第三冊，聯經出版事業公司，一九八〇年，二〇七頁。

全體發掘人員合影

崖的發現「不僅替殷墟一部分文化的來源找到了一個老家，對於中國黎明時期文化的認識，我們也得到了一個新階段」。可見殷墟和龍山是先後聯繫在一起的。

一九三四年，中國第一部田野考古報告《城子崖》一書正式出版。該書執筆者傅斯年、李濟、董作賓、梁思永等七人。由國立中央研究院歷史語言研究所編輯，中國科學公司出版。書前有傅斯年所作之序。城子崖考古遺址的發掘徹底動搖了「中國文化西來說」，在中國考古學發展史上具有里程碑的意義。

田野考古之外，歷史語言研究所最值得稱讚的活動就是明清檔案收購和整理。

內閣大庫是清代內閣庋藏書籍、表章、檔案的場所。那裡所存檔案都是明清皇家記錄原始史蹟者自身的敘述和真實見證，其重要性自是不言而喻。其中，詔令、題奏、移會、賀表、三法司案卷、實錄稿本、各種黃冊、簿冊等部分原始檔案，因屬於「舊檔」而顯得無用，頻遭焚燬。後來接管的歷史博物館又因經費不足將其中較不完整的裝入八千麻袋，以四千元賣給同懋增紙廠。該紙店又改用蘆席捆紮成包，準備運至定興、唐山兩地重新造紙，同時從中挑出一些較為整齊的案卷，拿到市場上出售。

一九二二年二月，羅振玉知道後立刻又以一萬二千元買下，並雇人檢視，將有價值部分印成《史料叢刊初編》十冊。羅振玉《內閣大庫檔案訪求記》裡回憶說：「壬戌春，有持硃筆抄諭題本之類，

城子崖考古發掘現場

詣梁求售。審係大庫存件，詢其來處，堅不肯言，亟以重價餌之。竇沈庵宮保亦見數紙。梁展轉訪求，終不可得。後忽憶前數年，在悅古齋主人韓某處，曾購題本經筵講義、高宗硃筆批改、聯語等件，亦大庫物。立往訪韓，竟能知其詳。謂同懋增紙店實購自歷史博物館，八千袋，費四千金，將運往定興縣紙坊，重造紙料。聞之大驚，乃定期約雪堂沈盦偕往同懋增，則謂車運造紙，已過半矣。僅檢留數袋，立許五百金歸，並囑速追餘件，當三倍其原值酬之。往返兼旬，居然陸續運還，堆置彰儀門貨棧三十餘屋，連前後五院，露積均滿，高與簷齊。即付價萬二千金。寄存商品陳列所大樓，延招十餘人排日檢視，頗多珍異之件。」[1]

一九二四年，羅氏留下一部分，把其餘的以一萬六千元賣給李盛鐸。李氏則北平、天津分別賃屋存放。

一九二七年，李氏因房租價高，急欲轉賣這批文獻資料。得知這一消息後，陳寅恪致函傅斯年說：「現燕京與哈佛之中國學院經費頗充裕，若此項檔案歸於一外國教會之手，國史之責托於洋人，以舊式感情言之，國之恥也。」陳寅恪聯合胡適，曾一同致函中央研究院院長蔡元培請求收購這批「國之瑰寶」。

九月十一日，傅斯年致函蔡元培說：「午間與適之先生及陳寅恪兄餐，談及七千袋明清檔案事。此七千麻袋檔案，本是馬鄰翼時代由歷史博物館賣出，北大所得，乃一甚小部分，其大部分即此七千袋。李盛鐸以萬八千元自羅振玉手中買回，月出三十元租一房以儲之。其中無盡寶藏。明清歷史、私家記載，究竟見聞有限；官書則曆朝改換，全靠不住。政治實情，全在此檔案中也。且明末清初，

1 《國家圖書館藏古籍題跋叢刊》二六，北京圖書館，二〇〇二年，一〇一—一〇三頁。

言多忌諱，官書不信，私人揣測失實。而神、光諸宗時代，禦虜諸政，《明史》均闕。此後《明史》改修，《清史》編纂，此為第一種有價值之材料。羅振玉稍整理了兩冊，刊於東方學會，即為日本、法國學者所深羨，其價值重大可想也。去年冬，滿鐵公司將此件訂好買約，以馬叔平諸先生之大鬧而未出境，現仍在境。李盛鐸切欲急賣，且租房漏雨，麻袋受影響，如不再買來保存，恐歸損失。今春叔平先生致函斯年設法，斯年遂於季、騮兩公商之，雲買，而付不出款，遂又與燕京買去之議。昨日適之、寅恪兩先生談，堅謂此事如任其失落，實文化學術上之大損失，《明史》、《清史》恐因而擱筆，且亦國家甚不榮譽之事也。擬請先生設法，以大學院名義買下，送贈中央研究院，為一種Donation，然後由中央研究院責成歷史語言研究所整理之。」[1]

在傅斯年等人斡旋下，一九二九年三月，中央研究院出資買下了這批檔案，交由歷史語言研究所進行整理和研究。蔡元培當時說：「公家舊物仍歸公家，其中損失已經不可計數了，但畢竟大部分依舊歸到公家，還是痛定後差可安慰的事。這次買回在本院歷史語言研究所具有甚大的決心，犧牲了甚多其他工作，然後成就。」[2]

從此以後，歷史語言研究所徐中舒等學人們每天工作整理檔案。

傅斯年指示：「凡已經整理出來的史料無論如何破爛，我們決不能使其毀在我們手中。」又說：「我們曉得我們如果稍一疏忽，就有許多重要的史料，將被永遠埋沒。」[3]

---

1 《傅斯年全集》第七卷，湖南教育出版社，二〇〇三年，七〇頁。
2 《蔡元培全集》第五卷，中華書局，一九八〇年，五一三頁。
3 《歷史語言研究所集刊》第三本第四分冊，歷史語言研究所，一九三三年，五三七—五七六頁。

傅斯年決定將一些重要的、比較完整的取名《明清史料甲編》十冊刊佈，一九三六年又出版《明清史料乙編》、《明清史料丙編》編各十冊。抗日戰爭勝利後，《明清史料丁編》十冊的編目內容已經選定，一九五一年由中國科學院整理後，交商務印書館刊印面世。

傅斯年為了使檔案的整理工作能夠順利進行，特訂立了十二條嚴格的工作規則，其中規定：「午息時間，上午九時四十分至十點，下午三點至三點二十分，每次計休息二十分鐘，地點在工作室外走廊。所有應用早點或吸煙吃茶以及上廁所等事，俱在休息時間內為之」；「在進入工作室時，其工作室大門，由管理人員將鎖鎖上，一切工作人員不得隨意出入，並不得在室內有交頭接耳或談話行為」；「遲到或請假，都要扣除薪資，遲到五分鐘，罰金按一小時計算」。[1] 抗戰時期，隨著北京大學和清華大學等高校南遷，傅斯年指示將檔案與圖書古物一同裝箱南運。先到長沙、後到昆明、再到李莊。最後回歸南京。[2]

總結上述三大重要的活動，李濟總結說：「以歷史語言研究所為大本營在中國建築『科學的東方學正統』，這一號召是具有高度的鼓舞性的；舉起這面大旗領首向前進的第一人，是年富力強的傅斯年；那時他的年齡，恰過三十不久，意氣豐盛，精神飽滿，渾身都是活力；不但具有雄厚的國學根柢，對於歐洲近代發展的歷史學、語言學、心理學、哲學以及科學史都有徹底的認識，他是這一運動理想的領導人；他喚醒了中國學者最高的民族意識，在很短的時間內聚集了不少的能運用現

1 見https://newarchive.ihp.sinica.edu.tw/about/《典藏整理沿革》一文。
2 見https://newarchive.ihp.sinica.edu.tw/about/《典藏整理沿革》一文。

代學術工具的中年及少年學者。」[1]

歷史語言研究所的考古成就，徹底改變了疑古派領軍人物胡適和古史辨派領軍人物顧頡剛的核心學術思想和人生軌跡：胡適向傅斯年正式道歉從疑古變成釋古；而顧頡剛則徹底疏遠了歷史語言研究所，並將早期古史辨學派以上三代為主的研究轉向了自顧自說的歷史文獻考證研究。

在舊北京工作期間，傅斯年為北京大學聘請了不少著名學者任教。當時的北京大學校長蔣夢麟曾回憶說：「九．一八事變後，北平正在多事之秋，我的參謀就是適之和孟真兩位。事無大小，都就商於兩位。他們兩位代表北大請到了好多個國內著名的教授。北大在北伐成功後之復興，他們兩位的功勞，實在是太大了。」[2]再比如，傅斯年推薦毛子水任北京大學圖書館館長，也是出於他對毛子水的知人善任和瞭解。毛子水回憶說：「二十年春兼任北大圖書館長。這個兼任，是由於孟真的推薦。他知道我教書非所長，對於網路文獻則向所愛好。」最後他

歷史語言研究所同仁在整理大內檔案留影

1 《傅斯年所長紀念特刊》，歷史語言研究所，一九五一年，一六頁。
2 《懷念傅斯年》，秀威資訊科技股份有限公司，二〇一四年，六六頁。

總結說「我平生教書做事，可以說多半由於孟真的提攜」。[1]

一九三三年一月三十日，傅斯年考慮到日寇侵華事態越來越嚴重，整個華北和舊北平已經陷入全面危機中，他向朱家驊提出南遷到南京的想法：

自榆關事件發生之後，北平各學術機關大感震動，各有南遷之意。蓋北平雖未必為日本即行占據，而倭寇熱境已為必然之勢。縱使北平可苟安於一時，然熱河不幸陷落之後，國家邊疆已在北平百餘里間，此時日賊在此已如此橫行，在如彼局面之下，欲學術機關安心且不可得，發展更談不到矣。此弟月中心緒大不寧息者也。

此次杏佛兄到平，主張歷史語言所南遷。此事甚善。敝所數年努力，在此廢都雖差有成績，而不獲為政府諸公所了然，如在首都，較易發展。且以今日區區之成績，陳列一下，對於觀光新都之外國人士，亦可作一點綴，只是遷移困難，安居於京尤為不易，要在諸位友好扶持之耳。目下最難之問題，為遷京後無房可棲。杏佛兄有一合併之計畫，即是將歷史語言所與社會科學所合為一個研究所，如此固較有物質上之便利，然敝所南移後仍安放不下，特別是攷古物品、史料要件，陳列南京必可引起多人興趣，且可用以招待外賓者，今實無屋以儲之。[2]

日後的在京諸多大學的南遷也就順埋成章、有案可稽。

---

1 《懷念傅斯年》，秀威資訊科技股份有限公司，二〇一四年，八二頁。

2 《傅斯年遺劄》第一卷，歷史語言研究所，二〇一一年，四五〇—四五一頁。

三月底，歷史語言研究所圖書和文物全部裝箱完畢，等待發往南京。對於如何運送和保存這些圖書和文物，他再次致函蔡元培說：「抵平之後，見裝箱事件大致就緒。因本院與鐵道部接洽之電報未到，深慮遷延以致有所損失，遂託中華捷運公司運滬書箱一百二十個，計已到達。本所遷移最困難者為內閣大庫材料，此項物件如須全運，需箱子八百、麻袋數千；即令擇其整齊者，亦須四、五百箱，在滬將無處可存，而工作勢須停止。究應如何辦理，未便擅專，曾函請杏佛先生指示。」[1]

從一九二八年在廣州創立，到一九二九年第一次北遷到舊北平。現在，傅斯年又提出了第二次遷移方案並且在一九三六年才不得不遷至南京。一九四〇年又第三次遷到四川南溪李莊，一九四六年第四次再遷回南京。而後，一九四九年以後第五次遷移到臺灣。這五次遷移的總指揮都是傅斯年。他就如同在精心保護自己的孩子一樣的，照顧著歷史語言研究所從孕育到誕生、又到長大、再到震驚世界的全部過程。

1 《傅斯年遺劄》第一卷，歷史語言研究所，二〇一一年，四九八頁。

第四章
增加史料：傅斯年和新史學的誕生

有的學者主張傅斯年屬於後古史辨學派的代表人物。這樣說其實完全抹殺了傅斯年的歷史學功績。雖然傅斯年和顧頡剛曾經是同一戰壕的戰友，但是從他留德歸來後，在史學方法論上，傅斯年和顧頡剛是越走越遠。隨著歷史語言研究所成立和考古活動的全面展開，顧頡剛主動疏遠了和該所的接觸，等於宣告了兩大史學流派的對立。傅斯年創新新史學的過程，是和古史辨學派逐漸剝離的過程相映成趣。

一、傅斯年和歷史學的民族性格

一九三二年十月，為了應對「九・一八」事變，傅斯年領銜撰寫的《東北史綱》初稿第一卷正式出版。該書副標題是「古代之東北」已經表明了其宗旨主要是圍繞著上古至隋代以前東北地區的民族分佈、民族遷徙、東北地理沿革等重大內容。

根據陶希聖的回憶：「九・一八事件發生，北平圖書館開了一個會，孟眞和我都在座。他慷慨陳詞，提出一個問題：『書生何以報國？』大家討論的結果之一，是編一部中國通史；此後北大史學系即以這一事業引為己任。」[1]而在一九三二年二月六日，傅斯年致函蔡元培說：「前日本所決將擬編之《東北史略》趕於十日內成就，並應此地當局請翻成英文，須於國聯調查團到前印出。此事關係重大，年去後恐難進行，擬請院先派許先生或他位赴洛，年於十日內將書編完後即赴京、滬，

1 《懷念傅斯年》，秀威資訊科技股份有限公司，二〇一四年，一三四—一三五頁。

此或是年此時報國最有效者。」[1]他希望能得到當局的重視和支持，因此才直接向中央研究院院長給出了「此事關係重大」的說明，並且認為這是歷史學家門「此時報國最有效者」。可見他的歷史學和歷史語言研究所時刻有著黨國政治情懷。

在該書一開始的《引語》中明確點明「吾等明知東北史事所關係於現局者遠不逮經濟政治之什一，然吾等皆僅有興會於史學之人，亦但求盡其所能而已」。[2]又肯定地說：「東北之為中國，在一切法律的意義及事實上，與河北或廣東之為中國領土無殊也。」[3]與此同時，該書還首先指出「用東北一名詞不用滿洲一詞之義」乃在於「南滿、北滿、東蒙等名詞，尤為專圖侵略或瓜分中國而造之名詞」。[4]故此，該書則棄而不用。

然後，該書就以民族學基礎知識，從人種學上說明古代東北人和中原地區的人屬於同一種族。尤其是使用了國際著名人類學家安特生和日本著名考古學家的學術定論，證明了自古以來東北地區人種和中原地區人種的一致性。[5]

接下來，該書又開始闡述戰國秦漢、乃至魏晉時期東北地區各族與中原地區的文化交往。該書尤其使用大量的考古發掘的資料，以實物證據證明「東北在文化及民族上即為中國之一部」[6]。不

1 《傅斯年遺劄》第一卷，歷史語言研究所，二〇一一年，三九一—三九二頁。
2 《傅斯年全集》第二卷，湖南教育出版社，二〇〇三年，三七四頁。
3 《傅斯年全集》第二卷，湖南教育出版社，二〇〇三年，三七四—三七五頁。
4 《傅斯年全集》第二卷，湖南教育出版社，二〇〇三年，三七六頁。
5 《傅斯年全集》第二卷，湖南教育出版社，二〇〇三年，三八一—三八二頁。
6 《傅斯年全集》第二卷，湖南教育出版社，二〇〇三年，三七四—三七五頁。

僅如此，該書還大量使用先秦典籍、歷代正史以及朝鮮史籍等文獻資料，詳細地描繪出東北民族由肅慎經挹婁至女真的族名發展經緯，得出了「人種的、歷史的、地理的，皆足說明東北在遠古即是中國之一體」[1]的結論。

並且，該書還詳細討論了上古和中古時期東北的重大歷史事件。當然因為此書急於成書故在史料使用和史實考證等方面紕漏較多。因此，出版之後，也在中國學術界受到批評。但是，該書的目的似乎是為了配合當時的東北問題國際調查團而來，它的學術價值及政治意義皆不容簡單予以否定。

該書出版後，由李濟翻譯成英譯本立刻送交國聯李頓調查團（Lytton Commission）。這就充分體現出歷史學的民族性格。這一點可以歸結為傅斯年的愛國情結。到了一九四四年，蔣介石主動下令要求傅斯年領銜撰寫中國邊疆史，這使得傅斯年的歷史學的民族性性格和官方意識得到了統一。於是，他轉而交給弟子楊志玖去完成這一課題。[2]

德國學者施耐德在《真理與歷史——傅斯年、陳寅恪的史學思想與民族認同》一書中提出傅斯年的這一主張可能開始在他的中山大學任教時期。他說：「在此後的一些年裏，他的世界觀和史學理論立場的基本特徵已經相當清楚：他一方面在中國的過去中尋找而且也找到了被其定義為唯一正確的科學方法之歷史先驅，他另一方面則要求把提高中國的研究至世界水準作為所有努力的最高目標。這兩點說明了傅斯年的民族主義和普遍主義動機，他在五四運動時期就希望能使中國加入世界

---

1 《傅斯年全集》第二卷，湖南教育出版社，二〇〇三年，三八二頁。

2 詳細介紹可參《傅斯年》，山東人民出版社，一九九一年，三六頁。

發展的行列並由此與西方處於平等地位。」[1]這一假說不失真知灼見，值得參考。

傅樂成總結：「孟眞先生具有強烈的民族意識和國家觀念，報紙上曾說他是狂熱的愛國者，他的這種狂熱，隨時見之於言論行動。」[2]而傅斯年也的確在論著中經常表現出他的這一愛國主義思想。比如，他對文天祥的評價：「南宋之亡，雖亡於政治亡不競，而其殉國之烈者，則前古所未有也。其尤難者，則文、謝二公也。……夫一死了事，固賢於偷生者萬萬，然君臣之節、民族之義，非可徒以一死了之者。故應奮鬥不懈，及其萬無可為，而後一死焉。文山、疊山之所為，所以照耀千古者也。自文山率勤王之師入衛，至於死身燕市，經無窮之挫敗，終不改易初志。」[3]

其實，對於歷史學的民族性問題，傅斯年自己在給顧頡剛的信中，曾說：「以『民族』一詞之界說原具於《民族主義》一書中，此書在今日有法律上之效力，而政府機關之刊物，尤不應與之相違也。今來西南，尤感覺此事政治上之重要性。夫雲南人既自曰『只有一個中國民族』，深不願為之探本追源，吾輩羇旅在此，又何必巧立各種民族之名目乎。今日本人在暹羅宣傳桂、滇為泰族Thai故居，而鼓動其收復失地；英國人又在緬甸拉攏國界內之土司，近更收納華工，廣事傳教，即迤西之佛教，亦有其立國之邪說，政府應加之禁止，如《百國原由》其一事也。則吾輩正當曰『中華民族一個』耳。至於閉戶作學問，以其結果刊為不能流行之學術刊物，更或供政治之參考，自當一秉事實，無所顧慮，然不當使其民眾化也。此間情形，頗有隱憂，迤西尤甚。但當嚴禁漢人侵奪

1 施耐德《真理與歷史——傅斯年、陳寅恪的史學思想與民族認同》，關山、李貌華譯，社會科學文獻出版社，二〇〇八年，一五七頁。
2 《懷念傅斯年》，秀威資訊科技股份有限公司，二〇一四年，一一頁。
3 《懷念傅斯年》，秀威資訊科技股份有限公司，二〇一四年，一二頁。

蕃夷，並仗之加速漢化，並制止一切非漢字之文字之推行，務於短期中貫徹其漢族之意識，斯為正圖。如巧立民族之名，以招分化之實，似非學人愛國之忠也。」[1] 傅斯年針對當時民族學家吳文藻、費孝通師生的「中華民族非一個」說加以痛斥，並指出了這一學說會引起國家和民族的混亂。

傅斯年在一九三九年七月七日致朱家驊、杭立武信函中說：「事關貴會在此所派之教授吳文藻先生。弟思之月餘，終不能默爾不言。明知說此等事，近於攻擊個人，弟向未曾作過，尤不向騮先兄說此，今則不得已矣。吳文藻先生，弟平門對之，覺其是良好學者，蓋之其同學者如此。」[2] 接下來，他先彙報了吳氏的政治不當、學術不妥之處，甚至指出其學術的危險性：「彼此次到雲南來，一到便直揚王克敏、湯爾和，謂其居心無他，情有可原，且與重慶有聯絡。聞者駭然。記得一次在雲人教授某君宴中談此，群起而駁之，馮芝生、金岳霖等，尤大加批評。當時此間頗有人懷疑其行動，有弟相熟之一與特務有關者，詢其究竟。弟當云此只是『租界中高等華人』之調，不足深論，萬勿以此等事為資料。蓋弟深知此一套不過習白司徒雷登輩，若以此為問題則謬矣。然而彼到雲南大學後所為何事乎？即不用心教書，（現在竟不教了，以其功課全付之費孝通，責會補助研究者也）而辦所謂雲南民族學會。在此地宣傳此等事，絕富於危險性。」[3] 然後，傅斯年更提出他自己的學術和政治的相互關係說：「夫學問不應多受政治之支配，固然矣。然若以一種無聊之學問，其惡影響及於政治，自當在取締之例。吳某所辦之民族學會，即是專門提倡這些把戲的，他自己雖尚未作

1 《傅斯年遺劄》第二卷，歷史語言研究所，二〇一一年，九五三—九五四頁。
2 《傅斯年遺劄》第二卷，歷史語言研究所，二〇一一年，一〇一二頁。
3 《傅斯年遺劄》第二卷，歷史語言研究所，二〇一一年，一〇一三頁。

文，而其高弟子費某則大放厥辭。若說此輩有心作禍，固不然。然以其拾取『帝國主義在殖民地發達之科學』之牙慧，以不瞭解政治及受西洋人惡習太深之故，忘其所以，加之要在此地出頭，其結果必有惡果無疑也。」[1]

不僅如此，傅斯年直接指吳文藻是將「一切帝國主義論殖民地的道理，他都接受了」[2]的漢奸理論，他甚至要求朱家驊將吳文藻、費孝通二人驅趕出雲南大學，「故弟意，貴會不妨調吳君往中央、武漢、四川等校，彼處無地方民族問題，故可不至於鬧出大岔子來。」[3]同時他還要求「至於對於『民族學』，政府必取一個斷然的立場」，[4]以免擾亂學術界和民心的團結。傅斯年幾乎從政治上、學術上乃至於人事上對著吳文藻、費孝通展開了清剿活動。

傅斯年不但自己非常看重歷史學的民族性格，他還推薦錢穆來北京大學主講中國通史，並且積極支持錢穆出版具有濃厚的民族性格的學術專著《國史大綱》。

二、傅斯年主張的「史學便是史料學」

歷史學，作為一本學科本來至少包含了撰寫歷史、收集整理史料和闡述歷史學理論等三大部分內容。也就是傅斯年在《史學方法導論》一書中提出的「史的觀念」、「著史」、「史學」三者。而

1 《傅斯年遺劄》第二卷，歷史語言研究所，二〇一一年，一〇一六頁。
2 《懷念傅斯年》，秀威資訊科技股份有限公司，二〇一四年，二〇頁。
3 《傅斯年遺劄》第二卷，歷史語言研究所，二〇一一年，一〇一七頁。
4 《傅斯年遺劄》第二卷，歷史語言研究所，二〇一一年，一〇一七頁。

傳統中國歷史學更注重的是撰寫歷史。而將收集和整理史料看成是從事歷史學撰寫的基本功而已。

傅斯年在從德國留學歸國後，他先後創立語言歷史研究所和歷史語言研究所這兩個歷史學科研機構。他在《歷史語言研究所工作之旨趣》一文中宣稱「要把歷史學語言學建設得和生物學地質學等同樣」[1]，這和當時日本漢學界出現的以計量科學來打造歷史學如出一轍。傅斯年認為，只要按照德國歷史語言學派的科研方法、尤其是蘭克學派，運用西方在人文科學和社會科學研究上取得的成果，尤其是各學科的理論和方法，來處理中國古代歷史資料，就可以實現建立起「科學的東方學」這樣一個目的。傅斯年將歷史學看成是「由主觀的哲學及倫理價值論變做客觀的史料學」[2]，並且主張「一分材料出一分貨，十分材料出十分貨，沒有材料便不出貨」的科研策略。

傅斯年融合蘭克史學和中國史學學術理論，創立了「史料學派」。其實，他發起的這一歷史學創建，與中國的乾嘉考據學的治史宗旨、方法有許多相通之處。他也曾感歎乾嘉考據學「很有點科學的意味，用的都是科學的方法」、「非借樸學家的方法和精神做不可」[3]。

有鑒於此，傅斯年正式提出了「史學便是史料學」[4]的主張。

他說：「史學的對象是史料，不是文詞，不是倫理，不是神學，並且不是社會學。歷史這個東西，不是抽象、不是空談……歷史的對象是史料。離開史料，也許可以成為很好的哲學與文學，究

1 《傅斯年全集》第三卷，湖南教育出版社，二〇〇三年，三一一頁。
2 《傅斯年全集》第三卷，湖南教育出版社，二〇〇三年，三一一頁。
3 參見《傅斯年遺劄》第一卷，歷史語言研究所，二〇一一年。
4 《傅斯年全集》第二卷，湖南教育出版社，二〇〇三年，三〇九頁。

其實與歷史無關。」[1]他強調說：「假如有人問我們整理史料的方法，我們要回答說：第一是比較不同的史料，第二是比較不同的史料，第三還是比較不同的史料。」[2]又說：「必於舊史史料有功夫，然後可以運用新史料；必於新史料能瞭解，然後可以糾正舊史料。新史料之發見與應用，實是史學進步的重要條件；然而但持新材料，而與遺傳者接不上氣，亦每每是枉然。」[3]而且，在《史學方法導論》一書中，他說：「史學的工作是整理史料，不是作藝術的建設，不是做疏通的事業，不是去扶持或推倒這個運動，或那個主義。」[4]又說：「使用史料第一要注意的事，是我們但要問某種史料給我們多少知識，這知識有多少可信，一件史料的價值便以這一層為斷，此外不可把我們的主觀價值論放進去。」[5]

在《中央研究院歷史語言研究所工作之旨趣》一文中，他繼續了對歷史學的理解和闡述。他進一步說：「史料的發現，足以促成史學之進步，而史學之進步，最賴史料之增加。」[6]他更坦言「凡一種學問能擴張他研究的材料便進步，不能的便退步。」[7]最後，他明確表態說：「我們不是讀書的人，我們只是上窮碧落下黃泉，動手動腳找東西。」[8]他堅信：「我們要能得到前人

1 《傅斯年全集》第二卷，湖南教育出版社，二〇〇三年，三〇八頁。
2 《傅斯年全集》第二卷，湖南教育出版社，二〇〇三年，三〇八頁。
3 《傅斯年全集》第二卷，湖南教育出版社，二〇〇三年，三三五頁。
4 《傅斯年全集》第二卷，湖南教育出版社，二〇〇三年，三〇八頁。
5 《傅斯年全集》第二卷，湖南教育出版社，二〇〇三年，三〇八頁。
6 《傅斯年遺劄》第一卷，歷史語言研究所，二〇一一年，二四六—二五八頁。
7 《傅斯年遺劄》第一卷，歷史語言研究所，二〇一一年，二四六—二五八頁。
8 《傅斯年遺劄》第一卷，歷史語言研究所，二〇一一年，二四六—二五八頁。

得不到的史料，然後可以超越前人；我們要能使用新材料於遺傳材料上，然後可以超越同見這些材料的同時人。新材料的發現與應用，實是史學進步的最要條件。」[1]

基於對史料的看重，傅斯年強調：「國故是材料不是主義」，「研究國故必須用科學的主義和方法」[2]。他反對「凡談故訓，當以條理為先，發明為要，並不貴乎羅列群書，多所抄寫」、「大凡著述之業，有得則識之，無得則缺之，不煩廣抄多寫，成其博異」[3]的治學模式。

他認為：「我們反對疏通，我們只是要把史料整理好，則事實自然很明顯了。一分材料出一分貨，十分材料出十分貨，沒有材料便不出貨。兩件事實之間，隔著一大段，把他們聯絡起來的一切涉想，自然有些也是多多少少可以容許的，但推論是危險的事，以假設可能為當然是不誠信的事，所以我們存而不補，這是我們對於材料的態度；我們證而不疏，這是我們處置材料的手段。材料之內使他發現無遺，材料之外一點也不越過去說。」[4]

在《考古學的新方法》一文中，他主張「歷史這個東西，不是抽象，不是空談。古來思想家無一定的目的，任憑他的理想成為一種思想的歷史——歷史哲學。歷史哲學可當做很有趣的作品看待，因為沒有事實作根據，所以和史學是不同的。歷史的對象是史料，離開史料，也許成為很好的哲學和文學，究其實與歷史無關。」[5]在這裏，他的新史學和考古學的密切關係已經是母子般的聯

1《傅斯年遺劄》第一卷，歷史語言研究所，二〇一一年，二四六—二五八頁。
2《傅斯年遺劄》第一卷，歷史語言研究所，二〇一一年，二四六—二五八頁。
3《傅斯年遺劄》第一卷，歷史語言研究所，二〇一一年，二四六—二五八頁。
4《傅斯年遺劄》第一卷，歷史語言研究所，二〇一一年，二四六—二五八頁。
5《傅斯年全集》第三卷，湖南教育出版社，二〇〇三年，九五頁。

繫了。也許這是他支持殷墟考古發掘的理論基礎。

建立在上述史料學和考古學的統一基礎上的傅斯年史學，他提出：

（一）「歷史無定例，天演非一途。故論史宜乎不可必，不可固也。」[1]在《閒談歷史教科書》中他仍然重申：「歷史上件件事都是單體的，本無所謂則與例」，歷史上沒有過兩件完全相同的事，所以「歸納說是說不來的，因果是談不定的」。

（二）「歷史學不是著史」。[2]他還說：「著史每多多少少帶點古世中世的意味，且每取倫理家的手段，作文章家的本事。」

（三）他對當時古史辨學派的批判乃在於「找出證據來者，可斷其為有，不曾找出證據來者，亦不能斷其為無。」[3]

其實，本來傅斯年是很支持顧頡剛的古史辨思想的。

早在一九二六年八月十七日傅斯年致函胡適的信中他就公開地表達了對顧頡剛的肯定：「頡剛的《古史辨》，我真佩服得『五體投地』。先是大前年始於朋友處找到零碎不全的《努力》上見到他的文章，一時大驚大喜。同類的思想，我也零零碎碎的以前想到幾條，只是決不會有他這樣一體的解決一系文題。這一個中央思想，實是亭林、百詩以來章句批評學之大結論，三百年中文史學之最上乘，由此可得無數具體的問題，一條一條解決後，可收漢學之局，可為後來求材料的考古學立

1 《傅斯年遺劄》第一卷，歷史語言研究所，二〇一一年，二四六—二五八頁。

2 《傅斯年遺劄》第一卷，歷史語言研究所，二〇一一年，二四六—二五八頁。

3 《傅斯年遺劄》第一卷，歷史語言研究所，二〇一一年，二四六—二五八頁。

下一個入門的禦路，可以成中國 Altertumwissenschaft 之結晶軸。數年不見頡剛，成績如此，不勝羨慕。」[1]這個肯定是發自對老同學科研成就的認可。特別是他致函顧頡剛的時候，就明確點出了這一點：「三百年中所謂漢學之一路，實在含括兩種學問：一是語文學，二是史學文籍考訂學。這倆以外，也更沒有什麼更大的東西；偶然冒充有之，也每是些荒謬物事，如今文家經世之論等。拿這兩樣比著看量，是語文學的成績較多。

這恐怕是從事這類的第一流才力多些，或者也因為從事這科，不如從事史學文藝考訂者所受正宗觀念限制之多。談語言學者儘可謂『亦既覯止』之覯為交媾，『握椒』之為房中藥。漢宋大儒，康成、玄晦，如此為之，並不因此而失掉他的為『大儒』。若把『聖帝明王』之『真跡』布出，便馬上是一叛道的人。但這一派比較發達上差少的史學考訂學，一遇到頡剛的手裏，便登時現出超過語文學已有的成績之形勢，那麼你這個古史論價值的大，還等我說嗎。」[2]並且，他還以老友的口氣說：「幾年不見頡剛，不料成就到這麼大！這事要是在別人而不在我的頡剛的話，我或者不免生點嫉妒的意思，吹毛求疵，硬去找爭執的地方。但早晚也是非拜倒不可的。」[3]

但是，隨著商周考古的全面展開和歷史語言研究所成就的確立，傅斯年和顧頡剛就漸行漸遠了。

---

1 《傅斯年遺劄》第一卷，歷史語言研究所，二〇一一年，五〇—五一頁。

2 《傅斯年遺劄》第一卷，歷史語言研究所，二〇一一年，六一頁。

3 《傅斯年遺劄》第一卷，歷史語言研究所，二〇一一年，六三頁。

三、傅斯年的上古歷史和語言研究

傅斯年和傳統歷史學者最大的區別就是他對歷史語言學或語言學的注重。這或許是他在德國學習的結果。

在當時，他又認真學習了西方的歷史語言學、比較語言學、語音學、語言哲學等眾多課程。他認為這些是當時西方歷史學界的精髓所在。因此，從語言學和歷史語言學入手，對古代史料展開分析研究，考證史實，就成了他的學術特點所在。他曾致函岑仲勉表達他對上古史研究的方法：「古史一道，弟觀感稍與先生不同。弟亦頗好此一道，久則念覺其遍地荊棘，故篋中舊稿，不下二十萬言，不敢寫定也。今日治史一事，弟以為應兼顧下列兩事：一、乾嘉經學之最高成績（聲韻、訓詁之學），益以金文、甲骨，為之材料。二、近代考古學之發明。故弟曾說一笑話，謂有一線之望，亦不敢必也。弟曾在所中說笑話，謂將上古史給第三組。」[1]他預見到了「夫古史材料，已成聚訟，若拉入後代中央亞細亞、印度各名詞，似更如治絲而棼，恐此一路未能解決問題，徒引起無底之辯論，蓋或入或出，皆無證據，故或如韓非所說『後死者勝』矣。」[2]簡單來說，研究上古史需要的是經學、古文字學加考古學三者的結合；還要參考上古東西文化交通史的成果。傅斯年正是按照這個路數展開的。無論是在《性命古訓辨證》還是在《夷夏東西說》中，乃至於他對中山大學語言歷史研究所、中央研究院歷史語言研究所的創設上，都處處體現出他的這些本質特徵。

1 《傅斯年遺劄》第二卷，歷史語言研究所，二〇一一年，九六二頁。

2 《傅斯年遺劄》第二卷，歷史語言研究所，二〇一一年，九六二頁。

我們分別闡述如下：

其一，史前文明多元說。

一九三四年，傅斯年在《城子崖》一書的序言中提出了史前文明多元說。他說：「中國的史前文化本不是一面的，而是多面互相混合反映以成立在這個文化的富土上的，海邊及其鄰近地域有一種固有文化，這文化正是組成周秦時代中國文化之一大分子。」[1]這一主張越來越受到學術界的支持，甚至當今中國考古學界的「滿天星斗說」也無非就是他的史前多元文明說的翻版而已。

其二，夷夏東西說。

一九三三年一月，傅斯年發表了《夷夏東西說》一文。這是他上古歷史研究的代表作。

在該文一開始，傅斯年就提出：「自東漢末以來的中國史，常常分南北，或者是政治的分裂，或者由於北方為外族所統治。但這個現象不能倒安在古代史上。到東漢，長江流域才大發達。到孫吳時，長江流域才有獨立的大政治組織。在三代時及三代以前，政治的演進，由部落到帝國，是以河、濟、淮流域為地盤的。在這片大地中，地理的形勢只有東西之分，並無南北之限。歷史憑異地理而生，這兩千年的對峙，是東西而不是南北。現在以考察古地理為研究古史的一個道路，似是以證明三代及近於三代之前期，大體上有東西不同的兩個系統。」[2]就此，張光直評價說：「傅斯年先生是一位歷史天才，是無疑的。他的《夷夏東西說》一篇文章奠定他的天才地位是有餘的。這篇

1 《傅斯年全集》第三冊，聯經出版事業公司，一九八〇年，二〇七頁。

2 《傅斯年全集》第三冊，湖南教育出版社，二〇〇三年，一八一頁。

文章以前，中國古代史毫無系統可言。傅先生說自東漢以來的中國史，當分南北，但在三代於三代之前，中國的政治舞臺，在河、濟、淮流域，地理形勢只有東西之分，而文化亦分為東西兩個系統……他的東西系統說成為一個解釋整個中國大陸古史的一把總鑰匙。」[1]

在此文中，傅斯年主張：

1、關於夏朝

他斷言禹和夏朝絕非子虛烏有。他以為禹是夏後氏的「宗神」，是中國的一種「創世傳說」。他認為，殷文化與夏文化有一脈相承的關係，由殷文化之興盛可推知夏文化。故此，傅斯年認為，在中國歷史上東漢以前，僅有東西之分，而無南北之隔。具體言之，則是東系之夷商與西系之夏周的抗爭。而抗爭之結果是「夷夏交勝」。古代文獻稱夏為「夏後氏」，「氏」是族類，「後」是王號，他推斷夏由許多部落組成，夏族乃是這些部落的「盟長」。他認為夏人活動的區域是晉南、豫西到陝南一帶。整個夏代可以考知者，全是夷、夏鬥爭的歷史：益、啟之爭，羿與少康之爭，湯、桀之爭。可見夏代的夷、夏之爭十分劇烈。

此書出版後，當即引起考古學界的特別關注，徐炳旭對豫西夏文化進行調查，王獻唐對山東古國史進行研究，基本驗證了夷夏東西說的可能。幾十年後，鄒衡總結說：「當前考古學界已公認東方特別是山東的考古文化基本上屬於東夷系統的文化，在考古學上印證了『夷夏東西說』。」[2]

1 《傅斯年、董作賓先生百歲紀念專刊》序文，中國上古秦漢史學會，一九九五年，二頁。

2 《東夷文化與淮夷文化研究》鄒衡序，北京大學出版社，一九九四年，一頁。

2、關於商朝

此書中，傅斯年提出並論證了商族起源於東北之說：「商代發跡於東北，渤海與古兗州是其建業之地」的說法。他羅列的證據主要是圍繞這《詩經》而來：《商頌》有「天命玄鳥，降而生商」的故事，又見於《史記．殷本紀》。後代的神話與此同類者全是東北地區之民族及淮夷各族。他列舉了《論衡》、《魏書．高句麗傳》、《高麗好大王碑》朝鮮王氏朝金富軾撰《三國史記．高句麗紀》、《朝鮮舊三國史．東明王本紀》、《清太祖實錄》等書中的有關資料。可見，商族和東北各族有「深切接觸與混合」。另外，《商頌》曰「殷宅土芒芒」。他認為古時殷、衣、韋、衛、沇、兗，或聲同而轉借，或為一字之異體，是皆同出一源，其地望在河濟之間的兗州。可以看出商族由東北南遷之蹤跡。而「相土烈烈，海外有截」一句。可見殷人之地離渤海不遠。殷亡後，箕子才能遠奔朝鮮。傅斯年說，這告訴我們，殷人的祖先起自東北。又，根據王國維的考證，殷人的先王王恒、王亥、上甲微皆曾與有易氏發生關係。有易氏以地名為氏，居住在易水流域，則殷人必居於今河北之中部或南部矣。等等。

3、關於周朝

一九三〇年，傅斯年發表《姜原》一文，對於姜之世系、族系、地望等問題進行研究。他根據《詩經》、《左傳》、《國語》等古籍上的有關記載，證明姜乃四岳之後，屬於戎姓之部落，分佈於今河南西部一代，周初受封，列為諸侯國；有些族姓仍稱「西戎」。古代姜、羌本是一字，《後漢書．西羌傳》說「西羌之本出自三苗，姜姓之別也」這是符合歷史事實的。從《大雅．生民》之「厥初生民，時維姜嫄」，《魯頌．閟宮》「赫赫姜嫄，其德不回」等詩句看，亦可推知「姬周當是姜姓的一個支族」。

一九三五年，傅斯年在《新獲卜辭寫本後記》一文，再度申述周族出自西戎的說法。

在《姜原》一文中，他還主張：「世傳紂惡，每每是紂之善。紂能以愛亡其國，以多力亡其國，以多好亡其國，誠哉一位戲劇上之英雄，雖 siegfried 何足道哉。我想殷周之際事可作一齣戲，紂是一大英雄，而民疲不能盡為所用，紂想一削『列聖恥』，討自亶父以下的叛虜，然自己多好而縱情，其民老矣，其臣迂者如比干，鮮廉寡恥如微子，箕子則為清淡，諸侯望包藏陰謀，將欲借周自取天下，遂與周合而夾攻。紂乃以大英雄之本領與命運爭，終於不支，自焚而成一壯烈之死。周之方面，毫無良德，父子不相容，然狠而有計算，一群的北虜自有北虜的品德。齊本想不到周能聯一切西戎南蠻，牧誓一舉而定王號。及齊失望，尚想武王老後會有機會，遂更交周，不料後來周公定難神速，齊未及變。周公知破他心，遂以伯禽營少昊之墟。」[1]傅斯年認為，周建國後分封諸侯，一直奉行「啟以商政，疆以周索」的政策。

最後，就是考古證據和商周歷史的相互印證。這是傅斯年最為得意之處。更是他和顧頡剛產生了不可彌合的學術分歧的核心所在。當時，《時事新報》一九三四年四月十五日副刊上也公開發表了該報記者對歷史語言研究所的採訪，以此來答覆戴傳賢對殷墟考古發掘的質疑：

> 我們也要知道，晚近以來，以科學考古的發現，對研求中國文化實有極大的貢獻，如由河南安陽殷墟的發掘，從甲骨文中解決了商代社會的謎，如去年中央研究院在山東滕縣安上村掘獲商代龜

1 《傅斯年全集》第四冊，聯經出版事業公司，一九八〇年，四八四頁。

甲，證明商代文化的輸入魯南，且發現郡國古墓。以補充歷史的證實。凡此收穫，都昭彰於世人的耳目，何身為中央大員的戴氏，竟遽爾忽略呢？況學術界一再表示「發掘目的，在從占蹟考查古代歷史文化，對古墓已破壞者加以勘察，完整者不發掘，並加保護」（見去年十月九日《中央日報》中央研究院特派員王獻唐談話），這哪裡又有「破禁民族歷史毀滅民族精神之偏見」呢！醫學上的人體解剖，既已經成為司空見慣的現象，而科學的考古，獨不容於中國，衡情論事，豈能謂平？在中古與近代交替期間的歐洲，宗教與科學之間還可以成立妥協：「上帝到天堂去，凱撤到皇宮去，智識歸智識，信仰歸信仰」，而社會進化的今天，戴氏居然以狹隘的宗教的偏見，毒螫科學，厚誣考古為「無益」與「無用」，這給社會的印象，豈不是歷史在開倒車嗎！

我們有理由相信這些反駁主張全部出自傅斯年的授意，或者就是記者在採訪他本人時他做出的答覆。

其三、傅斯年的《性命古訓辨證》。

一九三六年，傅斯年出版了《性命古訓辨證》一書。該書以阮元《性命古訓》一書為基礎，對中國上古時期的人性論、天命觀、諸子思想，以及周初至戰國時期的天道、人性觀念，尤以儒家各派與墨家為重點等重要問題給出了新解和論述。

傅斯年曾對《性命古訓辨證》一書介紹說：「《性命古訓辨證》，此書雖若小題而牽連甚多。其上卷統計先秦西漢一切有關性命之字義，以語言學之立點，解決哲學史之問題。是為本卷之特點，在中國尚為初創，其中泛論儒、墨諸家之言性與天道，引起不少哲學史上之新問題，富於刺激性。

其地理及進化的觀點，自為不易之論。其下卷乃將宋學之問題重新估定。」

在該書中，他首先將「生」、「性」、「令」、「命」四個字在金文、《尚書》、《詩經》、《左傳》、《國語》、《孟子》、《荀子》、《呂氏春秋》中的出現場合，給與統計，然分析研究，他發現：「獨立之性字先秦遺文所無，先秦遺文中皆用生字為之。至於生字之含義，在金文及《詩》、《書》中，並無後人所謂性之一義，而皆屬於生之本義。後人所謂性者，其字義自《論治》始有之，然猶去生之本意為近。至《孟子》，此一新義始充分發展。令之一字自古有之，不知其朔。命之一字，作始於西周中葉，盛用於西周晚期，與令字僅為一文之異形。其『天命』一義雖肇端甚早，然天命之命與王命之命在字義上亦無分別。」[1]

而對於「帝」的概念，他考察了商代甲骨文中的「帝」，得出結論說：「此上帝既應於殷商祀系統中求其名稱，自非帝俊無以當之，此帝俊固為商人稱作高祖，亦固即經典中之帝俊也。」[2]而到了周朝，則是「襲用殷商之文化，則並其宗教亦襲用之，並其宗教系統中之最上一位曰上帝者，亦襲用之。上帝經此一翻轉移，更失真宗教性而為普遍之上帝」。[3]並且印證了他前面提出的混合理論，即：「九中國論，古來一切稱帝之神王皆是宗神，每一部落有其特殊之宗神，因部落之混合，成為宗神之混合，後來復以大一統思想之發達，成為普遍的混合。」[4]

當然，需要指出的是，協助傅斯年從甲骨文和金文史料中提供出完整的「生」、「性」、「令」、

1 《傅斯年全集》第七冊，聯經出版事業公司，一九八〇年，三〇〇頁。
2 《傅斯年全集》第二卷，湖南教育出版社，二〇〇三年，五七七頁。
3 《傅斯年全集》第二卷，湖南教育出版社，二〇〇三年，五七七頁。
4 《傅斯年全集》第二卷，湖南教育出版社，二〇〇三年，五七〇頁。

「命」使用例證的是歷史語言研究所當時年輕的副研究員張政烺，日後名滿天下的甲骨學家和金文學家。這可參見臺灣傅斯年檔案IV-295張政烺致傅斯年函。

而且：「他對孫海波《甲骨文編》中的『帝』字進行統計，計得六十一例，其中單稱『帝』者二十六例，用作動詞意義與『禘』同者（甲骨文中帝與禘為一字，祭帝之禮為禘，禘之對象曰帝）十七例，用為先王名號者六例，意義不詳者十四例，稱上帝者一例。據此統計看，不著名號之帝出現次數最多，從占卜內容看，此乃上天之主宰。其餘先王或圖騰前冠以帝字者，乃次等之帝即所謂配天、郊祀者。看來殷人最初只有單稱的帝，後來先王等也冠以帝字。為了將天帝與祖先之帝加以區別，乃在單稱的上天之帝前面加上一個『上』字曰『上帝』。後來周人繼承殷商文化，把殷人的上帝置於其宗神之上。經過這番轉移，上帝便成為一普遍的觀念，『無偏無常』、『其命無常』，完全失去了宗神性。」[1]

而對於當時的天道觀念，他總結說：「此時此輩人之天道觀，仍在宗教的範疇內，徒以人事知識之開展，故以極顯著的理論色彩籠罩之，以為天人相應，上下一理，求天必先求己，欲知天命所歸，必先知人心所歸……此說有一必然之附旨，既天命無常是也。惟天命之無常，故人事之必修。此一天人論可稱之曰『畏天威重人事之天命無常論』。」[2] 然後，他總結了東周時期先後出現的五種天命論：命定論、命正論、俟命論、命運論和非命論。[3] 進而，他得出結論說：「以上所說，似

1 《傅斯年全集》第二冊，聯經出版事業公司，一九八〇年，一七三頁。
2 《傅斯年全集》第二卷，湖南教育出版社，二〇〇三年，五九三頁。
3 《傅斯年全集》第二卷，湖南教育出版社，二〇〇三年，五九七頁。

足證明古者本無人之普遍觀念，但有人之類別觀念。至於如何由此階段進為墨子、孟子之普遍的人論，必非一蹴而至，其步步形態今已不可知矣。至其助成此一進化者，大體猶有下列三事可說。第一、自周初以來，既以愛民保民為政治口號矣，而所謂民者包括一切雜姓，其種類雖異，其階級為一，積以時日，則同階級者大混合。第二、當時王公貴族既用嚴格之外婚制，則所有母系，皆所謂『異類』也，如是混合，久則不易見其何謂『異類則異心』也。第三、當時負荷文化遺傳者，並非新興之姬姜，此輩乃暴發戶，文化之薰染不深，而應為夏殷之遺士，此輩在當時居中間階級，擔當文物之運行。」[1]

而對於春秋戰國時代的天道和人道的相互關係，他考察了諸子的思想後得出結論為：「括而言之，春秋時代，神鬼天道猶頗為人事之主宰，而純正的人道論亦嶄然出頭。人之生也，猶辨夷夏之種類，上下之差別，而斯民同類說亦勃然以興。此其所以為矛盾時代。生此時代之思想家，如不全仍舊貫，或全作新說，自必以調和為途徑，所謂集大成者，即調和之別名也。」[2]

對於語言和思想的關係，傅斯年在該書中先主張：「用語學的觀點所以識性命諸字之原，用歷史的觀點所以疏性論歷來之便。思想非靜止之務，靜止則無思想已耳」。[3]然後更進一步提煉為：「思想不能離語言，故想必為語言所支配，一思想之來源與演變，故受甚多人文事件之影響，亦甚受語法之影響。思想愈抽象者，此情形愈明顯。性命之台，古代之抽象思想也。」[4]

1 《傅斯年全集》第二卷，湖南教育出版社，二〇〇三年，六〇四頁。
2 《傅斯年全集》第二卷，湖南教育出版社，二〇〇三年，六一三頁。
3 《傅斯年全集》第二卷，湖南教育出版社，二〇〇三年，五三七頁。
4 《傅斯年全集》第二卷，湖南教育出版社，二〇〇三年，五四〇頁。

根據中國社會科學院中國歷史研究院古代史研究所研究員孟彥弘在《傅斯年與《傅斯年文集》》一文總結說：「他自己的學術專長主要是上古史，發表的《論所謂五等爵》、《大東小東說》、《〈新獲卜辭寫本後記〉跋》、《夷夏東西說》、《周東封與殷遺民》、《性命古訓辨證》等，本著古史『多元起源論』，利用科學考古所得的新史料，以演變的觀點對舊有史料進行審查和辯正，直接推動了上古史研究從疑古、釋古向重建古史的轉變。他的研究成果對古史研究發生了深遠的影響。胡適在一九三一年二月十八日的日記中曾感慨：『下午孟真來談古史事，（羅）爾綱也參加。孟真原文中每每舊的材料本是死的，而一加直接所得可信材料之若干點，則登時變成活的。此意最重要。爾綱此時尚不能承受此說』。」[1]

我們總結了這一時期傅斯年的科研論著。這些代表性論文有：單篇論文有《歷史語言研究所工作之旨趣》，《中央研究院歷史語言研究所集刊》第一卷第一期，三—一〇頁；一九二八年；《周頌說》，《中央研究院歷史語言研究所集刊》第一卷第一期，九五—一一二頁，一九二八年；《大東小東說》，《中央研究院歷史語言研究所集刊》第二卷第一期，一〇一—一〇九頁；《論所謂「五等爵」》，《中央研究院歷史語言研究所集刊》第二卷第一期，一一〇—一二九頁，一九三〇年；《姜原》，《中央研究院歷史語言研究所集刊》第二卷第一期，一三〇—一三五頁，一九三〇年；《新獲卜辭寫本後記跋》，《安陽發掘報告》第二期，三四九—三八六頁，一九三〇年；《本所發掘安陽殷墟之經過》，《安陽發掘報告》第二期，三八七—四〇四頁，一九三〇年；《明清史料發刊例言》，《明清史料甲編》第一冊，一頁，一九三〇年；《夷夏東西說》，《慶祝蔡元培先生六十五歲

1 《中華讀書報》，二〇二〇年一月一日。

論文集》，一〇九三—一一三四頁，一九三三年；《周東封與殷遺民》，《中央研究院歷史語言研究所集刊》第四卷第三期，二八五—二九〇頁，一九三四年；等等。專著有《戰國子家敘論》，國立中山大學講義（一九二七）；《詩經講義稿》，國立中山大學講義（一九二七）；《中國古代文學史講義》，國立中山大學講義（一九二八）；《史學方法導論》，國立北京大學講義（一九三三）。《東北史綱》初稿，中央研究院歷史語言研究所（一九三二）；《傅斯年先生史學論文集》，中央研究院歷史語言研究所（一九二九—一九三五）；《性命古訓辨證》三卷，商務印書館（一九四〇）。

對於這些論文，王汎森評價說：「其中明顯可見兩個特點：第一，他拆散了一系相傳的中國古代史架構，代以不同族系並進的多元過程；第二，他把被疑古運動擊成碎片的古代史重新輟合再一起。當然，他對中國古代史的建立並非向舊有主題的回歸，而是嘗試建立一種以新材料為基礎的學說。」[1]這一肯定恰如其分。而許冠三在《新史學九十年》中給傅斯年史學以如下評價：「傅氏並未忽視治史方法。在方法學上，他的重要開拓有二：先是推廣王國維的『二重證據法』，倡為比較考證法。稍後又揉合中西語言學傳統，發明一治思想史的歷史語言門徑。在《性命古訓辨證》上卷中，這兩種方術幾乎配合到天衣無縫的地步。在古史研究領域，他最有意義的構想是中國文化起源三說，在夷夏東西說之外，復有先商文化久遠和史前文明多元二義。從事功方面看，他最具歷史影響的建樹，則為創立新文化運動以來第一個現代體制的國立研究機關，以歷史學為樞紐，組織協作的集體科學研究，展開規模空前的安陽考古發掘，為五十年代以後史前史學與考古學的『遍地開花』

1 王汎森《傅斯年：中國近代歷史與政治中的個體生命》，聯經出版有限公司，二〇一三年，一二三頁。

播下種籽。」[1]但是，這裏也出現了一個意想不到的後果，即考古學完全成了歷史學的解釋學和殖民地，以至於後來根據古史記載的考古學驗證成為風尚，卻是考古學自身立場和存在價值的徹底喪失。這是至今為止很多肯定傅斯年的歷史學的學者們所沒有觸及到的問題。

1 許冠三《新史學九十年》，嶽麓書社，二〇〇三年，二二八—二二九頁。

第五章

國破身病：奔波在西南聯大中的傅斯年

一九三四年夏，因為兩地分居和長期感情失和、缺乏交流和溝通，傅斯年和元配丁馥翠離婚。丁馥萃自此以後一生未再嫁，當然身後無一子女留下。

同年八月五日，他與同學俞大維的妹妹俞大綵在舊北平結婚。這是當時轟動一時的重大新聞。從北到南，各個大報小報紛紛炒作此事。給傅斯年和新婚夫人帶來了巨大的壓力和影響。

為了這場離婚和結婚，傅斯年付出了很大的代價。

根據《為了離婚，傅斯年曾經付出多少贍養費？》一文的介紹：「原本丁馥萃所提出的贍養金額為三萬五千元，經過親友多人斡旋之後以二千五百元達成協議。丁馥萃在離異之後既不願意繼續接受傅家金援，也回絕回到娘家的提議，並且宣稱這筆贍養費加上傅斯年弟弟給的五百元將用在每月十元的房租，若是三千元用完即自戕了結餘生，真正的結局如何則未見於史料的記載。」[1]

當時這場婚姻也驚動了當時媒體，這時當時的新聞報導：

一九三五年，日本開始策動「華北特殊化」，冀察政務委員蕭振瀛邀集舊北平教育界人士座談，企圖勸說傅斯年依附日本和華北偽政權。傅斯年則挺身而起，當面痛斥蕭某。

一九三五年九月十五日，傅斯年得一長子。他給兒子取名「仁軌」。暗含著他對古代歷史上在朝鮮對日本打殲滅戰的唐朝名將劉仁軌，因為傅斯年當時面對日本侵華意圖，特意以此命名，作為警示。傅仁軌，按照傅氏家族排字習慣，屬於「樂」字輩。

一九三六年春，史語所自北平南遷到南京。

十二月十二日，「西安事變」發生，傅斯年力主討伐叛軍，他高呼「國家元首豈容為賊所扣平」。

1 參見https://storystudio.tw/article/gushi/the-marriage-choice-of-fu-siniar-2/

傅斯年和俞大綵新婚合影

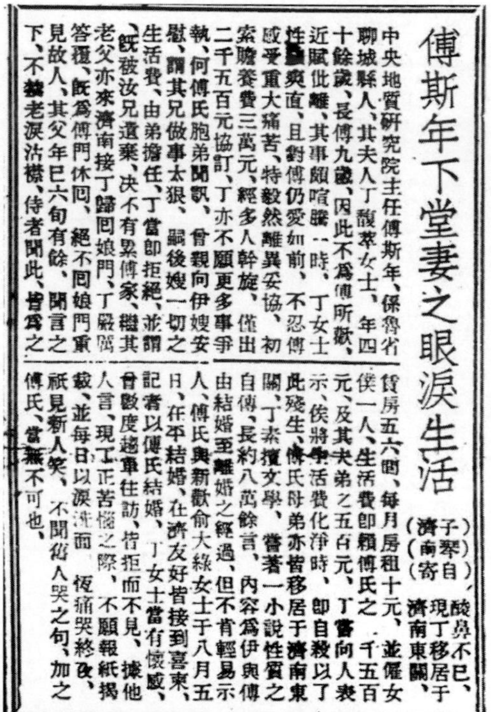

傅斯年下堂妻之眼淚生活

（子琴自濟南寄）

中央地質研究院主任傅斯年、係魯省聊城縣人、其夫人丁馥萃女士、年四十餘歲、長傅九歲、因此不爲傅所歡、近賦仳離、其事頗喧騰一時、丁女士性情爽直、且對傅仍愛如前、不忍傅感受重大痛苦、特毅然離異妥協、初索贍養費三萬元、經多人斡旋、僅出二千五百元協訂、丁亦不願更多事爭執、何傅氏胞弟聞訊、曾親向伊嫂安慰、謂其兄做事太狠、嗣後嫂一切之生活費、由弟擔任、丁當即拒絕、並謂「既被汝兄遺棄、決不有累傅家、繼其老父亦來濟南接丁歸回娘門、丁毅然答覆、既爲傅門休回、絕不回娘門靦見故人、其父年已六旬有餘、聞言之下、不禁老淚沾襟、侍者聞此、皆爲之酸鼻不已、現丁移居于濟南東關、賃房五六間、每月房租十元、並僱女僕一人、生活費即賴傅氏之一千五百元、及其夫弟之五百元、丁嘗向人表示、俟將生活費化淨時、即自殺以了此殘生、傅氏母弟亦皆移居于濟南東關、丁素擅文學、嘗著一小說性質之自傳、長約八萬餘言、內容爲伊與傅由結婚至離婚之經過、但不肯輕易示人、傅氏與新歡俞大綵女士于八月五日、在平結婚、在濟友好皆接到喜柬、記者以傅氏結婚、丁女士當有懷感、曾數度趨車往訪、皆拒而不見、據他人言、現丁正苦惱之際、不願報紙揭載、並每日以淚洗面、徹痛哭終夜、祇見新人笑、不聞舊人哭之句、加之傅氏、當無不可也、

當時報紙上的炒作文章

一九三五年秋，傅斯年夫婦和母親、侄子在京家中合影

他甚至贊同把張學良就地正法。[1]同時，他連續在《中央日報》發表《論張賊叛變》一文。並且，他在十二月二十一日致容庚的信函中再次明確態度：「然討責張賊之立點，則並無可議，凡有心肝者，此時當無不思食張賊之肉也。兄謂非忠於謀國，此言安在，豈兄欲擁戴張賊耶？盼有以語我！凡事應看其大，弟平日不滿政府設施，兄所知也，然此時則不容有二種思想。弟如有兵，便打上前去。」[2]從這封信中可以看出容庚的態度引起了傅斯年的不滿，乃至於他發出質問「豈兄欲擁戴張賊耶？」

一九三七年七七事變起，先生參加政府召集之廬山談話及國防參議會。傅仁軌和母親一起來到江西廬山牯嶺外公外婆家避難。傅斯年為兒子留下的成長記錄冊上畫了一張旅程圖，並記著：「小寶第二個生日，是在牯嶺外公外婆家過的。爸爸在南京看空襲！生下三年，走了一萬多里路了！」

一九三七年八月十七日，國防參議會最高會議在南京召開，傅斯年、胡適、蔣夢麟、梅貽琦等學術教育界代表人士參加了會議。傅斯年提出將北京大學、清華大學和南開大學南遷合組的建議，被國民政府採納三所大學後遷至昆明組建成著名的西南聯合大學。[3]

國立西南聯合大學（The National South West Associated University）是當時在日本侵華的大環境下，中華民國教育部設於昆明的一所綜合性大學。一九三七年十一月一日，由國立北京大學、國立清華大學、私立南開大學在長沙組建成立的國立長沙臨時大學。八月二十八日，國民政府教育部

1 《懷念傅斯年》，秀威資訊科技股份有限公司，二〇一四年，七二頁。又可見該書五八頁的相關記載。
2 《傅斯年遺劄》第二卷，歷史語言研究所，二〇一一年，七六三頁。
3 《逝者如斯集》，臺北傳記文學出版社，一九六七年九月初版，一八〇頁。

分別授函南開大學校長張伯苓、清華大學校長梅貽琦和北京大學校長蔣夢麟，指定三人分任長沙臨時大學籌備委員會委員，三校在長沙合併組成長沙臨時大學。具體地點在在長沙岳麓山山下的左家壟。

一九三七年九月十日，教育部第一六六九六號令正式宣佈建立國立長沙臨時大學。

十月，一千六百多名來自三校的師生經過長途跋涉陸續到達長沙。

十月二十五日，國立長沙臨時大學正式開學。校本部位於長沙城東的韭菜園，主要租借聖經學院和涵德女校。因為長沙頻繁遭到日軍轟炸，於是再次遷校已經迫在眉睫。根據鄭天挺一九三八年一月十一日日記記載：「傅孟真來談臨時大學遷昆明後，將請孟鄰師為校長，此事孟真聞之陳之邁，之邁聞之顧一樵。孟真意：若果實現，可請周枚蓀回校，以調停於清華、南開、北大三校之間」。[1]可見當時傅斯年已經有了三校合一的具體人事安排方案。

一九三八年一月，遷中央研究院歷史語言研究所至昆明。

一九三七年，歷史語言研究所部分同仁在長沙合影

當月中旬，陳立夫正式出任國民政府教育部長。陳立夫要求各個大學設立基層黨部，並規定各個院系負責人必須是國民黨員，如果不是，立刻加入。否則解雇。在陳立夫的嚴厲要求下，從一九三八年一月開始，到一九四九年國民政府退居臺灣為止，各個大學校方、院系負責人全部是國民黨

1 《鄭天挺西南聯大日記》一九三八年一月十一日，中華書局，二〇一八年。

員，再無所謂學術清流之說。更為重要的是，陳立夫規定了每月一日各個基層黨部黨員必須參與每月一次的「精神月會」學習，即使和國民黨部溝通資訊。

而後二月中旬，經中華民國教育部批准，長沙臨時大學分三路西遷至昆明。四月二日，中華民國教育部發電命令「國立長沙臨時大學」改稱為正式改稱為「國立西南聯合大學」。五月四日，國立西南聯合大學正式開學。五月六日，傅斯年夫婦決定先讓夫人攜帶孩子離開長沙，前往南昌。而傅斯年則還要在七月初到達武漢出席國民參政會。

六月十四日，傅斯年特別安排人員將由舊北平攜帶出來存放在重慶的全部歷史語言研究所的圖書和文物運到昆明：「敝所存渝七百五十箱寶貝，內有宋元刊本、甲骨（其多為伊界第一）、殷商考古品（殷商三百年歷史在其中）、周漢寶器、盈拓精本、稿本、外國善本等，此足職故宮精品爭伯仲者也。惟以敝所已遷昆明，（古物運渝有前，本所遷滇在後）無法在此整理。且存之城內，深虞火險，存之山洞，又慮溼潮。為求物得其用，而本所同人得工作起見，擬運其由重慶至昆明，以便開箱整理。」1

七月，西南聯合大學遷移文物於南昌與長沙。與此

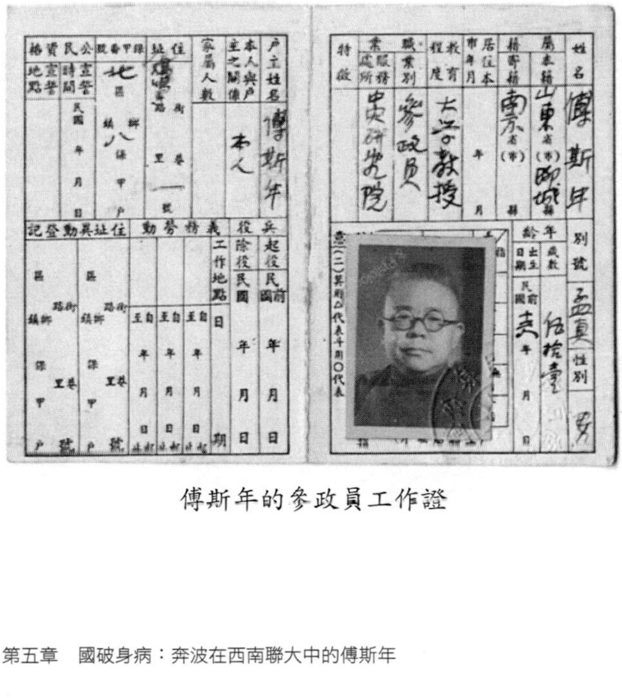

傅斯年的參政員工作證

1 《傅斯年遺劄》第二卷，歷史語言研究所，二〇一一年，八八六頁。

同時，中華國民政府設立的各黨派參政議政的最高諮詢機構——國民參政會。汪精衛出任議長、張伯苓出任副議長。傅斯年成為國民參政會參政員。當時共有二百名參政員。七月六日在漢口兩儀街上海大戲院召開，共有一百五十六名參政員出席。

據歷史語言研究所《大事記》記載：「本所隨本院西遷，先選裝最珍貴中西文圖書、雜誌及善本書共六十箱，首批運往南昌農學院，其餘一千三百三十三箱分批運長沙。但部分殷墟出土的人骨、獸骨及陶片等，限於運輸工具，暫留原址」。

八月，遷中研院史語所至長沙。再見上文：「本院組織長沙工作站籌備委員會，本所遷入長沙聖經學院，所長傅斯年仍留南京，派梁思永為籌備會常務委員」。[1]

八月十三日，傅斯年成為國防最高會議參議會參議員。

八月十七日，國防最高會議主席蔣介石、副主席汪精衛聘請首批十六位國防最高會議參議會參議員到南京與會。這些參議員包括中國共產黨、中國青年黨、國社黨、第三黨、救國會派、中華職教社及國民黨內素不當政的老輩人物：陶希聖、傅斯年、張伯苓、蔣夢麟、李璜、沈鈞儒、黃炎培、馬君武、毛澤東、晏陽初、張耀曾、張君勱、梁漱溟、曾琦、胡適、蔣百里。直到九月一日，他才飛回昆明。

九月，傅斯年全家遷到昆明市郊居住，以避空襲。

十月，西南聯合大學遷移南昌之文物，再轉運到四川重慶大學。

十月十七日，胡適因為要出任駐美大使而不得不辭去北京大學文學院院長一職。當時大家一致

---

1 見歷史語言研究所《大事記》。

推薦傅斯年接任：「適之師出任大使，聞須兩三年後始歸，北大文學院長如何辦理？嘗竊念欲求北大復興，必兼四者：一曰加強幹部，二曰汲引新近，三曰提倡研究風氣，四曰派遣學生留學。所謂幹部，不必限於在校之人，而本校求才亦不必限於幹部之內。無事則散居各地，自求發展；有事則聚議一庭，共策萬全。適師離校，一方面為北大之大損失，一方面亦可謂北大之新發展。但使離開學校，不使離開幹部，其有利於北大仍如舊也。枚蓀亦然。凡與北大關係較深而又關心北大者，如孟真、金甫、書貽諸人，雖不在北大，亦可使參加幹部，俾益學校，當非淺鮮，孟真、金甫均文學院長之選也。」[1]可見當時傅斯年依然是文學院的核心人物。

一九三九年五月，傅斯年兼任正在籌備恢復的北京大學文科研究所所長。

根據《鄭天挺西南聯大日記》的記載：「五月二十七日。孟真來北京大學，文科研究所決恢復，由孟真任主任。孟真意增置副主任一人，由余承乏，謝之。以學以德，以齒以才，皆非余所敢僭竊也。」[2]又見六月十二日日記記載：「四時開北大教務會議，余出席，報告研究所恢復事宜及本年畢業生職業介紹情形。北大定章秘書長不出席教務會議也。七時孟真、金甫、公超、叔偉來寓便飯，飯後開文科研究所會議。決議所中設工作室，余主明清史工作室，從吾主宋史工作室。中國斷代史工作暫以宋明清為始。」[3]由此可見傅斯年又在將北大文科研究所辦成中山大學語言歷史研究所的模式。

1 《鄭天挺西南聯大日記》一九三八年十月十七日，中華書局，二〇一八年。
2 《鄭天挺西南聯大日記》一九三九年五月二十七日，中華書局，二〇一八年。
3 《鄭天挺西南聯大日記》一九三九年六月十二日，中華書局，二〇一八年。

為此，傅斯年回憶說：他曾致信中英庚款委員會秘書長張群與杭立武進行磋商說：「弟數年以來，深感覺大學畢業生之優秀者，如於其畢業後不置之於良善環境中，每每負其所學，故以為大學畢業研究生一層實屬重要，此等兄亦具有同感者。盡此一關之力，未必皆成，然無此一關，中道而廢者多矣，良可惜也。並以中國大學之多不長進，高材生畢業者不過初得其門，若一旦置之四顧茫茫之境，實不知所措。弟數年中，頗思在研究所中大招研究生，終以各種不便，未能實現，初招四名，未到所而戰事起矣。何以不在研究所中辦此事，而由北大辦，敝所與之合作？此亦有故。敝所歷年以來，亦常招致大學新畢業生，其選擇甚嚴。然本所既無講堂上之課程，而每人之工作又緊張，故一入所便等於做事，所習之題專之又專，此與大學高級教育，各有其短長，然為造就一科之通人，此非最善之法也。若研究所特為此事設備，則同人工作已重，決不容許。故在研究所中訓練研究生，不如在一個好大學中，教師較多，有課可上，不必做機械事，空氣比較自由，此皆彼善於此者也。」[1]又說：「北大原有此一研究所，在中國歷史最久，即所謂『北京大學研究所國學門』也。此一所，與北大他事皆同，即每每為政治之犧牲品，旋作旋輟。五六年前適之先生發憤整頓，弟亦大有興趣，弟曾為北大借聘半年，即為此事。當時適之先生為主任，弟為其秘書，弟只任半年即南遷，受頤繼之。盧溝橋事起而一切休矣。」[2]

傅斯年還強調了史語所和北大文研所合辦對雙方有益：「目下北大擬恢復此物，孟麟先生與北大諸位託弟主持，以便與敝所合作。在以前，此兩究所最好分道揚鑣，風氣太相似，亦有其不便；

1 《傅斯年遺劄》第二卷，歷史語言研究所，二〇一一年，九七〇頁。
2 《傅斯年遺劄》第二卷，歷史語言研究所，二〇一一年，九七一頁。

在目前，力量自以集中為上策。此一合作（即招考研究生之合作），事實上兩俱有利。就北大論，可延續此事之生命，以便將來待機發展。就敝所論，可以免去管理研究生之一切麻煩而得到研究生之實惠。雖所造就者，未必多數為敝所任用，但為此一學問、此一風氣造就人才，即皆有利也。管理研究生之麻煩，弟知之悉，故北大任此管理最佳，好在他們雖少此十人，亦尚有幾百學生待管，增此不為多，若在敝所，則已來不及。至於學術之訓練，固可任之也。」[1]

一九三九年七月，北京大學、清華大學、南開大學三校恢復研究院開始招收研究生。

當時中文系的任課教師有朱自清、羅常培、羅庸、魏建功、胡適、楊振聲、劉文典、聞一多、王力、浦江清、唐蘭、游國恩、許維遹、陳夢家。歷史系的任課教師有劉崇鋐、雷海宗、姚從吾、毛准、鄭天挺、陳寅恪、傅斯年、錢穆、王信忠、邵循正、皮名舉、王庸、向達、張蔭麟、蔡維藩、陳受頤、葛邦福、吳晗、陸伯慈。而哲學系的任課教師有湯用彤、馮友蘭、金岳霖、沈有鼎、孫國華、周先庚、馮文潛、賀麟、鄭昕、王維誠、陳康、敦福堂、王憲鈞。

對於北京大學為何要恢復文科研究所，傅斯年在給杭立武的信中說：「北大本有此一研究所。北大原有此一研究所，在中國歷史最久，即所謂『北京大學研究所國學門』也。此一所，與北人他事皆同，即每每為政治之犧牲品，旋作旋輟。五、六年前適之先生發憤整頓，弟亦大有興趣，弟曾為北大借聘半年，即為此事。當時適之先生為主任，弟篚其祕書，弟只任半年即南遷，受頤繼之。蘆溝橋事起便一切休矣。當時北大此一研究所，論其收藏之富，與敝所萬有短長而相伯仲，大庫檔案、藝風拓本、漢簡、壁霨皆其著者。論具成績，史料整理第一，後來皆孟心史先生之力，語音樂

1 《傅斯年遺劄》第二卷，歷史語言研究所，二〇一一年，九七〇—九七二頁。

律實驗室亦甚可觀。今則人與物皆已矣，然其 tradition 猶在人也。」[1]

而對於文科研究所的組織管理機構、聘請導師及如何招收研究生等具體問題，傅斯年致信杭立武說：「擬定之組織如下：（已與蔣夢麟先生商定：主任由弟代理。照章由北大文學院院長兼。北大文學院長系適之先生，不在國內，故由弟任之名曰代理者，以為代適之先生也。）副主任鄭天挺先生，（或名秘書，未定。鄭先生雖刊佈之著作不多，然任事精幹，弟知之深，故推其任此事，亦因弟事不專此一件也。）委員已定者有湯用彤、羅莘田、姚從吾、葉公超、錢端升（法學院無研究所，故暫入此，此一研究範圍，兼括經濟及制度史，端升列入，亦當時枚蓀之例也。）諸位，其他尚有二人待與孟麟先生商定。此當為一個『民主組織』，庶幾各個人均能發揮其責任。弟亦可謂好事，此一事等於自尋興趣之大可知，辦時必負責盡心，故兄如即以為弟之事業視之，亦無不可也。研究生。此一事業，弟之興趣所在，皆在研究生，注意之、分配之，為之引近相合之導師，督責其課業，均弟所好之事也。」[2]傅斯年承諾：「弟之熱心此事，非一新花樣，乃是多年之志願，且曾一度行之。在弟雖多些事，卻覺得值得。弟雖未必永負此任，亦盼適之先生能早早建一功，回到北大，由其主持耳。」[3]他表示：「此一組織雖在系統上為北大之一部分，但決不予北大畢業生以特殊之方，研究生之考試向全國公開，其考試委員會組織，亦系內外參合，以明一視同仁之義。所有專任導師及助理，弟想到者亦皆非北大人也，故此事之辦，乃為此一學問耳。」[4]

---

1 《傅斯年遺劄》第二卷，歷史語言研究所，二〇一一年，九七二頁。
2 《傅斯年遺劄》第二卷，歷史語言研究所，二〇一一年，九七二頁。
3 《傅斯年遺劄》第二卷，歷史語言研究所，二〇一一年，九七二—九七四頁。
4 《傅斯年遺劄》第二卷，歷史語言研究所，二〇一一年，九七四頁。

為此，傅斯年多方為北京大學文科研究所聘請人才。

比如，向達的就任，是姚從吾多次委託傅斯年聘請的。見一九三九年四月二十日傅斯年致函向達的信：「旋接北大史學系上任姚從吾先生信，仍將蔣孟鄰先生命，促弟勸先生到北大來，弟以此說已過去，故亦未奉聞。十一月末，弟返此，與蔣、姚諸公再談此事，適北大有恢復其『文史研究所』之議，其中設專任導師不教書，事務極少，不過指導二、三研究生，故其事與敝所之研究員無別，而比之更為自由，當時僉以為應聘先生來滇任此事。目下此事計劃已定，暑假後必設置，學校當局，託弟轉致此意，務懇先生予以同情之考慮，至幸。」[1]而鄧廣銘也是傅斯年的推薦。鄧事後回憶說：「到了一九三九年，我接到了傅先生的一封信，通知我到昆明去。我到了昆明，傅先生安排我到北大文科研究所去作高級助教。」[2]

八月六日，舉行研究生口試。根據鄭天挺日記的記載：「今日舉行研究生口試也。……文學及語言部分由孟真、莘田、金甫、膺中發問。歷史部分由孟真、從吾、枚蓀及余發問。所問大都專門較深之說，能悉答者無一人。此不過覘其造詣，及平時注意力、治學方法，不必全能答也。」[3]可見傅斯年雖然負責文學、語言和歷史三個科目的口試，但是所出試題都是注重治學方法和平素國學功力所在，絕對沒有陳寅恪「對對子」那套嘩眾取寵的試題。傅氏的嚴謹由此可見。

北京大學文科研究所共招收了三屆二十二名研究生。第一屆僅錄取六人：閻文儒、任繼愈、劉

1 《傅斯年遺劄》第二卷，歷史語言研究所，二〇一一年，九六五頁。
2 《傅斯年》，山東人民出版社，一九九一年，四頁。
3 《鄭天挺西南聯大日記》一九三九年八月六日，中華書局，二〇一八年。

念和、周法高、王明、陰法魯。一九三九年九月二十六日，傅斯年、鄭天挺、葉公超三人出席了錄取考生復試和閱卷工作。

十月九日，北京大學文科研究所新生正式開學，傅斯年發表學術演講。

當時，傅斯年親自參與招生考試。當時的考生周法高回憶說：「口試時傅斯年先生對我說，我的研究屬歷史語言學的範圍，可謂一語定下我終生的研究範圍。」[1]

當時的北京大學文科研究所下設中國文學部、語學部（語言、語音）、哲學部、史學部、人類學部五個科研和教學機構。

根據鄭天挺的回憶文章中援引任繼愈的文章：「當時文科研究所的導師，有陳寅恪、向達、姚從吾、鄭天挺、羅常培、羅庸、楊振聲、湯用彤、賀麟。師生們共同租用了一幢三層樓的宿舍，在昆明靛花巷三號。師生們同灶吃飯，分在兩個餐廳，因為房間小，一間屋擺不開兩張飯桌。師生天天見面，朝夕相處。鄭天挺擔任文科研究所的副所長（正所長是傅斯年先生，後來兼任中央研究院總幹事，常駐重慶）。羅莘田先生戲稱，我們過著古代書院生活，鄭先生是書院的『山長』。當時同學周法高是羅先生的研究生，周戲編了一副對聯：鄭所長，副所長，傅所長，正所長，正副所長；甄寶玉，假寶玉，賈寶玉，真寶玉，真假寶玉。對仗不大工穩，在同學中流傳。」[2]這裏的「後來」，即當年十一月一日。

十月二十四日，北大文科研究所辦公室和宿舍才正式安置好。

1 周法高《記昆明北大文科研究所》，《傳記文學》，一九八三年，第一、二期。

2 見https://www.thepaper.cn/newsDetail_forward_1980450

根據鄭天挺日記的記載是：「四時移行李箱籠至靛花巷三號北京大學文科研究所二樓西屋中間。孟真居吾之北，學生讀書室居吾之南，莘田居吾對面，錫予、從吾、寅恪則居樓上。但錫予、從吾尚未至。佈置室中木器書籍，多賴鬱泰然之力，可感也。室中面西有窗一，臨空院，院中有修竹一叢，正當窗際，舉頭可見。日對清節，益吾心神當不少也。晚飯後同寓多出門，獨坐讀書，惟遠處蟪蟀微鳴，別無音響，靜極。」[1]足見這個環境是非常清幽而寧靜。

一九四〇年一月，傅斯年兼任北京大學文科研究所主任。

一月十一日，他和鄭天挺談論即將開始的中央研究院院長人選問題。傅斯年居然產生了「以中央研究院院長選舉為念，有樹倒猢猻散之懼」[2]可見當時，朱家驊—傅斯年這一留洋歸國知識份子集團因為蔡元培的離職而面臨著被其他勢力集團搶占關鍵職位的危機，乃至於他自己都產生了要「樹倒猢猻散」的恐懼，這充分說明傅斯年對其自身所屬的政治集團是充滿悲觀意識的。和其他政治勢力集團的爭權奪利和相互傾軋，使他不可避免地擔憂自己的前程。

一月十日，由盧作孚船運公司承擔的運送歷史語言研究所全部圖書和文物的貨船發生嚴重浸水事件。十二日，芮逸夫致函朱家驊緊急彙報：「丨日晨黎明，躉船傾覆，所有箱件全部沒水，雖經撈起，但均濕透，未敢提取。經與該公司敘府經理交涉，派員會同本所人員開箱檢查，拓片、善本粘凝成餅，無法揭視，損失奇重」。[3]十三日，傅斯年得到報告後，立刻致函負責此項工作的李方桂、

1 《鄭天挺西南聯大日記》一九三九年十月二十四日，中華書局，二〇一八年。

2 《鄭天挺西南聯大日記》一九四〇年一月十一日，中華書局，二〇一八年。

3 《傅斯年遺劄》第二卷，歷史語言研究所，二〇一一年，一一四三頁。

石璋如，要求他們：「迅速開箱灑乾，不能揭者徐圖蒸治，交涉由此直辦，勿多時放在箱中」。[1]直到四月十六日，傅斯年仍然在和盧作孚書信中協商賠償損失問題：「弟近接董代所長復稱，已將各損件之箱開啟，未稱再有損失。前開列之損失書籍，全部均係原價，總數只約二千餘元。至損失儀器之原價，因此部分負責人吳定良先生等尚在返李莊途中，須稍緩始能查明開單奉陳。」[2]

三月一日，傅斯年出席北京大學國民黨部的「精神月會」活動，他在會上發言，痛斥汪精衛的叛黨行為。想想看，就在一九三七年九月二十日，傅斯年還致函汪精衛，讚美汪氏此前一日和他的長談：「前日獲侍清教，北平研究院事，備承垂注，欣佩無極。當今之世，識書生之精誠，推嘉惠於士林者，惟我公耳。」[3]現在已經開始痛斥汪精衛的叛黨行為了，這臉變得還算及時吧。

八月二日，傅斯年提出辭去北京大學文科研究所主任一職。

根據鄭天挺日記記載則是因為「又以孟真與從吾為史學系事議不諧，辭研究所主任，欲面勸之，遂派車下鄉接其入城。九時入校治事。昆華師範校長張君來索校舍，堅執五日必須移讓，允還其一部。十二時歸。飯後小睡。三時孟真來，以余之接其來而無重大之事也，以為騙之，意頗惱。入校治事。五時至邱家巷，孟鄰師之宴，到四十餘人。天大雨。席散，與今甫、枚蓀、廉澄、雪屏、莘田諸人留談至十時歸。孟真以雨大未往，有書辭研究所主任，並詆從吾。孟鄰師命余持還之，明早親來慰留。歸所即寢。」[4]造成傅斯年和姚從吾產生矛盾的原因是「為史學系聘史語所人來任教事。

1 《傅斯年遺劄》第二卷，歷史語言研究所，二〇一一年，一一四三頁。
2 《傅斯年遺劄》第二卷，歷史語言研究所，二〇一一年，一一六一頁。
3 《傅斯年遺劄》第二卷，歷史語言研究所，二〇一一年，八二四頁。
4 《鄭天挺西南聯大日記》一九四〇年八月二日，中華書局，二〇一八年。

孟真與從吾意見不一」[1]，可見還是圍繞著歷史語言研究所的專職研究員能否到北京大學歷史系兼職的問題。最後，傅斯年一怒之下提出辭去文科研究所主任一職。但是，這個辭職申請並未得到批准認可。

根據朱家驊在文章中的記載：「二十九年，我繼蔡先生之職，請傅斯年擔任總幹事」。[2]可見，朱家驊和傅斯年一直保持著上下級的關係，因為他們屬於同一個留洋歸國知識份子利益集團。傅斯年則是「為了院、為了朋友，他欣然的答應下來。總幹事是院內實際行政的總樞」[3]這和半年前的擔憂情結和恐懼完全不一樣了，因為朱家驊接替了中央研究院院長一職，傅斯年已經欣欣然了！但是傅斯年實際到任則是一年多以後的事了。當時鄭天挺日記中還特別記載了此事：「從吾自宜良來，談及近函朱騮先推薦孟真重任總幹事，函中並列余名。」[4]可見至少在一九四三年九月十八日之前，開始考慮傅斯年再次出任中央研究院總幹事一職。

當年，同為留洋歸國知識份子集團的一員，王世傑推薦蔣夢麟出任國民參政會秘書長一職，傅斯年就極力反對，理由是「其事繁瑣而易開罪於人」[5]。可見，朱家驊—傅斯年這個蔣介石文官幕僚勢力集團一是官運亨通，相互提攜；而是掌握名利雙收的職位，而得罪人的職位則主動讓給貴辦資本家集團的成員。

---

1 《鄭天挺西南聯大日記》一九四〇年七月三十一日，中華書局，二〇一八年。
2 《懷念傅斯年》，秀威資訊科技股份有限公司，二〇一四年，八六頁。
3 《懷念傅斯年》，秀威資訊科技股份有限公司，二〇一四年，八六頁。
4 《鄭天挺西南聯大日記》一九四〇年九月十八日，中華書局，二〇一八年。
5 《鄭天挺西南聯大日記》一九四〇年十二月二十日，中華書局，二〇一八年。

十一月，中央研究院歷史語言研究所遷至四川南溪縣李莊鎮。之所以選在李莊，根據鄧廣銘的回憶：「昆明常有敵機轟炸，傅先生決定把史語所遷往四川，說要遷到一個在地圖上找不到的地方，免得敵機再來騷擾，最終選定了四川南溪縣李莊。」[1]

十二月，傅斯年續任國民參政會第二屆參政員。

一九四一年一月十三日，歷史語言研究所物資終於安全運達李莊。傅斯年和夫人、兒子一起聚會在李莊。傅樂煥也和他們住在一起。因為傅家的行李實在過於龐大，主要是傅斯年攜帶著大量的線裝古籍。於是，來傅斯年家閱讀古籍成了當時北京大學文科研究所師生們的重要課餘活動。

傅斯年事後回憶說：「前年秋冬，奉命遷移。彼時交通無辦法，竭盡平生之力而謀之。一面跑警報，一面辦這些事，故每日有時走三十里，幸而把研究所搬了。」

一九四一年三月，傅斯年高血壓病復發，一病不起，在重慶歌樂山中央醫院養病。後經治療，病體稍愈，便趕往李莊，一邊養病，一邊組織和督促歷史語言研究所人員進行學術研究。

七月出院。

李莊——歷史語言研究所辦公所在地

1 《傅斯年》，山東人民出版社，一九九一年，五頁。

九月，傅斯年辭去中央研究院總幹事職務。

十月，傅斯年母李太夫人卒於重慶，享年七十五歲。傅斯年認為其母死因不明，特申請中央醫學對其母親解剖，終於判明死因則是膽結石。這在當時的重慶還引起了不小的震動。畢竟當時孝了要求解剖生母以探明死因也實在太超前了。最後，其母被安葬在歌樂山旁的墓地中。

十二月，傅斯年到李莊長住，再任歷史語言研究所所長。

一九四二年七月，傅斯年再任國民參政會第三屆參政員。

一九四五年四月，傅斯年再任國民參政會第四屆參政員。

七月一日，代表國民參政會訪延安，商談國共合作。詳細參見本書後面章節。

十一月十九日，中國共產黨在重慶成立反內戰聯合會。十一月二十五日西南聯合大學學生與民主同盟成員吳晗、錢端升、費孝通等教授發起學運，並策動雲南大學、中法大學、英語專科學校的「學生自治會」，聯合在西南聯大圖書館前廣場進行演說，煽動學生總罷課。部分學生則表示反對，由此對立雙方爆發毆打，引發學潮。

十二月一日，雲南軍官總隊集體前往西南聯大師範學院接受學生質詢，突然間軍官陳奇達向群眾投擲手榴彈，製造流血傷亡事件。隨後，有暴徒衝擊了西南聯合大學，事件造成數十一名學生死亡，二十五名學生重傷。蔣介石急電傅斯年，讓他以五四學生運動領袖的身份，前來勸說學生停止學運，返回學校。於是，傅斯年立刻趕到現場，和學生們展開對話和溝通，親自處理學運。事後，他在致俞大綵的信中謂西南聯大學潮「地方當局荒謬絕倫，李宗黃該殺，邱清泉該殺」等便是他做人處世的主張與原則。但是，他也明確表示「這樣的學生運動，我是很不願意她和五四相提並論的。」[1]

在西南聯大期間，傅斯年心繫每一位教師和學生，從年老教授到青年學生，他及時解決他們的學習工作和生活上遇到的各種各樣的問題。

一九三〇年夏，梁思永獲哈佛大學碩士學位，回國後即受聘於歷史語言研究所考古組，先後參與了對河南安陽殷墟和山東城子崖遺址的調查發掘，撰寫了《城子崖——山東歷城龍山鎮黑陶文化遺址》等考古發掘報告。當歷史語言研究所輾轉遷徙至李莊後，梁思永不久肺病復發，並迅速惡化。傅斯年向中央研究院代院長朱家驊寫信求助：「騮先吾兄左右：茲有一事與兄商之。梁思成、思永兄弟皆困在李莊。思成之困，是其夫人林徽因女士生了 T.B.，臥床二年矣。思永是鬧了三年胃病，甚重之胃病，近忽患氣管炎，一查，肺病甚重。梁任公家道清寒，兄必知之，他們二人萬里跋涉，到湘、到桂、到滇、到川，已弄得吃盡當光，又逢此等病，其勢不可終日，弟在此看著，實在難過，兄必有同感也。弟之看法，政府對於他們兄弟，似當給些補助。其理如下：一、梁任公雖曾為國民黨之敵人，然其人於中國新教育及青年之愛國思想上大有影響，啟明之作用，在清末大有可觀，其人一生未嘗有心做壞事，仍是讀書人，護國之役，立功甚大，此亦可謂功在民國者也。其長子、次子，皆愛國向學之士，與其他之家風不同。國民黨此時應該表示寬大。即如去年蔣先生賻蔡松坡夫人之喪，弟以為甚得事體之正也。二、思成之研究中國建築，並世無匹，營造學社，即彼一人耳（在君語）。營造學社歷年之成績，為日本人羡妒不置，此亦發揚中國文物之一大科目也。其夫人，今之女學士，才學至少在謝冰心輩之上。三、思永為人，在敝所同事中最有公道心，安陽發掘，後來

---

1 《傅斯年全集》第六冊，聯經出版事業公司，一九八〇年，六六頁。

完全靠他，今日寫報告亦靠他。忠於其職任，雖在此窮困中，一切先公後私。總之，二人皆今日難得之賢士，亦皆國際知名之中國學人。今日在此困難中，論其家世，論其個人，政府似皆宜有所體恤也。未知吾兄可否與陳佈雷先生一商此事，便中向介公一言，說明梁任公之後嗣，人品學問，皆中國之第一流人物，國際知名，而病困至此。似乎可贈以二、三萬元（此數雖大，然此等病症，所費當不止此也）。國家雖不能承認梁任公在政治上有何貢獻，然其在文化上之貢獻有不可沒者，而名人之後，如梁氏兄弟者，亦復甚少，二人所作皆發揚中國歷史上之文物，亦此時介公所提倡者也。此事弟覺得在體統上不失為正。弟平日向不贊成此等事，今日國家如此，個人如此，為人謀應稍從權。此事看來，弟全是多事，弟於任公，本不佩服，然知其在文運上之貢獻有不可沒者，今日徘徊思永、思成二人之處境，恐無外邊幫助，要出事，而此幫助似亦有其理由也，此事請兄談及時千萬勿說明是弟起意為感，如何乞示及。」[1]

四月二十八日，傅斯午又補寫了一信給朱家驊、葉企孫、王敬禮說：「騮先先生院長，企孫、毅侯兩兄賜鑒：梁思永先生病事，茲述其概，十年前，思永於一年過度勞動發生肋膜炎。在協和治癒，但結疤不佳，以後身體遂弱。自前年起，忽生胃病甚重，經兩年來，時好時壞。去年胃病稍好，又大工作，自己期限將《殷墟報告》彼之部分完成。四個月前，即咳嗽，尚聽不出肺病聲氣。上月醫生大疑其有肺病，送痰往宜賓驗，結果是+++！所聽到左右幾大片。此次肺病來勢驟然，發展迅速，思永自謂是閃擊戰，上周情形頗使人憂慮，近數日稍好。思永之生病，敝所之最大打擊也。茲謹述其狀。思永雖非本所之組主任，但其 moral influence 甚大，本所考古組，及中央博物院之少

1 《傅斯年遺劄》第三卷，歷史語言研究所，二〇一一年，一二四六—一二四七頁。

年同志，皆奉之為領袖，濟之對彼，尤深契許。彼學力才質，皆敝所之第一流人，又是自寫報告、編改他人文章之好手。今彼病倒，《殷墟報告》之進行，一半停止矣。思永尤有一特長，本所同人多不肯管公家事，或只注意其自己範圍事，弟亦頗覺到敝所有暮氣已深之感。思永身子雖不好，而全是朝氣，其於公家之事，不管則已（亦不好管閒事），如過問，決不偏私而馬虎也。其公道正直及公私之分際，素為同人所佩。……彼如出事，實為敝所不可補救之損失，亦中國考古學界前途之最大打擊也。故此時無論如何，須竭力設法，使其病勢可以挽回。此當為諸先生所贊許也。……敬乞賜以考慮，並規定一數目，其數亦不可太少，至為感荷。若慮他人援例，則情形如思永者亦少矣。以成績論，尚有數人，然以其在萬里遷徙中代弟職務論，恐濟之外無他人，故無創例之慮也，如何其考慮賜複，至感。騮先吾兄：此函尚有未盡之意。思永是此時中國青年學人中絕不多得之模範人物，無論如何，應竭力救治。彼在此赤貧，即可賣之物亦無之（同人多在賣物補救生活中）。此種病至少需萬元以上。此信只是一部分辦法耳。……思永身體雖原不好，然其過量工作，實其病暴發之主因。報銷既無問題，甚願兄之惠准也。」[1]

傅斯年在五月十三日信中說：「騮先、立武兩兄左右：騮先兄電，立武兄手示，關於梁思成兄及其夫人者，後先奉悉。盛意如此，弟實欽感。當將尊意轉達思成兄嫂，以此事弟事先均未與他們談過，係弟之自作，他們於看到立武兄信後，自深感友朋眷念之意，而於事之可行與否，曾加以數日之考慮，蓋以徽因嫂實在病中也。……事實上徽因嫂舊有『中國之建築』一稿，將過半矣。彼在病中初未問斷各事，如寫文藝作品之類，如盡舍他事，專成此稿，事既可行，轉於病為益。今日徽

1 《傅斯年遺劄》第三卷，歷史語言研究所，二〇一一年，一二七四頁。

因嫂來一信，云：今為實際生活所需，如不得已而接受此項實利，則最緊要之條件，是必須讓我擔負工作，不能由思成代勞頂替。與思成細商之後決定，用我自己工作到一半的舊稿，用我駕輕就熟之題材，用半年可完之體裁，限制每日工作之時間，作圖解及翻檢笨重書籍時，由思成幫忙，則接受，不然。仍以賣物為較好之出路，少一良心問題。事實如此，則弟以徽因嫂受此輔助一事，與立武兄近開名單中各人比一下，覺此事當在前列（此單事今詳）。故弟亦不以為『經紀人』，而覺良心上有所不安也。」[1]

六月十六日，傅斯年與李濟商議，決定直接給蔣介石上書。

該信說：「梁任公長子思成、次子思永在學術上之貢獻。梁君思成及梁君思永，在近十餘年間，皆為中國文化史搜到無上之瑰寶，為國際知名之學人。其治學之精勤與方法之精密，均可開創彼所治科目之風氣，故今日聲聞國內，馳譽域外。論其成績，雖白里之程，行未及半，然中國文化史之資料，已為之增益不少，且在若干事上改舊觀矣。茲分述如下：一、梁思成及夫人林徽因對於建築學之貢獻。若千年來，中國學生在歐美學建築者，類多以營業為目的，模仿為觀點，故近年頗有窮極奢華而無當於用之建築。若夫古建築之研究，本為中國文化史之一重要門類者，僅有日本人為之，而日本人遂以「東方式建築」標榜於西洋人，此亦中國學人之恥也。中國營造學社在北平創辦十餘年，其中科學工作，大體由梁君思成主持，出版刊物，積數十卷。抗戰以來，與其夫人遷來後方，輾轉雲南、四川，其弟思成（應為永）亦然。……抗戰以前，政府推行建設計畫，其關建築者，多採納其意見或聘其主持，如北平天壇之重修，曲阜孔廟之擬修，大同雲岡之修理，國立博物院建築

1 《傅斯年遺劄》第三卷，歷史語言研究所，二〇一一年，一二七一—一二七三頁。

計畫之審查，皆由梁君主持之。其夫人與之同治此學，負有才名，各事均參與之。營造學社者，一學術團體，其經常費、事業費皆由募捐而來，工作人員之報酬至薄，全賴數人之志趣與精神維持之。思成之夫人林徽因女士，當代之才女也。亦留美學建築，與思成同志，於營造學社之工作貢獻甚多。抗戰軍興，募款困難，學社同人雖於生活毫無保障，仍自動隨政府內遷，由湖南而昆明而四川，在流離顛沛中，工作不輟。徽因女士與思成，梁孟同心，甘之如飴，但入川以來，氣候不適，肺病復發，已臥床一年又半。徽因女士雖工作亦如其他營造學社社員，但並無獨立之收入；思成之工作能力雖優，但經濟狀況至劣，自其夫人病後，已欠債累累，幾已無法維持其日常生活，臥病之人尤不能缺少醫藥營養，故思成所需之救濟，與思永等。二、梁思永對於中國上古史之貢獻。民國二十四年，法國漢學家伯希和在美國哈佛大學成立一百年周年紀念會講演，謂正在中國進行之殷墟發掘實近代漢學發展之一重要階段，尤推崇梁思永在侯家莊之工作。伯希和氏為現代歐美以及日本共認之現代國際漢學家最大權威，曾親蒞安陽，參觀殷墟發掘。至此國際之漢學家與考古學家，莫不認梁氏貢獻之重要矣。此貢獻大略如下：中央研究院自民國十七年起，在安陽開始考古發掘。前數年發掘所得，以甲骨文字為最要。其他泰半破碎散亂。自二十一年由梁君主持，擴充發掘區域，其所出器物在質與量上說，皆為大觀。可與世界上最大發掘比擬矣。……思永自民國十九年歸國，即參加中央研究院之考古工作。抗戰以前，多在野外執務；七七事變後，隨中央研究院歷史語言研究所內遷。積中精力，整理《侯家莊報告》，兀兀窮年，鍥而不捨，成稿盈篋。近以積勞，舊病復發，來勢極猛，醫者斷為肺病第三期。而家無積蓄，每月薪資已不足維持日常生活。今得此重病，醫藥所需，日在二百元上下，雖服務機關及及親朋均竭力協助，但杯水車薪，實難繼續。此一典型之學人，其已有之工作，已關古文化甚巨，其將來對於此學之貢獻，更不可限量，實需即時之救急。」[1]

事後，蔣介石以他自己掌控的特別經費贈梁氏兄弟二萬元，以示救濟。

一九四四年，正是抗戰最為艱苦卓絕的時期，傅斯年給兒子仁軌書寫條幅，鼓勵他少年立志。條幅為：「為仁軌兒書文文山先生《正氣歌》、《衣帶贊》，並以先生他詩補餘幅。其日習數行，期以成誦，今所不解，稍長必求其解。念茲在茲，做人之道，發軌於是，立基於是。若不能看破生死則必為生死所困，所以異於禽獸者幾希矣。」[2]

抗戰八年中，董作賓將所有的精力投入到殷墟甲骨文字的研究上。傅斯年特批，由重慶買來一盞煤油燈和一桶「洋油」，專門供董作賓與助手夜間寫作使用。董作賓《殷墟文字乙編》上、下兩輯，分別於一九四八年和一九四九年石印出版，其編排體例與之前出版的《殷墟文字甲編》相同，但「所收材料，超過《甲編》的四倍以上，出土的坑位簡單明晰；內容新穎而且豐富，研究的價值，也遠在《甲編》之上」。[3]

而後，一九四五年四月，董作賓的《殷曆譜》石印出版。

此前，董作賓曾感歎：「殷周年代，乃古今史學界一大疑案，兩千餘年以來，異說孔多，懸而不決。並世治史者咸避而不談，或談而不能有所定，定於一說者即不免有謬誤，實因年代之考定，必資曆術，曆術艱澀，鑽研為苦。而前人論述，各自成說，抉擇非易，無所適從也。」[4]此書是大

1 《傅斯年遺劄》第三卷，歷史語言研究所，二〇一一年，一二八〇—一二八三頁。
2 《懷念傅斯年》，秀威資訊科技股份有限公司，二〇一四年，一二頁。
3 見王宇信等《甲骨學一百年》，社會科學文獻出版社，一九九九年。
4 《董作賓全集》乙編，第五冊，藝文印書館，一九七七年。

量利用殷墟卜辭中有關天文曆法的紀錄，來仔細分析和安排殷商歷史年代的問題的經典名作。分為上下兩編，上編四卷，下編十卷。在早期甲骨學研究史上，有四部里程碑的經典研究著作。它們是：1、王國維的《殷卜辭中所見先公先王考》；2、董作賓的《甲骨文斷代研究例》；3、郭沫若的《卜辭通纂》；4、董作賓的《殷曆譜》。

寫作此書，前後歷時十年。《殷曆譜》出版後，蔣介石親自簽發了嘉獎令：「中央研究院朱院長勳鑒：三十四年七月四日呈悉，董作賓君所著《殷曆譜》一書，發凡起例，考證精實，使代遠年湮之古史之年曆，爬疏有緒，脈絡貫通，有俾學術文化，誠非淺顯，良深嘉勉。希由院轉致嘉勉為盼。」[1]

而對於青年教師，他也及時伸出援助之手。一九四一年，夏鼐學成從英國歸國，先任職於中央博物院籌備處。傅斯年敏銳地注意到他的考古學特長。一九四二年十二月二十三日，他致信葉企孫，要求將夏調入史語所：「夏鼐之學問前途甚大，本所早有意聘他。但博物院亦重視之（濟之前云，既要辦博物院，我也要留個好的）。」[2]在傅斯年的積極爭取下，夏鼐轉任歷史語言研究所任副研究員。

不只是歸國洋博士、洋碩士獲得者，就是北京大學、清華大學和西南聯合大學的學生，傅斯年也給與了同樣的關注和獎勵提攜。鄧廣銘就此評價說：「在大師們的教導下，出來許多很有名氣的

1 引見董作賓《殷曆譜》，歷史語言研究所，一九四五年。

2 《傅斯年全集》第七卷，湖南教育出版社，二〇〇三年，二七二頁。

學生，比如山東的鄧廣銘、傅樂煥、張政烺，他們都是傅先生的及門弟子、著名的史學家。」[1]再如介紹鄧廣銘去復旦大學、楊向奎去山東大學等等，無不體現著他對年輕的學生和弟子的關愛。因此，楊志玖肯定地說：「他卻不是由於鄉土觀念而任用私人，而是從業務需要選撥人才。」[2]他為了解決青年學生譚其驤的生存，就給袁同禮去信，安排譚任圖書館工作，專門負責地圖類書籍：「譚君其驤前在尊處任編目職務，對於地理一科極有根柢，所作論文亦為讀者所贊賞。……弟等為愛護人才起見，甚望吾兄能派其管理輿圖，則以彼專長，必可勝任。」[3]又如，北大文科研究所研究生胡慶鈞家境貧寒，傅斯年立刻致函湯用彤、楊振聲、鄭大挺，希望能「弟因念及北京大學有所謂『半時助教』者，即以一半時間作學術工作，一半時間服務，每月給予薪給。設若胡君能得此一名義，俾其於讀書之暇，照料同在李莊之研究生之若干事務，則可以增多收入，自可暫救其困窮也。」[4]

當時，西南聯大曾多次爆發學運。最嚴重的一次是一九四五年十一月發生的。

根據傅斯年致函夫人的家信中，一九四五年十一月十六日：「聯大風潮更大了，軍官團，到聯大內殺了幾個學生！！！所以我不能不去了。這真是去跳火坑，然而責任上不能不辦。」[5]十一月三十日再致函夫人的家信中說：「昆明風潮起來。此事並不發生於校內，而發生於校外，但已引起

1《傅斯年》，山東人民出版社，一九九一年，一〇頁。
2《傅斯年》，山東人民出版社，一九九一年，三四頁。
3《傅斯年遺劄》第二卷，歷史語言研究所，二〇一一年，七二九頁。
4《傅斯年遺劄》第二卷，歷史語言研究所，二〇一一年，一四二八頁。
5《傅斯年遺劄》第三卷，歷史語言研究所，二〇一一年，一六五四頁。

全盤的罷課。」[1]

十二月九日，傅斯年致函朱家驊，就西南聯大的學運問題提出自己看法：「此事既由李宗黃、邱清泉等弄糟至此地步，又將關總司令拖入，而手榴彈案之內幕又為此問各界人士所詳知，包括美國外交記者在內，到處宣騰，只有政府先占著地步，然後大多數之教授觀念可改。今關總司令既赴渝，李、邱二人可否暫時調開？果能如此，教授可發揮甚大之力量，復課有十九把握。縱不能立即復課，教授必對堅持罷課之生員，予以道義制裁，下一步無論如何，易於辦理。」[2]而後，針對學生罷課，他又上書蔣介石說：「再不復課，自不妨考慮其他辦法。此數日內，乞許斯年再作最後之努力。待罪陳言，諸乞鈞察。」[3]

一九四七年六月至一九四八年八月傅斯年赴美治病。傅仁軌與母親陪伴父親到美國治病，期間，在美國康涅狄格州新港一家私立小學免費就讀。在此期間，他則委託當時還是副研究員的夏鼐代理所務，表現了他對夏的信任和肯定。其他如嚴耕望、勞榦、李方桂等等青年學子，無不受惠於他的提拔和支持。

一九四八年八月，傅斯年出院回國。因為傅仁軌面臨小學即將卒業的問題，在俞大綵的力爭下，留在了美國，由傅斯年好友趙元任夫婦代為照看，繼續完成學業。

1 《傅斯年遺劄》第三卷，歷史語言研究所，二〇一一年，一一五六頁。
2 《傅斯年遺劄》第三卷，歷史語言研究所，二〇一一年，一六五八頁。
3 《傅斯年遺劄》第三卷，歷史語言研究所，二〇一一年，一六六一頁。

第六章
價值取向：傅斯年的政治觀

毋庸諱言，傅斯年是民國時期最為著名的反共學者。早在他擔任廣州中山大學教授的時候，通過當時的國民黨中央監察委員吳稚暉和中山大學國民黨部負責人、副校務委員長朱家驊的特別介紹和關注，他就已經加入了國民黨。但是，依然有個別學者以為傅斯年屬於政治清流。比如大陸某人在《傅斯年評傳》一書中就認為：「相對同時代的文人知識份子，傅斯年由於家庭和地域的影響，其傳統士人的思想意識更濃一些，因此，將其定位為『一個具有現代思想又有濃厚傳統意識的知識份子』或許更準確。」又說：「傅斯年始終是以自由主義身份參與社會和政治，並沒有實際投身政治的意念，也始終不組黨成派，從事政治活動。」[1]到了打著紀實文學之名、卻裝作歷史學作品的《陳寅恪與傅斯年》這部偽書的記載中，傅—陳二人簡直就是不世出的兩大學術清流了，連他們二人最基本的國民黨員身份和歷史都羞於承認！

大陸學術界誤讀如此，臺灣學術界又如何？

比如，傅斯年的學生孫德中就明確地說：「他雖然不是國民黨員，但在政治主張上，必然德也要循著三民主義的路線上」。[2]可見，這樣的評價有些脫離事實、過於異想天開。儘管傅斯年自己曾表白說：「向無黨派，忠於國而信於友，從不為自己圖謀，雖無特長，然其安貧樂道，進止以義，自覺不愧古之良士。」[3]但是「向無黨派」這句話顯然與事實嚴重不符。根據我在《造神與造假》一書中的考證，他也和朱家驊共同介紹了陳寅恪加入國民黨。

1 《傅斯年評傳》，中國社會科學出版社，二〇一四年。
2 《懷念傅斯年》，秀威資訊科技股份有限公司，二〇一四年，九二頁。
3 《傅斯年遺劄》第二卷，歷史語言研究所，二〇一一年，九五二頁。

讓我們再看看傅斯年的家人是如何面對這個問題的？

傅樂成說：「傅斯年在一九二七年下半年他差一點就要命喪張太雷發動的廣州暴動中。」[1]自此以後，他對共產主義和中共的各項暴動和運動，都持有極力反對的態度。他也曾困惑過歷史語言研究所和社會現實脫節的問題[2]，但是最後，他還是得出了「雖然民族正經受困難，我們應該繼續我們原初的專案。我們認為這是為國家作貢獻的最好的途徑。」[3]傅樂成給出樂傅斯年反共的理由，但是刻意迴避了傅斯年的政治背景。

類似這樣的罔顧事實、過分誇大傅斯年、陳寅恪等人是所謂的「政治清流」的主張，很大部分是出於「鄉愿」情結，努力和時下熱衷的「城市名片」和「文化旅遊」的經濟考慮保持一致。（說起來他們各個都是教授、博導之類的，替他人諱有時也是身不由己、言不由衷。）最近十幾年，臺灣學術界就開始了對傅斯年和政治人物、重要軍情人物秘密交往的嚴謹地史料考察和事實還原，比如臺灣大學陳翠蓮教授的《一九四九—一九五〇時期的臺灣大學校長傅斯年》[4]一文，就是這方面的典型代表。實際上，根據筆者所見到的原始檔案，傅斯年從中山大學時期一直到臺灣大學時期，他一直和國民黨高層政治人物、重要軍情人物保持著秘密交往和互動關係。

關於傅斯年的黨員身份，有些人的書中也有涉及。比如：「但是其中魚龍混雜，國共兩黨及各種政治勢力參與其中，在其發展過程中開始出現矛

---

1 《時代的道德論文集》，二〇三頁。

2 見王汎森《傅斯年：中國近代歷史與政治中的個體生命》，三聯書店，二〇一七年，二〇六頁。

3 《李濟考古學論文集》，上卷，聯經出版事業公司，一九七七年，一三九頁。

4 《臺灣大學歷史學報》第六十二期，二〇一八年，二一三—二六五頁。

盾和鬥爭，傅斯年此時加入了國民黨」。證據是一九二七年六月二十一日《中山大學報》記載，國民黨中山大學特別黨部舉行黨員大會選舉第三屆監執委員，其議程（二）「推舉朱家驊、何思源、曾濟寬、傅斯年、陳紹賢五同志為主席團」。並且傅斯年當選為監委、執委候補委員。證實傅斯年在中山大學工作時加入了國民黨。不僅如此，傅斯年還長期參加國民黨部的「精神月會」活動。比如鄭天挺日記中就如實記載了多次傅斯年參加該月會並做了主題發言的歷史事實。[1]

因此，「向無黨派」這句話是傅斯年掩飾其真實的國民黨員政治身份、在教育界和科研界積極協助國民黨工作的一種有利的裝飾而已。甚至在他向西北派出科學考古隊時，他也沒有忘記要安插國民黨部人員在內，證據見如下：「各參加機關中推舉專家一人或二人，另由有關係機關中央黨部、國民政府、中央研究院、教育部、北平研究院各指定代表一人，共十一人組織本團理事會，經理本團一切事務。」[2]因此，傅斯年和國民黨組織之間的密切互動，實在是他長期獲得蔣介石信任的基礎。請問他的清流行為何在呢?!

早在傅斯年的留學德國時期，他就親身感受到了德國共產黨的言行：「別人發起開五卅紀念會，我和大維等進去，上了人當。開會時，來了些德國共產黨，喧賓奪主，又以一奇怪之忽略把非共產黨之德人大加侮辱，為 D.A.Z. 大罵（D.A.Z 也不是），至今還剩了些作文辯白、道歉等事去作。」[3]這次親身經歷讓他對國際共產主義和德國共產黨產生了巨大隔閡！

1 《鄭天挺西南聯大日記》，中華書局，二〇一八年。
2 《傅斯年遺劄》第一卷，歷史語言研究所，二〇一一年，三五八頁。
3 《傅斯年遺劄》第一卷，歷史語言研究所，二〇一一年，四二頁。

一九三二年三月，為了表達留洋歸國知識份子勢力集團的政治主張，傅斯年和胡適決定創辦《獨立評論》週報。傅斯年本人在寫給舊北平市公安局的立案申請書中明確表示了「斯年情願具結作保，並聲明負具結之一切責任」的擔保書。這是他從政治上保證這個週報政治導向的一個自我說明。

一九三二年六月十九日，傅斯年《中國現在要有政府》一文，發表在《獨立評論》上。他公開地宣稱共產黨「是祖傳的流寇，不過以前的流寇但由凶年失政造成，今之共產黨乃由凶年失政以外，更加以國民經濟之整個崩潰而已」。[1] 羅家倫回憶說：傅斯年「反對共產黨遠在他在廣州中山大學做教授的時候」[2]，羅家倫不可能不知道傅斯年當時已是國民黨員這一歷史事實，但卻故意不提吳稚暉和朱家驊二人對他施壓的政治影響和入黨行為；他反而去讚美傅斯年「看穿了蘇俄代表鮑羅廷所代表的政策」[3]。這完全是有意淡化傅斯年的政治身份而高度肯定傅斯年的政治見解。

而對於國民黨政權，他認為：「從國民政府在南京建都以來，十年以上了，似乎尚未能把政治機構化。其所以如此，自然有其不可免的原由，內部糾紛，至於戰爭，外來壓迫，不得喘息，都是使建國工作受影響的。但這些事實固然是不可抹略的事實，憑此事實固然可以恕諒至今政治之還不曾機構化，然而政治之還不曾機構化卻也是一件不可抹略的事實，為建國起見不能不加以注意，且謀改正。」[4]

1 傅斯年《中國現在要有政府》，《獨立評論》一九三二年六月十九日。
2 《懷念傅斯年》，秀威資訊科技股份有限公司，二〇一四年，六一頁。
3 《懷念傅斯年》，秀威資訊科技股份有限公司，二〇一四年，六一頁。
4 引見一九三九年一月二十九日《今日評論》第一卷第一期。

同年九月十八日，傅斯年又在《獨立評論》上發表《「九・一八」一年了》一文。在該文中，傅斯年認為：「共產黨自身的力量也正有限，以我前者同共產黨共事的經驗論，不能不覺得他們也是感情的發洩，並無建國之能力，所做的東西很多還是洋八股。」[1]傅斯年提出了所謂的「政治機會化」，以此來闡釋他的政治理念。他說：

> 想把中國政治機構化，須有五年的大努力，上下一致的決心，並且要犧牲某項某項的小方便。在抗戰中有些事固然行不通，然也有些事未嘗不可做。以下舉出幾事，有的目下可以加以注意，有的在戰事勝利結束後不可不加以根本的改良。
>
> 一、欲求政治之能機構化，不可不先把機構單簡化。政治之能機構化，是要先養成這樣一種普及的習慣，方才可以推行下去的，機構如果太複雜了，一般人不易養成遵守它的習慣。日前我們政府的整個組織實在過分複雜些，求其「身之使臂，臂之使指」，固不可得，求其互相調節，亦不可能。且以其複雜之故，自然容易引起人之逾越，因而「複雜」成了「機構化」的障礙。
>
> 二、法令必須自上遵守，不能因人事上有何一種方便一時間加以忽略。如果感覺某一法令有何不好之處，自當計較它的如何更改，但在未更改前是不該拿它來遷就人事的。
>
> 三、制度及法令不可常在改動中，若常在改動中則永久不能建設政治中的秩序。至於關係國家根本及人民行事者，尤其不可常改。政治中必有了秩序，政務方才容易推行，常改動的狀

1 傅斯年《「九・一八」一年了》，《獨立評論》一九三二年九月十八日。

態中是不能出產秩序的。

四、國家治，必須「賢者在位能者在職」，然後國家可以治。所以「尚賢」應當是民國立政的根本，「親親」卻是「民國思想」之仇敵，所以有一切任賢避親的法制與習慣是當從速建立或養成的。

五、各級官員的職權必須劃分，下級的人不可侵上級的權，上級的人尤不可侵下級的權。因為下侵上權，已經可以招致政務之紊亂了，而上級的人代下級辦事，更容易使其僚屬全部木偶化。一個機關裡的事務每每是很多的，必須一切職員均能發揮其智力。然後可以辦得好，其中指臂之間自然要有條理，主管者自然要有決斷，但下級人之創見不可抹殺，下級人之智力不可不使其發揮。若不然者，久而久之，一切僚屬都成木偶人或應聲蟲，這個機關便僵化了。[1]

從上述言論可以看出，傅斯年早期不但是國民黨員，並且親身積極參與了歷次國民政府的政治決策和政治活動。為此，程滄波回憶說：「八一三之後，當時南京成立了一個國防參議會，大概各黨各派領袖及文化教育界名流，均有少數的領袖人物參加，孟眞便是其中的一位。」[2]這已經是非常客氣地點明了傅斯年和國民黨高層的互動關係。

一九三七年，傅斯年在致張蔭麟的信函中，再次談到他對中共和蘇俄的看法。

1 見一九三九年一月二十九日《今日評論》第一卷第一期。

2 《懷念傅斯年》，秀威資訊科技股份有限公司，二〇一四年，七五頁。

他說：「弟早歲熱心計會主義，及見中國共產黨之行為，然後確信中國共產黨之只能壞事也。」[1]因為他通過西安事變發現「中國共產黨之目的，此時仍不是抗日，而是借題侵入以償夙願。」[2]由此，他得出結論是「弟以為中國必須聯俄（為抗日計），而絕不能容共。……所謂容共，往事失敗，弟曾身臨其境。今如任其武裝自若，必起極人之擾亂，而為日本乘之。故曰容共則不能聯俄，因失其本錢也。（若共黨真肯放棄其武裝叛亂，自訊收容，然彼必不肯也。）」[3]也就是說，傅斯年看到了當時的中共絕不肯放棄武裝鬥爭這一大原則。

一九四二年一月十五日，傅斯年向朱家驊正式推薦鄧廣銘。

政治可靠和反共是傅斯年特別欣賞鄧廣銘的地方。他在推薦信中特別介紹說：「彼在此讀書治學，本來甚好，奈其家中忽然出事。其長兄為共產黨所殺，聞即以鄧君曾在山東辦過黨之故，其弟又在濟寧戰役中陣亡，彼之小家在北平，大家在泰安，既憤共產黨，又以此間無法接洽向北平互兌款，故頗思改業，往重慶服務。」[4]但是，他推薦的職位只是局限在「假如兄能在組織部或考試院為之位置，在公左右」。[5]而且，二月十九日，傅斯年再次致函朱家驊，說明要安排鄧廣銘去重慶是專程拜訪。[6]

1 《傅斯年遺劄》第二卷，歷史語言研究所，二〇一一年，七七四頁。
2 《傅斯年遺劄》第二卷，歷史語言研究所，二〇一一年，七七四頁。
3 《傅斯年遺劄》第二卷，歷史語言研究所，二〇一一年，七七五頁。
4 《傅斯年遺劄》第三卷，歷史語言研究所，二〇一一年，一一九八頁。
5 《傅斯年遺劄》第三卷，歷史語言研究所，二〇一一年，一一九八頁。
6 《傅斯年遺劄》第三卷，歷史語言研究所，二〇一一年，一二三一頁。

同年，傅斯年在致胡適的信中說：「我本以不滿於政治社會，又看不出好路線之故，而思遁入學問，偏又不能忘此生民，於是在此門裡門外跑去跑來，至於咆哮，出也出不遠，進也住不久，此其所以一事無成也。」[1]

一九四三年五月二日，傅斯年在《大公報》上發表了《盛世危言》一文，他特別強調指出：「大凡中國歷史上之治，每每雜用儒術、黃老、名法，無儒術無所立心，無黃老無所為綱，無名法無所為用。然則以儒術之忠節為心，以黃老之運用為體，名法之事委之他，但持大體而已，乃最便於培養人才之道也」。這是他的糅合黃老、儒家，並兼顧名法兩家之言的治國之道，也是他的現實政治說的最好解釋和施政方針。

到了一九四四年，傅斯年在《現實政治》一文中，他首先對社會主義學說展開批判。他主張：「社會主義必有它的現實方法，否則將為幻想主義者。民主主義必有它的現實方法，否則必為無能的亂民主。諸如此類，這些現實方法是對於一切政治共同的。若只有現實而無主義，必成所謂機會主義，但若只談主義而絕不把握著現實，必不能走上勝利之路。」然後，他提出了他的「現實政治」說：「我所謂現實政治可分三段說：一、認識現實；二、把握現實；三、操縱現實。」[2]

怎麼認識現實，他是這樣設計的：「所謂認識現實，必須具有下列要義：（一）客觀主義而非主觀主義。客觀者，以事實為根據，主觀者，以假想為根據。假想的結果，也許可成一家之言（設如有才學，而其職業是文藝），但決不能把事情辦好。（二）智慧主義而非直覺主義。工程師造橋，

1 《傅斯年遺劄》第三卷，歷史語言研究所，二〇一一年，一二〇八頁。

2 見一九四四年十一月十九日重慶《大公報》。

是智慧的產物。蜜蜂造蜜，是直覺的產物。蜜誠然甚好，然而永遠是那一樣，何如橋之千變萬化因地制宜呢？何況老鴉吃死肉，而自以為美，也是直覺呢。（三）多元主義而非一元主義。天下事總不能從一面看，從一面看是主觀，是疏略，以至是錯誤。綜合各面的觀察，方可得到一個輪廓。我們固不當被頭緒的繁多壓倒在地下，也不當因頭緒的繁多而只取其一線，以為天下之奧妙盡在乎是，總是把頭緒理出來方好。若固執一元，以為天下事都是如此如此，最好的說法，也只是一個先天推斷的固執論者(Doctrinaire)。學院中不少此等典型，廣場上更多此等口號，但處理起事務來決不是如此簡單的。（四）實驗室主義而非寺院主義。實驗室的精神，是以科學紀律造成心中之疑點，而以實驗方法證明或否定之。寺院主義是以起信為前提，起信以後，看到的一切事物，無非是大法之顯揚了。實驗室主義是充分利用五官，更把腦筋邏輯化，寺院主義則是封閉五官，橫切腦筋，豈止『思而不學則殆』而已。」[1]

而在現實政治上，傅斯年一直秉持著反共必須抗俄的主張。

在這方面，他撰寫了不少著名的政論文章。比如《自由與平等》、《蘇聯究竟是一個什麼國家》、《我們為什麼要反共》、《共產黨的吸引力》等等。在當時乃至於在他出任臺灣大學校長時代，這些文章依然發揮著巨大的影響和滲透。在文章中，他提出了三個明確的目標：為中國的文明傳統，必須反共抗俄；為保持人類自尊性，必須反共抗俄；為人在世界上有意思地活著，必須反共抗俄。[2]這些主張得到了蔣介石和胡適等政界、學界要人們的一致肯定和推崇，他們將傅斯年看作是

1 見一九四四年十一月十九日重慶《大公報》。

2 《懷念傅斯年》，秀威資訊科技股份有限公司，二〇一四年，八頁。

反共抗俄的不可或缺的重要代言人，因此之故，傅斯年的國民黨員身份從此被國民政府刻意掩蓋、而傅斯年本人也有意標榜他自己的「向無黨派」之說，以迷惑人心。

他將感情主義、官僚主義、面子主義、鴕鳥主義四者羅列為現實政治之敵。

對於儒家經學傳統的政治價值觀，傅斯年早在新文化運動時期，就對尊孔讀經進行了激烈的批判。傅斯年說：「讀經從未曾獨自成功過，朝代的締造也不曾真正靠他過，只不過有些愚民的帝王用他籠絡學究。」他指出：「六經中的社會不同於近代，因而六經中若干立義不適用於民國，整個用它訓練青年。不定出什麼怪樣子，更是不消說的了。以世界之大，近代文明之富，偏覺得人文之精華萃於中國先秦，真正陋極了。」[1]

在否定中國傳統的政治價值觀之時，他對西方價值體系也持保留和批判的態度。

傅斯年說：「我以為，學外國要選擇著學的，看看我們的背景，看看他們的背景。當然，定一種制度也和定民法、刑法一樣，完全求合於當前的環境，便不能促成進步，完全是理想，便無法實行，當然混合一個才好。即如在學校制度上學外國，要考察一下他們，檢討一下自己，歐洲大陸的學校制度，有很多的長處，然而我們沒去全學……」[2]他甚至以自身經歷，得出了清醒的結論：「我沒有留學或行走美國之榮幸，所以我於哥倫比亞大學的師範學院誠然莫測高深。不過，看看這學校的中國畢業生，在中國所行所為，真正糊塗加三級。因此我曾問過胡適之先生，『何以這些人這樣不見得不低能？』他說：『美國人在這個學校畢業的，回去做小學教員，頂多做個中學校長，已經

1 《傅斯年全集》第六冊，聯經出版事業公司一九八〇年，九〇頁。
2 《傅斯年全集》第六冊，聯經出版事業公司一九八〇年，九〇頁。

稀有了，我們卻請他做些大學教授，大學校長，或做教育部長。』這樣說來，是所學非所用了，誠不能不為這些『專家』歎息！這些先生們多如鯽，到處高談教育，什麼朝三暮四的中學學制，竇二墩的教學法，說得五花八門，弄得亂七八糟。」[1]

一九四六年十二月開始，傅斯年以山東國大代表的身份致函蔣介石，要求蔣速派兵來山東剿共。該信中說：「共軍近日由東北、蘇北、河北調集大部兵力入魯，攻陷鄄城、平度、齊東，包圍金鄉、鄆城，並有萬餘竄抵濟南東南，情勢嚴重，查害苦況」。因此，傅斯年發出了「請鈞座迅於拯救」[2]的要求。與此同時，傅斯年再次刨析了蘇聯，他認為這才是中國真正的威脅。他特別指出：「一百年來，我們橫遭帝國主義的壓迫，領土主權不知喪失多少。英國人拿走了緬甸等，法國人拿去了安南等，日本人拿去了朝鮮等，這些都不過是中國的藩屬，並不是本土；唯有俄國人拿去的大都是本土」[3]，不但拿走的是本土，還大肆屠殺那裡的原住民。而現實中的史達林則更是要求「任何一國的共產黨徒在民族利益與蘇聯利益發生衝突時，他們必須遵從莫斯科的命令，無條件的支持蘇聯，犧牲祖國，世界各國的共產黨員，包括中國在內」。[4]因此，反俄和反共在傅斯年的觀念裡是一致的，是傅斯年政治價值取向的核心組成部分。

傅斯年的反共意識一直是貫徹始終的。

一九四七年二月二十日，他在致函胡適的信中還特別強調：「我目下主意是，責備政府，不可

1 《傅斯年全集》第六冊，聯經出版事業公司一九八〇年，九〇頁。

2 見臺灣國史館檔案，編號為002-020400-00009-102。

3 《傅斯年全集》第五冊，聯經出版事業公司，一九八〇年，一九七一—一九八〇頁。

4 《傅斯年全集》第五冊，聯經出版事業公司，一九八〇年，一九七一—一九八〇頁。

忘共黨暴行，責共黨不可忘政府失政，所謂左右開弓，焉得盡此兩極敗類而坑之哉？」[1]可見他自始至終主動以國師的身架服務於蔣介石和國民政府。

因此之故，傅斯年在一九四八－一九四九年大陸政府交替之際，他明確主張：「余絕不托在異國，亦不作共黨順民，將來萬一不幸，首都為共黨所乘，余已無可奈何，則亦不辭適他省。又不得已則退居窮鄉。最後窮鄉亦不保，則踏海而死已矣。」[2]當他出任臺灣大學校長時，他依然表明了首要的工作就是「欲求安定，先要肅清共諜」[3]的十字治臺治校方針。這使得他晚年的政治觀從學術反共反俄發展到了現實行政措施上的反共反俄。這難怪胡適加倍看重他的晚年思想！

一九五〇年七月四日，傅斯年發佈聲明，開展全校檢舉共黨諜匪活動。他要求：「斯年在校一年以上，諸同人同學必知斯年辦理此事，決不魯莽，以至誣陷任何人為匪諜，亦決不放任任何匪諜在校內自由。職員及諸生中自覺以前行為可資人之懷疑者，亦應立向校長陳明，當查事實，轉請保安司令部予以寬恕。經此佈告知後，如仍又匪諜潛伏，則本校不特不能予以任何寬恕，更必請保安司令部加重處分。」[4]

於是，在他上任臺灣大學之時，立刻抓捕了在校內的中共黨員師生于非、蘇藝林、于凱、許強、翁廷俊、蘇友朋等人。並且將他們全部開除學籍和公職。

---

1 《傅斯年遺劄》第三卷，歷史語言研究所，二〇一一年，一七三八頁。
2 引《傅孟真先生年譜》，臺灣傳記文學出版社，一九七九年，六八頁。
3 《陳誠先生回憶錄》，國史館，二〇〇五年，二一九頁。
4 《臺大校刊》第七十六期一版。

第七章

忠臣本色：傅斯年和蔣介石關係經緯

據說，一九五〇年七月三十一日，美軍的麥克阿瑟訪臺，蔣介石親率全體高官在臺北松山機場接機，每個人都畢恭畢敬，唯有一人，大腹便便坐於會客廳沙發上，翹著二郎腿，叼著煙斗，不卑不亢。報紙拍下這一畫面，爭相報導：「敢和總統、麥帥平坐者，只有傅斯年。」

但實際上，在蔣介石面前，也曾翹著二郎腿談話的人是胡適。見照片。

胡適和蔣介石

不過，蔣介石對傅斯年的恃才自傲，不以為意。因為蔣介石特別欣賞才華橫溢、桀驁不馴的傅斯年的深厚的學術和旗幟鮮明的反共立場。

一九二七年，蔣介石發動四．一二政變後，傅斯年致函蔣介石，贊同清黨。

一九三一年九．一八事件後，傅斯年主動致函蔣介石說：「值此國難，主席弘濟艱難，和內抗外，國人欽感。近聞上海會議有挫折，此間學界不勝憂慮。強敵在東北權利之奪取，日在長進，統一實現倘延遲，則國家損失將更重。親目國人憤怒之蘊聚，北方大局之複雜，統一如不即日成功，勢將一決不可收拾，且分崩之局安能信外，國際形勢將無辦法，幸主席速圖之。」[1]這時候的傅斯年，已經主動把自己裝扮成「國師」身份了。這也是他政治表態並拉近和蔣的距離的一種努力。

一九三二年七月二十八日，蔣介石致電俞大維，詢問有無可能立刻請傅斯年來面談。[2]

1 《傅斯年遺劄》第一卷，歷史語言研究所，二〇一一年，三七七頁。

2 見臺灣國史館檔案，編號為002-010200-00069-065。

一九三三年十月始，孔祥熙先後任行政院副院長、院長，以及兼財政部長，從此一直是國民黨政權主管財政經濟的首腦人物。傅斯年則上書蔣介石說：「斯年緬懷國步之艱難，瞻念我公盡瘁報國之赤心，不能不有所直言。竊以為今日外交，行政之未能發揮效能，固有眾多原因，而當官之人實為主要關鍵，以我公之睿哲乾斷，決策於中樞，則負行政、外交之專責者，但能一心為國，奮發自勵，即足有為。無如負責之人另是一格，故雖有諄諄之命，而作來一切如不似也。」[1]

傅斯年直接給蔣介石寫信指斥孔祥熙任用私人，沒有得力的財政措施支持抗戰。

時任軍委會參事室主任的王世傑，在三月四日的日記中就曾記述：「近日外面對於孔之長行政院，王亮疇長外交，頗多不滿。昨聞傅斯年君（國防參議會委員）曾以長函致蔣先生，指責孔、王甚力。」[2]

對於傅斯年的指責，四月二十五日孔祥熙致信蔣介石請辭。

信中說：「弟自由歐奉召返國，參加國難工作，倏忽半載。遵命擔任行政，亦已四月……弟以時值國家艱危，我兄憂勞逾恒，遂不得不暫承其乏，冀我兄專心軍事，求取抗戰之勝利。所幸抗戰初起，中央即有決議，黨政軍統歸我兄領導，而政院諸務，早有成規可循，曹隨蕭後，自亦不必另有主張，另有政策。惟數月以來，外間或不加察，責弟無主張，無政策，在非常時期，更無特別辦法……弟近年來身體多病，精力遠遜於昔，前為我兄分勞，應付難局起見，暫任行政，尚能勉強支持，如使長負重責，深懼自誤誤國，即負我兄推許之意，亦累我兄知人之明。……長財數年，幸賴

1 《傅斯年全集》第七卷，湖南教育出版社，二〇〇三年，一七五頁。
2 《王世傑日記》手稿本，中研院近代史所一九九〇年，一冊，一九七頁。

我兄信任，雖有謠謗，均置不理，始能放手做去，即近來稍有成就，亦係我兄指導之力，就積極方面言，因整頓舊稅，興辦新稅，為國庫增加數萬萬元，就消極方面言，因購置消費躬親核實，為國庫亦節省數千萬元……惟前以國家前景欠佳，未敢提及下忱。今幸行政組織大致妥貼，戰事前途又形好轉，而財政亦籌有辦法。弟之去留，當不致影響大局。現擬提出辭呈，自不能不先商我兄，披瀝直陳，敬祈垂察。」[1]

在《中國現在要有政府》一文中，傅斯年說：「汪之行政院如塌台，則繼承者當不出兩個方式，一，出來一個居政府虛名而毫無政府效用的。這樣是萬萬不得了的。二，蔣之復政。這是行不通的。前年去年蔣確曾有過把政治建設起來的機會，然而他把那個千載一時的機會放棄了。今日長江流域地方秩序之喪失，外交佈置之忽略，極多用非其才之大官，國家實力之消耗，他負的責任至少不比任何一人小，所以他現在是不能單身出馬的，他出來便是一陣大紊亂。《水滸》所說『一條棍棒等身齊，打得出四百座軍州都姓趙』的方式，在中國的其他時候未必不是一個可用的政治實策，然而現在的中國此法是行不來了。愈順民之欲者，愈能以強力專政，而求專政必先順民之欲。我們姑且卑之無甚高論，亦應知道人民安居樂業然後天下歸心。現在國人對蔣公之感想又何如？」[2]

一九三六年十二月十二日西安事件之時，傅斯年對蔣介石的感情達到了頂點。

在《論張賊之叛變》一文中，他推崇蔣為：「蔣公在此時中國是無可比擬的重要，他的安危關係中國國運比任何事都切緊，這都是肯用理智的人所共曉的，除非漢奸共黨和不明大體的少數人，

1 見楊天石《蔣孔關係探微——讀孔祥熙檔案之三》，《海外訪史錄》，社會科學文獻出版社，二〇〇二年，五二八—五四〇頁。

2 《傅斯年全集》第四卷，歐陽哲生主編，湖南教育出版社，二〇〇三年，一四頁。

沒有希望蔣公在此時失去其為國家服務之機會的。所以營救蔣公是當前第一務，本是人人心中的意識。」[1]因為這種認識，使得他極力主張抓捕張學良，鼓勵陳誠等帶兵進攻西安。有了這樣的認識和主張後，蔣介石對他也又回報。一九三七年五月十六日，在傅斯年赴川之時，蔣介石特地給顧祝同致函，明確表示：「特急：西安顧主任勳鑒，傅斯年先生乘車經陝赴川，望派員招待禮遇之。中正。」[2]

一九三八年一月，國民黨政府進行改革，蔣介石辭去行政院長職務，改由孔祥熙任此職。而傅斯年則致函胡適，認為「蔣先生之治軍，是世界上稀有的天才，其政治是初中一年級程度」。

在整個抗戰期間，蔣介石多次召見學術界、文化界的知名人士並徵詢意見，團結抗戰。傅斯年多次被召見，頗為蔣介石推崇。據粗略統計，從一九三八年到一九四七年，在不到十年的時間內，傅斯年致蔣介石信幾十封，內容涉及國家政治、軍事、經濟等各個方面。蔣介石以各種形式召見傅斯年。兩人的關係日漸密切，蔣介石視傅斯年為國師。

一九三八年，傅斯年上書說：「自抗戰以來，我公領導將士官民，為民族生存作空前之奮鬥，精靈感照，國民一心，士卒致命，友邦傾服，人類共仰，固中國歷史上所希（稀）有也……斯年緬懷國步之艱難，瞻念我公盡瘁報國之赤心，不能不有所直言。」[3]

一九三八年六月武漢保衛戰期間，傅斯年特別致信蔣介石說：「瞻念我公幹惕勞勤，導率抗戰，

1 《傅斯年全集》第五冊，聯經出版事業公司，一九八〇年，二〇四頁。
2 見臺灣國史館檔案，編號為001-016142-00043-059。
3 《傅斯年全集》第七卷，湖南教育出版社二〇〇三年，一七五頁。

以一身而支全局，憑精誠以敵眾難，國命賴以不墜，前途猶有可為。靜言思之，感激涕零，再造邦族，我公是望。猶憶去年十二月南京陷落後，人心惶惶，賴我公鎮定佈置，卒開第二段抗戰之局。今廣州不守，武漢撤退，故人心再度搖動，謠諑於以繁興，此時亦非我公鎮定佈置，明示國策，無以安眾心而資抗戰，此固不待□□等言之者也。又，廣州淪陷，情況不明，江上允戰，損失諒多，必收拾力量，減少遺失，以為下一期抗戰之資，更速補缺陷，全盤佈置，以開下一段有利之形勢，此中節目我公尤洞悉無遺，亦不待□□等備述也。……我公之領導將士，佈置戰略，國人上下對之不特未有間言，亦足服膺信賴；若政務各端是否妥善，則有不能默爾者。今危急至此，更不敢不負此丹心，□□等追維年餘以來抗戰之經過，以為政治之最大癥結得有兩端，敢析陳之。」[1]

一九三九年一月十六日，蔣介石特別下令讓傅斯年每週六參加國民黨中央委員會舉辦的「精神周會」。傅斯年則立刻致函向朱家驊表示「至感光寵」[2]。如此阿諛奉承，清流何在?!哪裡還有如胡適一般敢在蔣介石面前翹二郎腿的風骨?!蓋大陸學界因為缺少信仰而流於刻意造神，喜歡誇大所謂民國時代學術大師的傲骨，從陳寅恪到傅斯年、再到顧頡剛無不如此。意圖達到對奴顏卑膝的歷史學家郭沫若的羞辱和嘲諷。在我看來，無非就是另一種套路的指鹿為馬、刻意拔高而已。他們天真地以為陳寅恪、傅斯年等人是學術清流，甚至刻意無視或掩蓋他們是國民黨員、甚至還是優秀國民黨員這些歷史事實；幻想著他們這個群體在民國時期曾經如何如何，聊以自慰而已。

一九四二年，西南聯大出現了解聘羅隆基教職的事件。這個職位本來是傅斯年主動聘請的羅

1 《傅斯年全集》第七卷，湖南教育出版社二〇〇三年，一七五頁。

2 《傅斯年遺劄》第二卷，歷史語言研究所，二〇一一年，九五〇頁。

氏。因為羅氏先後畢業於美國名校威斯康辛大學和哥倫比亞大學政治學本科和碩士，最後在英國倫敦政治經濟學院成為英國著名政治家拉斯基（Harold Joseph Laski）教授的得意門生，並且還獲得了政治學博士學位。顯然他也是屬於朱家驊－傅斯年的留洋歸國知識份子勢力集團的一員，因此傅斯年將他聘為北京大學教授。

——但是沒想到的是：羅氏在西南聯大期間，接受了共產黨的策反，積極參與民主活動、發動學潮，反對蔣介石，甚至向雲南政府主席盧漢彙報了蔣介石的種種對盧漢不利的言論。結果盧漢全部據實向蔣介石做了彙報，由此引發蔣介石對羅氏的惱怒和憤恨，認為羅氏在挑撥中央和地方的關係並發動學潮。於是，蔣介石指令當時的教育部長陳立夫，解聘羅氏的北京大學教授一職。作為推薦人的傅斯年面對這個指令十分尷尬。因為羅氏是他的好友、他們這一勢力集團的重要成員之一錢端升給他介紹的。傅斯年當初聘請羅氏，是希望羅氏「蓋望以此移其政治活動之心，減少中央之麻煩也」[1]，沒想到羅氏不但發動學潮，反而策反盧漢激怒了蔣介石。在黨國利益、蔣氏要求和集團勢力的矛盾面前，最後他果斷地同意解聘，維護了蔣介石的權威和他的反共意識。通過此事，加深了蔣介石對傅斯年的信任和欣賞。因此，傅斯年是這個事件的最大獲益者。

一九四四年六月十五日上書蔣介石說：「物資統監本部之設置，以經濟局勢之迫切言，如孤注一擲，不得不求其必成，防其有失也。今日孔副院長繼續負行政之重責，又把握財政、經濟、金融之全權，則以彼兼此重任，自為邏輯上順理之事，亦為確定責任必要之方。然茲事為國家革命所繫，不容其失敗。治法雖具，猶有待於治人，機構徒換，往者未著成效。大凡機構之改革，每與人事之

1 《鄭天挺西南聯大日記》一九四二年二月十七日，中華書局，二〇一八年。

改革同辦，方可生效。此事雖尚未發表，社會上已多知之，似皆以為人事不變，機構之更改難如預期，其結果或僅是孔副院長更加一官。斯年以為今既有此轉機，若能至公至平，絕無瞻徇，應可辦不少之事。惟亦不能不慮及孔先生觀念之不易遂改，用人之仍是各輩也。設若任務不達，則負責者將諉過於軍事之變迂，此必造成一空前之危機，盡其形勢有如最後一著也。敢望鈞座隨時留神，萬一進行鮮效，則改弦更張，似乎宜早不宜遲，人事革新必可振作，有補於大政。如待失敗之形畢露，有不可挽救者矣。心所謂危，越分言之，深懷罪戾。」[1]

九月，傅斯年將收集到的資訊整理後，給蔣介石寫了一封七千餘字長信，利用國外的批評對蔣介石施加影響，要求蔣介石迅速進行改革，懲治孔祥熙等人的以權謀私，貪污中飽。於是，就有了下面這段著名的蔣—傅之間對話：

「你信任我嗎？」蔣委員長問孟真先生。

「我絕對信任。」傅先生答。

「你既然信任我，那麼就應該信任我所任用的人。」

「委員長我是信任的，至於說因為信任你也就該信任你所任用的人，那麼，砍掉我的腦袋我也不能這樣說。」傅先生顯得有些激動，在座的人都失了色，蔣委員長也為之動容。[2]

如此錚錚國士，讓蔣介石充分意識到了傅斯年的忠臣本色。

十一月二十二日傅斯年再次上書蔣介石，要求罷免孔祥熙行政院副院長等職務。

---

1 傅斯年致蔣介石信（未刊），傅檔No.73-705.doc。

2 《懷念傅斯年》，秀威資訊科技股份有限公司，二〇一四年，一二〇頁。

這封信同樣很長，在信中，他先闡述了孔祥熙留任的社會和外加影響說：「昨讀報紙知政府局部改組，社會論議其詞自不盡同，然大體皆感若干欣慰，而更期待續有改革，其情之殷切，轉甚於前。蓋前者一般人頗致疑於究能改革與否，今既無所疑點，故熱情期望，轉而高漲。即以斯年論，聞此消息，如聞打一大勝仗，兩夜為之不眠，友朋中有為之泣涕者。值此危機，鈞座下此英斷，國家之福，民族之幸，所以振人心，勵士氣者，所以使『好我者勸，惡我者懼』者，其效誠不在小。然其中即以目下最低之需要論，似尚有一著留而未下，若下，則此次改革之效至為彰明；不下，恐此次改革之分量減少甚多矣。此著，即孔副院長之留其副院長之任，因而財政部之更動亦將失更動之效，是也。」[1]

然後，他開始提出建議：「久承鈞座推誠相待之高厚，並承蒙恕其草野放言之罪戾，故敢冒進一言：一、孔副院長留任之影響。孔副院長服官之為功為罪，抑或功罪各不相掩，將來歷史自有定評。然政治之每一設施，實以效用為前提，不以判斷功過為第一務也。若一人之一退大有利於國，可不問其功罪，即彼自己亦專為愛國之故而心安之。副院長一職，本來可重要，可不重要，然為政府全個面目計，今日一新耳目，以臨兆民，此著不下，全局無著，若猶有所待，則此次改革之生效，亦有所待矣。為此次改革之整個意義與作用計，此事有不宜更緩者。斯年主觀孔、宋二公，固頗難強分高下；然今日之局，此職只需一換，不論其為何人，均有全盤之效用。」[2]

建議之後，還覺得意猶未盡，他又「茲更分析孔公留任之效果如下：（1）此次改革，雖曰局

1 《傅斯年遺劄》第三卷，歷史語言研究所，二〇一一年，一五六三—一五六七頁。
2 《傅斯年遺劄》第三卷，歷史語言研究所，二〇一一年，一五六三—一五六七頁。

部，多少含有全局之意義。其所以慰人心，振士氣，消反對之力量，杜惡意之口實者，可以此著不下而大大減少。（2）俞次長鴻鈞之升任部長，本不易辦事，尤不易改革財政積弊（以其不能放手作事也），若孔公仍留副院長之位，更必書電往來於重慶、紐約間。其結果所至，俞部長有責無權，有位無能，將誤大事。此意下文詳說。以斯年所知，此即恰得其反。五院制度，中國所特有，行政院之名義，以便隨時與美當局接洽。此意下文詳說。（3）傳聞中樞某大員進言於鈞座，謂孔公在美宜留副院長副院長一職在美無可比擬之官，故報上均譯為內閣副總理（vice-premiev）（多年如此，亦孔公所好也）。美國人者，一般坦率天真，有如初中學生，所有中國所謂『人事問題』，彼等最不瞭解，社會上覺得中國放其『副總理』長期在外，養病、謝客、入醫院、經手術，必有奇異之感，無異為對我作惡意批評者作一證據。盡美、英習慣，凡長期治病必須辭職，以職守不可曠，國務重於人事故也。二、俞部長辦事之為難。新任俞部長之為人，社會上公正言論謂其為第一流之事務人才，持身清白，用心細密，是其所長，若大澄清改革，前此尚未有所表現。今以之當此重任，苟有鈞座之督責，宜有成事之望。然而彼之環境，知之者皆謂為良苦。即以發行鈔票論，其權實操之於郭錦坤、李駿耀、凌憲揚諸人之手，如此三人說一不字，前部長即一時無鈔票可發，即無法辦矣。郭錦坤者，又名景昆，社會上稱之為K.K.Kwok。十餘年前，美國國會曾調查中國購買軍火收回扣事，報上曾揭露K.K.Kwok之名。聞鈞座當時震怒，派人嚴查，查者諸人中明知其即郭錦坤，終以其力量甚大，遂以中國人無姓『廓克』者上覆，其實廣東讀郭字，固有此尾音也。此人為孔府舊人，今為主持中央、中國兩行之人（彼原為中央銀行業務局長，孔公赴美，又命其每日往中國銀行辦事，監理一切，故兩行集於一手。）李駿耀為中央銀行之發行局長，凌憲揚為中央信託局之印務處長，三人皆孔夫人之義子，平日之於俞部長，不特狎之而已，且如對其他財政界人一樣，頤指氣使之，是則即就發行鈔票一事論，俞尚須處處求人，其人又皆私而非公，何論其他。又如孔公館之策士，如前為漢奸（勾引土肥原）之蕭振瀛，久販鴉片之譚光等等，不可勝數，俞部長恐皆無法不加以敷衍，此特舉例言之而已。竊以為今日整理財政，其大者分下列諸端：（1）整理稅收。今日各種稅收，如不為人事牽連，加以整理，可大量增加，即財政部人亦如此說。（2）懲治貪污。懲治貪污之先決條件，為破除情面，然情面者相連為一串者也。（3）增加效能。今日財政部直接、間接所轄人員約三十萬人，甚浪費，其鮮效能，素聞於世人。各地稅收機關中，開支、收入不易相抵者甚多。（4）更易首長。財政部所屬各機關首長，固不可一概而論，然風氣惡劣，徹上徹下者，實不為少。如貿易委員會，慣為私人套取大量外匯，所經營者，幾無事不腐。又如監務局，積弊原多，近年更以大速度進展，他如外匯管理會，專為有力私人送人情。此類事雖淺深有異，亦說不勝說。此等事，俞部長形格勢禁，恐無能為力，將來或又代人受過也。（5）清理大事件。舉例言之，美金儲蓄券發行總額，連合雲南之一千萬糧食券，共為一萬一千一百萬，其數實超過甲午賠款，而國家所換回之法幣，僅近一年餘以來之二十萬二，今日即已多數換成美金存款，且不少匯美者矣。又如黃金，公賣私收，市場操縱，國家所換回之法幣有限，而私人之利益無窮。此等濫帳，皆待清理，而一清理即涉多數私人利益。今日財政部所管各事，恐無一而非濫帳者，以其風氣滋長太久，原來勢力太大故也。此外，如決定財政之政策，運用計算之手腕，更非有自由、有力量之財政部長，不易從事也。即使孔副院長離行政院，俞部長之困難仍極大；若其留副院長，恐俞部長只有一切照常，一切電報請示而已。」[1]

1 《傅斯年遺劄》第三卷，歷史語言研究所，二〇一一年，一五六三—一五六七頁。

最後，他得出三點結論：「總括以上所檢討，不免得以下之結論。（1）副院長一職如無更動，自一般言之，失其振人心之效；自財政言之，失其改革之功。（2）俞部長既應此大任，似宜責成其徹底整理，無所瞻徇。（3）改組中央銀行與中央信託局，使其人事與機能皆正規化。今之中央銀行，其外貌全是一謎，其內容更不似正規之國家機關。」[1]

一九四五年五月召開的國民黨六屆一中會上，蔣介石採納了傅斯年的提議，選舉宋子文、翁文灝為行政院正、副院長，免去了孔祥熙行政院副院長職務。

一九四五年，抗戰勝利之後，國民政府準備補充政府委員。蔣介石推薦傅斯年，傅斯年極力推辭。回家後又給蔣介石寫信說：「頃間侍坐，承以國府委員之任，諄諄相勉，厚蒙眷顧，感何有極！……惟斯年實愚戇之書生，世務非其所能，如在政府，於政府一無裨益，若在社會，或可偶為一介之用。蓋平日言語但求其自信，行跡復流於自適，在政府或可為政府招致困難，在社會偶可有報於國家也……參政員之事，亦緣國家抗戰，義等於徵兵，故未敢不來。今戰事結束，當隨以結束。此後惟有整理舊業，亦偶憑心之所安，發抒所見於報紙，書生報國，如此而已。」[2]

朱家驊五月十四日致信傅斯年說：「吾兄已為山東推出之候選人，兄雖不願，恐難擺脫。介公星期會談，亦囑特約參加，且時時提及兄之近況。」這裡，特別轉達了蔣介石「亦囑特約參加」，可見當時的朱家驊—傅斯年等人政治勢力集團得到了蔣介石的額外看重和認可。蔣介石當然很清楚他身邊的文武兩大幕僚集團相互爭風吃醋的問題，也非常瞭解文官系統同樣存在買辦資本家勢力集

---

1 《傅斯年遺劄》第三卷，歷史語言研究所，二〇一一年，一五六三—一五六七頁。

2 《傅斯年全集》第七卷，湖南教育出版社，二〇〇三年，三〇三—三〇四頁。

團和留洋歸國知識份子勢力集團之間的矛盾和糾紛。但是，有些學者為傳統的清流知識份子傅斯年的形象所迷惑，以為傅斯年是蔣介石的「諍友」。比如，歐陽哲生及其專著《傅斯年一生志業研究》就是這樣的代表。在書中，他以為：「對國民政府盡職盡忠，做蔣介石的諍友」。[1]在一個客觀存在的留洋歸國知識份子勢力集團面前，不存在「諍友」這個概念。他們的直言與上書，都是出於維護自己政治集團利益而來。雖然客觀效果會有益於國家和社會，但是這只是一個滿足自身勢力集團的合理操作和技術手段而已。

一九四五年七月七日，國民參政會第四屆第一次會議在重慶召開，傅斯年參加了會議。會議開始不久，參政員陳賡雅將收集到的孔祥熙等人侵吞美金公債的詳細材料，寫成提案讓傅斯年過目。為傅斯年提供了轟擊孔祥熙的重磅炸彈。這在參政會引起了強大反響。傅斯年的質詢案在參政會順利通過，此案轟動一時。蔣介石也親自召見了傅斯年，過問了此事，「對此事表示極好」，且「主張嚴正」，自然是嚴肅處理。

七月二十五日，國民政府免去了孔祥熙中央銀行總裁職務。

一九四五年八月，因為蔣夢麟離任北京大學校長，繼任者的人選成了國民政府文武各派官僚們的焦點所在。論資排輩之後，留洋歸國知識份子勢力集團推薦胡適。但是這個推薦居然沒有得到蔣介石的認可。蔣介石想將傅斯年出任這個非常重要的職位！鄭天挺日記中如實記載了這個具體經過：

1　見歐陽哲生《傅斯年一生志業研究》，秀威資訊科技股份有限公司，二〇一四年，一一三頁。

八月二十八日 陰曆七月二十一日星期二 晴

據言騮先已向最高提出胡先生為北大校長，最高未答，而云「任傅孟真何如？」騮先乃退，以告孟真，孟真乃上書最高，言「身體不能勝任」，並言「胡先生之宜，且可協助政府」。此書托張道藩轉陳，數日無消息，遂復繕一份再托人面陳。於是騮先再往推薦，最高答云「適之出國久，情形或不熟悉」，騮先為之解釋，乃出，前日以告孟真，謂「有八九成希望矣」。[1]

這裏的「最高」即蔣介石。他先諮詢「任傅孟真何如？」然後又否決胡適說「適之出國久，情形或不熟悉」。以至於朱家驊徹底明白了蔣所屬意的人選乃是傅斯年，故此他覺得已經是「有八九成希望矣」。可見蔣介石對傅斯年的忠君和反共態度非常讚賞！這才委以大任。

一九四六年三月，蔣介石請他出任國府委員。傅斯年謝絕說：「斯年久患血壓高，數瀕於危，原擬戰事結束，即赴美就醫，或須用大手術。一俟胡適之先生返國，擬即就道，往返至少三季，或須一年。今後如病不大壞，當在草野之間，為國家努力，以答知遇之隆。」[2]

根據《蔣介石事略稿本》記載：一九四六年六月一日下午四點，「接見北京大學代理校長傅斯年，垂詢北大復校情形及北京大學教育狀況。公表示政府當盡力之所及，扶植教育事業，為國育才，繼攜傅氏遊覽北平大佛山文丞相祠。祠在東城府學胡同，林大幽深。祠前有古松二株，葉皆南向。

1 《鄭天挺西南聯大日記》一九四二年八月二十八日，中華書局，二〇一八年。
2 《傅斯年全集》第七卷，湖南教育出版社，二〇〇三年，三〇四頁。

一九四六年傅斯年陪同蔣介石遊覽文丞相祠留影

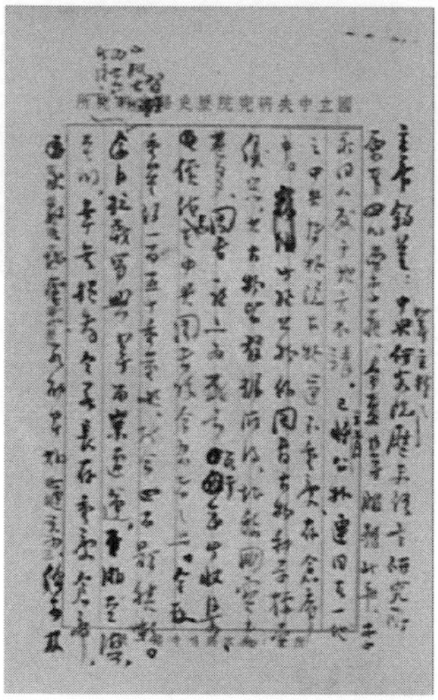
國立中央研究院歷史語言研究所

一九四六年十月十八日傅斯年起草致函蔣介石親筆信

其蒼勁凜然，宛若文信國正氣之所醇礴焉。公依依憑弔，至六時始返行轅。」[1]這次蔣介石特意接見傅斯年又同遊文天祥祠堂，顯然是給傅斯年清理北京大學的偽教授和學生問題月臺，是肯定傅氏政治正確的一個象徵。

同年的十二月二十三日，蔣介石再次接見和宴請傅斯年夫婦，對他在北京大學的工作給與肯定。

一九四七年一月，蔣介石想讓胡適擔任國府委員兼考試院長，委託傅斯年出面勸胡適就任。傅斯年反而極力勸說蔣介石打消此意。二月四日，他給胡適的信中說：「他請先生擔任國府委員兼考試院長。我力陳其不便：自大者言，政府之外應有幫助政府之人，必要時說說話，如皆在政府，轉

1 見臺灣國史館檔案，編號為002-060100-00213-001。

失效用；……自小者言，北大亦不易辦，校長實不易找人，北大關係北方學界前途甚大。他說可以兼著。我說不方便，且不合大學組織法。他說不要緊（此公法治觀念極微）。如此談了許久，我反復陳說其不便，他未放鬆。……昨天雪艇來，問下文，我發了一套議論。他說：『我一聽說，便知此事錯托了人，不過受人之托，不要從中打岔』。」[1]

三月六日，胡適去南京參加「中基會」，共問兩次謁見蔣介石。蔣介石的勸說胡適想擔任國民黨政府委員。傅斯年力勸胡適說：「示悉，至深驚愕，此事如先生堅持不可，非任何人所得勉強，如自身太客氣，我在此何從為力？國府委員純任政府地位，五院院長為當然委員，絕與參政會不同。北大應振興之事多矣，如兼職在三千里之外，全蹈孟鄰先生覆轍，三十年之盛名，為社會國家計，不可廢於一旦，使親者痛心，學校瓦解。故再進忠言。」[2]

一九四七年一月十五日，蔣介石請傅斯年吃飯，徵求傅斯年對時政的意見。傅斯年坦誠進言，其大意是要進行政治改革，首先要讓宋子文下臺，其中強調：「宋子文與國人全體為敵，此為政治主要僵局之一。」蔣介石當時沒有明確表示，要求其回去寫成書面意見供他參考，傅斯年回去後寫了一封率直、激切的信。信中說：「前承鈞座諄諄命以將對時局各種意見寫下。一病經月，今始可執筆。緬懷鈞座推誠之厚，重以時局艱危之深，雖一切非所宜言，而為國、為公，心難緘默，故盡其所知，所以報鈞座歷年知遇之隆。雖詞涉質直，而皆出赤心，幸鈞座鑒之。」[3]他在信中還說：「今

1《胡適來往書信選》下，中華書局，一九八〇年，一六九頁。
2《胡適來往書信選》中，中華書局，一九八〇年，五四四頁。
3 傅斯年致蔣介石信（未刊），傅斯年檔案No73-710.doc。

日改組政府之局，聞已可逐步為之，自是鈞座啟迪大效。惟所謂改組者，徒以為裝點以應國際情勢乎？抑誠欲政治之進步乎？雖二者皆有其用，然後者之重要實勝於前者十倍。蓋如裝點十分美滿，而真不能辦事，三月之後，必然瓦解，國際改勢，國內失望，又至更不可收拾矣。然何以能使政治進步？其關鍵全在國民黨能自身拿出人才，開明分子，廉公幹練分子，盡其一流之選。而一切尸位或作惡者退之，使國人、外人看，國民黨固有人才，亦可振作也。然後小黨與所謂『社會賢達』之自願者摻入，方可發生作用。其實國民黨如久能自強，焉有政協之局？既有去年政協之局矣，而政府尤能及時改革，又焉有今日？此說非謂國民黨不開放政權也。如昔日自有把握，自行開放，其勝於今日內外艱難然後開放者遠矣。及今振刷，已晚之又晚，然如自身率舊，對小黨牽於形勢而開放，對自己仍有所顧慮，而照常未能盡舉其第一流人才，小黨縱來，事情仍辦不好，二、三月後，又入絕境。……至於部長會首之選，實不少上選之人。即今之行政院各首長，比起外國之內閣來亦不為弱。然而不發生作用者，一則在宋公之下，雖天才亦成廢才；二則在今日政風之下，但求無責，故不能辦事耳。行政院長為百僚之首，不特行政院由其領導，即他院亦須瞻之。而宋公使人失望，有不可勝言者……」[1]

不過，在胡適面前，傅斯年經常表露自己對蔣介石的另外一種看法。

比如，一九四七年三月二十八日，傅斯年致函胡適說蔣介石「此公表面之誠懇，與其內心之上海派決不相同。我八、九年經歷，知之深矣。」又說：「此公只瞭解壓力，不懂任何其他。今之表面，美國之壓力也。我們若欲於政府有所貢獻，必須也用壓力。」同年四月七日，傅斯年致函胡適說：

1 傅斯年致蔣介石信（未刊），傅斯年檔案No73-710.doc。

「這樣說法是使我永不相信在介公手中，中國能走上法治的。」話雖如此，但是絲毫也不影響傅斯年和國民政府軍情部門相互秘密聯繫，抓捕具有中共黨員身份的學生和教師，這些，臺灣大學陳翠蓮教授已經撰寫了專文加以揭示，詳細請見本書最後一章內容。根據該文統計：一九三八－一九四七年之間，傅斯年致函蔣介石書信和電文多達二十一封，而蔣介石接見傅斯年也多達十餘次[1]。這樣的君臣互動是少見的。

一九四八年四月二十二日，傅斯年致電蔣介石，祝賀他當選為中華民國首任總統。電文如下：「京。主席蔣：欣聞膺選，敬為國家之慶賀！傅斯年」。[2]同年六月十五日，在美國的傅斯年，將美國兩黨的對華策略及其相關的國際形勢，向蔣介石做了詳細地說明。並且他還提出了自己的建議。傅斯年的愛黨愛國之心，躍然紙上。為此，《蔣介石事略稿本》特別記載如下：「我宣以民主黨強拉共匪入我政府之情形，希俾爭取美國更大之援助」。[3]這個記載充分肯定了傅斯年這封信的巨大的意義和價值，不是為了爭取中國的政治民主，而是爭取美援！蔣－傅二人刻意說心有靈犀一點通。

一九四九年一月二十五日，傅斯年聽到蔣介石下野後，立刻致電說：「溪口蔣總統賜鑒：聞鈞座引退，曷勝感念，總統珍重！傅斯年叩」。[4]

一九四八年九月二十九日，就在整個大陸將要變色的時候，傅斯年致函蔣介石談了他對軍事佈

1 《白色恐怖時期的臺大校長傅斯年》一文，二一九頁。
2 見臺灣國史館檔案，編號為001-011410-0004-037。
3 見臺灣國史館檔案，編號為002-060100-00240-028。
4 臺灣國史館檔案，編號為002-020400-00028-056。

局的看法。他認為：「集中兵力，作流動戰，不困守一城。自古言守者，必須守城之兵可以出城擊敵，然後可守。若坐守城中，俗謂『伏地握打』耳。如此守城，數月之後，其兵之士氣不可復用矣。似宜集中兵力於若干戰區，作流動性之動作，若無益之據點，不宜苦守。舉例言之，兗州既失，濟南實不可守。今日長春實不宜守，似可於冬季之前，撤至瀋陽；縱有損失乃至全沒，亦不比至冬季全沒為壞。瀋陽之兵，則宜出擊於冀遼長廊中，目下即宜以瀋陽之兵攻擊錦州之匪。」他又主張：「徐州為南京之門戶，其左有重兵所集，然人事之佈置使人心不安。四、五月前最高級軍事人員更調時，斯年在美，閱報不無疑慮，而劉峙將軍之重任，尤使人寢食不安，此非斯年獨如此也，友人亦皆如此。回國後此間所識談及，無論何派，亦皆有此感。今日南京一般有識之士，最憂慮者為蘇、皖北部之局勢，而最憂慮之對象，即為劉峙將軍。……然則所有整個徐州、皖北、豫東一帶部隊之機動勝必須提高，此可為殲敵之地，亦非不可招致意外之地。惟此區山劉峙將軍主持，更使人心不安耳。」他更對馮玉祥展開批判：「若以斯年所見三十年北方將領中，最反覆者無多於馮玉祥，而最忠於上者無過於傅作義。傅氏小心謹慎，有思想而無大志，能實踐而不幻想，恰是歷史上平內亂將領之典型，如自皇甫嵩以至曾國藩。自彼守涿州出名，遂為閻百川將軍所忌，然彼迄未叛閻也。今日北方，只此一地，只此一將，此地又如此重要，此人又如此性格，似當力為培植也。」最後，他還將嚴防匪諜定為核心重點：「嚴防軍中匪諜。今日軍中有匪諜，幾為不可諱之事實，其普遍如何？其最上層至何處？皆問題也。此應一面嚴令各級官員『提高警覺性』，一面設有效之糾察。」[1]看看傅斯年的軍事眼光，大有十足的國師身架！

1《傅斯年遺劄》第三卷，歷史語言研究所，二〇一一年，一八四一—一八四六頁。

一九五〇年十二月三十一日，蔣介石親自出席傅斯年葬禮。一代君臣關係從此終結。蔣介石的寂寞可想而知，他深深知道胡適根本無法取代傅斯年在他心中的位置。除了傅斯年是國民黨黨員之外，更因為傅斯年主動的以國師的身架對他的忠誠和巨大的影響力。

相比之下，一味追求自由和生命的胡適，頁的不是蔣介石所需要的。

一九五〇年十二月三十一日蔣介石憑弔傅斯年

第八章

懲貪治腐：傅斯年炮打孔祥熙

孔祥熙一九三三年十月始任行政院副院長，同年十一月又兼財政部長，從此一直是國民黨政權主管財政經濟的首腦人物。

一九三八年一月一日，國民黨政府進行改組，實施戰時體制，孔祥熙由行政院副院長升任院長。與之相應的是：在八年的抗戰中，傅斯年做得最出色的就是連續轟擊行政院長兼財政部長孔祥熙以權謀私的貪腐行為。

不僅是大陸學者，實際上，有部分臺灣學者也沿襲了所謂蔣宋孔陳四大家族權貴資本之論。比如，王汎森就主張：「孔祥熙和宋子文他們都是大財閥，在北伐戰爭前後因資助蔣介石的軍校生隊伍而給他以極大的幫助。但是他們的不法行為和腐敗的蔓延激怒了他們的同胞。中共出版了許多書籍譴責他們，事實證明這些宣傳極為有效。」[1]但是，王氏此說依然沒有給出應該有的學術考證和證據，而且其自身立場在此模糊不清；並且似乎是在肯定此說。再比如，出自山東聊城傅斯年的家鄉人編輯的《傅斯年》一書中，當然更沒有放過這個抨擊孔祥熙以肯定傅斯年的機會：「孔氏是四大家族的聚斂之臣」。[2]

看起來，傅斯年對孔祥熙、宋子文的揭批言論，已經成了研究這段歷史的最大阻力。

針對所謂四大家族把持中國政治經濟外交軍事等說，蔣介石專門致電蔣經國，對此加以研究。見臺灣國史館檔案，編號為002-080200-00345-029。見如次頁照片。

「四大家族」一說，首先是陳伯達在一九四六年出版的《中國四大家族》同名著作中提出。一

1 王汎森《傅斯年：中國近代歷史與政治中的個體生命》，三聯書店，二〇一七年，二三〇頁。

2 《傅斯年》，山東人民出版社，一九九一年，一六三頁。

九五五年，人民出版社再次整理增補後出版。雖然前後相差十年，但是使用的重要證據卻依然來自日本帝國主義為了打擊國民政府而編造的假數據，比如下列最核心的指控「蔣介石擁有資產六千六百三十九萬（八百零九萬美元）、宋美齡有三千零九十四萬（三百七十七萬美元）、宋子文有五千二百三十萬元（六百三十七萬美元）、孔祥熙有五千二百一十四萬（六百三十五萬美元）、陳立夫二千四百萬元（二百九十二萬美元），並列出國府高層政要二十九人總計存款額為七億八千六百零六萬七千萬元」，則完全脫離事實。至今已經有很多中外學者加以認真考證和辨偽，直指其謬！在當時和至今為止的世界上任何一家銀行查無實據，而且陳果夫清貧到死，而陳立夫晚年為了謀生自己親自養雞、出售雞蛋，如此等等，這些早已盡人皆知，並傳為笑談和震驚話題。至於蔣宋二家族的財產，更是遠未達到指控的範圍，真是無從談起。陳伯達這本書的重要價值是為了打到蔣介石而做的政治宣傳文章，根本不是嚴謹的學術著作和調查報告。在陳伯達已經被打倒的今天，他的這一謬論居然還被懶惰的學術界信手拈來、繼續使用，豈非咄咄怪事？！我們想問：您是在從事嚴謹而科學的歷史學研究，還是在進行偏激而誇大的政治宣傳？

但是，在當時社會上刮起的這股輿論導向，立刻激起了傅斯年的有效利用。

為揭露孔祥熙以權謀私的貪腐行為，傅斯年上書蔣介石、在國民參政會提案和質詢等，採用各

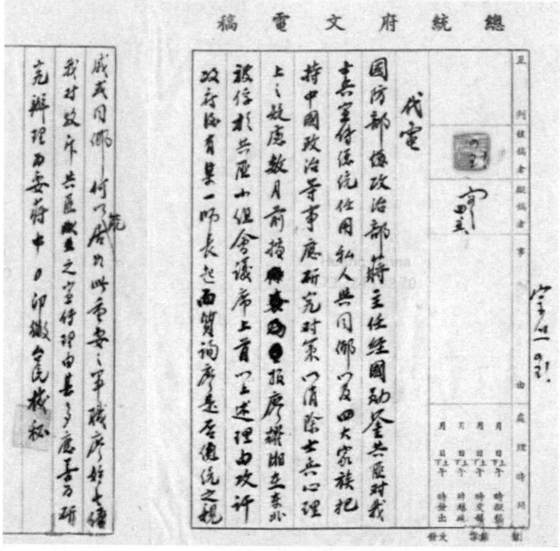
總統府文電稿

代電

蔣介石致電蔣經國

種方式揭露孔氏的劣跡，引起了當時社會和新聞界的巨大關注。而其起因則是孔祥熙冷落王世傑而引起。

比如，《觀察》週刊的主筆儲安平曾致函傅斯年說：「先生在參政會慷慨陳詞，主張清查宋、孔產業，舉國共鳴。國事如此，憂心如焚，頃聞先生將為《世紀評論》連寫兩文，促宋下臺，讜論一出，行見全國回應。不知先生擬寫之兩文中，能否分賜一篇惠交敝刊？」[1]曾任南京《中央日報》主筆的程滄波曾說：「在重慶時，有一次在參政會開會之前，我好幾次到聚興村他的房內，看他拿著一個小箱子，藏在枕頭底下，寸步不離。我問他裡面是什麼寶貝？他很緊張地說，這是他預備檢舉某大員的證件。」[2]

這裡，我們再次重申，在蔣介石身邊的文官幕僚存在著買辦資本家勢力集團和留洋歸國知識份子勢力集團，這兩大勢力集團時有衝突和矛盾，特別在人事安排上，本質上是在蔣面前的一種相互爭寵活動而已。根本不存在所謂的一介書生、挺身而出、拍案而起的神話故事情結，他們之間的鬥爭和矛盾主要效果還是維護自身的集團勢力和利益，而次要效果才是揭露對方而有益於社會和政治的進步。這其實古代所謂「黨爭」的現代版。研究傅斯年和近代民國史的專家歐陽哲生教授卻是這樣理解傅斯年炮打孔祥熙和宋子文事件的：「以一介書生的身份竟敢挺身而出，揭露孔祥熙貪污腐敗、損公肥私，引起政壇震動，並把孔最終拉下臺。這可以說是他在政壇留下的光輝一章」。[3]這

1 《儲安平文集》下，東方出版中心，一九九八年。

2 程滄波《記傅孟真》，載臺灣《新聞天地》第一五六期。

3 見歐陽哲生《傅斯年一生志業研究》，秀威資訊科技股份有限公司，二〇一四年，一二一頁。

樣臉譜化的評價已成大學研究傅斯年和民國史學界的癌變和桎梏，嚴重阻礙了對這一段歷史事實的研究。我們無論從證據學還是經濟統計學的角度上，都不能得出和陳伯達《中國四大家族》一書的結論，因此，傅斯年炮打孔祥熙和宋子文實在有失偏頗，並且具有濃厚的集體勢力爭寵相爭、相互傾軋的政治操作屬性。

基於一定的社會責任感和維護自身集團勢力的利益這雙重考慮，傅斯年在一九三八年七月十二日上書蔣介石，認為孔祥熙不能勝任行政院長。他信中說：「斯年緬懷國步之艱難，瞻念我公盡瘁報國之赤心，不能不有所直言。竊以為今日外交，行政之未能發揮效能，固有眾多原因，而當官之人實為主要關鍵，以我公之睿哲乾斷，決策於中樞，則負行政、外交之專責者，但能一心為國，奮發自勵，即足有為。無如負責之人另是一格，故雖有諄諄之命，而作來一切如不似也。」[1]

接著，傅斯年在信中舉例說明了孔祥熙在行政、外交之能力不足以勝任此職。

首先，傅斯年說：「在孔院長任內，英美之財政協助，事實上恐不可能也。按：歷年來在中國之英、美人士對孔院長頗多不滿，尤以整理公債及施行法幣兩事，在宣佈前上海市場紊亂十餘日，為譏評之要點。當時各外報攻擊不留餘地，甚至倫敦、紐約報紙亦有所諷刺。其奉命賀英皇加冕也，英國報紙自其出國之時起作各種嘲笑之論調，法國報紙並出惡言。中國廣派隨員，則英政府直函駐英大使云，『不勝惶惑』。孔院長既為專使，英國自不得不待以國賓，然於中國協會歡迎席上，外相艾登致其關於財政建設之『友誼警告』，商務大臣蘭西曼在另一宴會中演說曰：『一國之財政必須求收支相抵，然後可謂有政策，不然者將破產。』長篇大論，直是一篇教訓。李滋羅斯更直謂在

1 《傅斯年遺劄》第二卷，歷史語言研究所，二〇一一年，一〇五五—一〇五九頁。

英中國人云：『中國財政之最大危機，在財政當局之不得其人。』斯年推尋英國人態度如此，蓋有三因：一由於政策者：英國財政當局認為孔部長無一個財政政策。二由於故事者：上述兩次上海市場之紊亂，自英、美政治之標準看，是頭等官邪，故印象深刻。第三由於態度者。孔部長在英，議論甚隨便（如於演說中謂中國關稅可增至五倍等類）……至於美國，與中國財政關係較淺，其對孔院長亦復同樣少好感。斯年竊恐孔院長任中，外國幫助一語徒成空言矣。」[1]

其次，他指出：「孔院長之實任院長，在國人心理中深感失望，其最近言語舉止深致社會不安也。抗戰以來，政治上有一甚大之危險，即一般人，尤其是青年，急劇左傾是也。夫左傾一事，在常時不足為病，在抗戰中則易招致失卻重心之危險。斯年嘗遇投效陝北，醉心所謂『文化人』之宣傳者而問其故，其答語幾若一致：『蔣先生領導之軍事是無可議的，而中央之政治卻並無出路。』若與之辯，則必舉例曰：『若孔氏者，非貪污，腐敗之結晶乎？』此中是非，非斯年今日所深論，然即有此普遍的影響，似不可不留意其根源，且此評價不特在一般民眾中為然，即文武百僚，亦多心懷此意，私下議論而不敢昌言耳。又，孔院長久任其幼稚之子管理要政，竟於財政部指揮大員，更以其不成年之小女管理機要電報。似此公私不分，未有近代國家可以如此立國者。……今姑舉其最足危及國家者。竊以為今日之局，在外必求友邦協助，在內必求上下一心，若以孔院長一人為之梗，似不可不早計之也。」[2]

最後，他說：「在此時負外交之責者，必須用心，必須努力。用心然後可以默識列國大勢之演

1 《傅斯年遺劄》第二卷，歷史語言研究所，二〇一一年，一〇五五—一〇五九頁。
2 《傅斯年遺劄》第二卷，歷史語言研究所，二〇一一年，一〇五五—一〇五九頁。

變，把住機會；努力然後可以有為，今王外長絕不努力，絕不用心，中外皆以為話柄。不特不能勤聽、勤讀，細研情報，即駐華之外交人員亦少來往。各使館中人見其毫無精神，鮮談正事，時對國人有怨言曰：『中國何以不重視外交至此？』至於我國在外使館，於重要關頭每不能如期收到訓令，空為焦急，即部內員司，亦每言長官不動作之苦，此似非濟時之外交也。其實王部長亦有不能盡負其泄泄責任者，蓋上有孔氏指揮自決，外長等於跟班。縱外長為用心之人，亦不能發揮其作用，且孔氏無權不攬，無事不自負，再積以時日，恐各部皆成備位之官，不只外交失其作用而已。」[1]

孔祥熙得知後，出於憤怒的他，立刻在四月二十五日致信蔣介石，主動請求辭職。

他說：「弟自由歐奉召返國，參加國難工作，倏忽半載。遵命擔任行政，亦已四月……弟以時值國家艱危，我兄憂勞逾恒，遂不得不暫承其乏，冀我兄專心軍事，求取抗戰之勝利。所幸抗戰初起，中央即有決議，黨政軍統歸我兄領導，而政院諸務，早有成規可循，曹隨蕭後，自亦不必另有主張，另有政策。惟數月以來，外間或不加察，責弟無主張，無政策，在非常時期，更無特別辦法……弟近年來身體多病，精力遠遜於昔，前為我兄分勞，應付難局起見，暫任行政，尚能勉強支持，如使長負重責，深懼自誤誤國，即負我兄推許之意，亦累我兄知人之明。……長財數年，幸賴我兄信任，雖有謠謗，均置不理，始能放手做去，即近來稍有成就，亦係我兄指導之力，就積極方面言，因整頓舊稅，興辦新稅，為國庫增加數萬萬元，就消極方面言，因購置消費躬親核實，為國庫亦節省數千萬元……惟前以國家前景欠佳，未敢提及下忱。今幸行政組織大致妥貼，戰事前途又形好轉，而財政亦籌有辦法。弟之去留，當不致影響大局。現擬提出辭呈，自不能不先商我兄，披

1 《傅斯年遺劄》第二卷，歷史語言研究所，二〇一一年，一〇五五—一〇五九頁。

瀝直陳，敬祈垂察。」[1]

其結果則是蔣介石指示秘書陳布雷將辭職信退給孔祥熙並表示「致慰鼓勵」。而傅斯年則繼續收集孔祥熙禍國殃民、貪污腐敗的資料，準備下一次的舉報。顯然，傅斯年的所謂舉報、所謂事實，皆查無實證的一些工作疏忽和失誤而已，還遠遠構不成孔祥熙貪污腐敗的結論。

一九三八年七月六日，國民參政會第一屆會議在武漢召開。

七月十二日，傅斯年又起草了給蔣介石的提案，他明確指出：「孔院長之身兼各職，皆不勝任，固為口口等之定見，亦為全國之公言，今辱承溫問，敢不盡其所知。即以報國家數年養士之恩澤，亦以答我公盡瘁報國之赤誠。今全國一致竭誠擁護我公，則政府尤不可不求其健全。如承審察事實，當機立斷，以慰四海之望，則抗戰前途幸甚矣。」[2]

這次舉報依然是無果而終。因為傅斯年所能舉出的也無非就是「自信望言之，孔院長實為國人所痛惡也。夫國民之指責孔院長，大體言之，不外縱容其夫人、兒子如何如何斂錢耳」[3]，而且沒有提供證據。聰明的蔣介石，明察秋毫，他非常清楚這是自己身邊文官集團的內鬥而已，他根本不想跳進被挖出的坑裡。不作答覆就是最好的答覆。

一九三八年十月二十八日，國民參政會第一屆第二次會議在重慶召開。

---

1 引見楊天石《蔣孔關係探微——讀孔祥熙檔案之三》，《海外訪史錄》，社會科學文獻出版社，二〇〇二年，五二八—五四〇頁。
2 《傅斯年全集》第七卷，湖南教育出版社，二〇〇三年，一八三頁。
3 《傅斯年遺劄》第二卷，歷史語言研究所，二〇一一年，九〇四頁。

傅斯年聯合胡景伊、張君勱、馬君武等五十二人簽名的提案，共同上書蔣介石，繼續舉報孔祥熙。在上書中，他提出：「數月來對外貿易之未有成績，其責任在行政院長乎？抑在經濟部長乎？抑在貿易調整委員會乎？西南交通事項之進展不速，其責任在交通部乎？抑在他人乎？又如西南三省應統籌之事項，其責在行政院長乎？抑在重慶行營主任乎？又如今日之外交部，國人皆指為不努力，而外部自謂權不在手，故只能如書辦之坐待吩咐，其信然乎？充此習慣，恐已有結構，亦失作用，遑論改善。夫一手而操庶事，一事而歸數人，固無人可盡其功，亦無人肯任其過，馴致上下推諉，左右爭執，此在太平已可為寒心，此時尤不足以應付戰局也。」[1]而且，他繼續主張：「蓋雖有良善政策，若執行者不得其人，終於存亡無補也。抗戰以來，論外交，只見長持鬆懈坐待之態度，則當事者之努力，似尚有所闕；論財政，則籌款、借款每有貽誤，只取坐吃山空之辦法，致失時機。所有因遲緩、疏忽、懈怠以及人事糾紛而招致之損失，不可不歸咎於人之不稱職也。即如行政院長之大任，在平時已略如外國之首相，在此時尤關戰事之前途。若其人一切措施，不符內外之望，則國家之力量，因以減少者多矣。」[2]最後，他們五十二人坦誠：「至於今日不能不盡其所欲言，此固以求心之所安，亦由我公精誠感召，仰企佩戴而不能自已也。上列各事未便於會中討論，以滋誤會，故密陳左右，未使外知。萬幸萬幸。」[3]

一九三八年十月三十日，孔祥熙出席國民參政院第一屆第二次全會作報告，他公開接受傅斯年

1 《傅斯年遺劄》第二卷，歷史語言研究所，二〇一一年，九三一—九三五頁。
2 《傅斯年全集》第七卷，湖南教育出版社，二〇〇三年，一八七—一八九頁。
3 《傅斯年全集》第七卷，湖南教育出版社，二〇〇三年，一八七—一八九頁。

的質詢，並自以為圓滿地答覆了所有質疑。但是，五十二位參政員簽署的提案，居然得到了一百五十多人的支持。這在只有二百位參政員席位的國民政府中，對孔祥熙產生了巨大的負面效應。

一九三九年十一月召開的國民黨五屆六中第七次全會，蔣介石接受了孔祥熙的辭職申請，但是只免去了他的行政院長職務。蔣介石繼續任命他轉任行政院副院長兼財政部長、中央銀行總裁，仍主管國家財政金融。實際上，等於淡化了這一提案的實際作用。

關於蔣介石接受孔祥熙辭職的真正原因，鄭天挺日記中做了如實記載：

> 四月十五日 星期一 陰
>
> 見孟真、今甫、努生、鈞任、端升五人。在參政會所提詢問案，及孔祥熙答覆書，均關財務人員失檢。辱國之事凡四：一、財次徐堪夫人攜貴重物品用外交護照赴美，與美關員茲生爭執；二、鹽務署總辦朱庭祺在署設佛堂扶乩，並約美大使參觀；三、稅務署長某私往上海為人綁票，索贖乙百萬元；四、孔長子令侃，在港以行為失檢為英人驅逐，乃偕盛頤之妾往美國。孔祥熙答覆或承或否，此類事亦太不堪也。[1]

上述記載很真實的反應了孔祥熙所面對的留洋歸國知識份子勢力集團對他的種種指控，這些指控基本和孔祥熙本人無關，而是坐實了其家人和屬下的行為不檢而已。孔祥熙主動引咎辭職，蔣介石也順水推舟准許，但是只是換了行政院長而已，其他保持不動，證明了蔣介石不認可對孔祥熙的

1 《鄭天挺西南聯大日記》一九四〇年四月十五日，中華書局，二〇一八年。

指控。

一九四四年五月，孔祥熙想再次改組行政院。

當時的《中央日報》曾又文章預言說孔祥熙又可能復職行政院長，而屬於他們留洋知識份子勢力集團的重要成員王世傑只可能出任副院長。這個預言引起了朱家驊—傅斯年實際集團的不滿。作為這個勢力集團的一員，鄭天挺做了如下分析：「聞之《中央日報》，孔將改行政院長，王世傑任副院長，張公權任財政，孟鄰師任教育。立夫改內政，孔改院長，蓋奪其權，恐非所願。張從前以中國銀行為宋所奪，乃入於孔，然主財政或非最高所許，孔亦未必願，而黨內尤難通過。王副行政或以此次奔走延安之勞，容或可信」[1]。這也代表了這個勢力集團的大致政治人事評價。於是，繼續炮打孔祥熙成了傅斯年等人的當務之急。

一九四四年六月十五日，為了配合抗戰，國民政府擬設立物資統監本部。孔祥熙仍是行政院副院長兼財政部長，很可能又將出任這個部門的負責人。傅斯年繼續上書蔣介石。指出孔氏「物資統監本部之設置，以經濟局勢之迫切言，如孤注一擲，不得不求其必成，防其有失也。今日孔副院長繼續負行政之重責，又把握財政、經濟、金融之全權，則以彼兼此重任，自為邏輯上順理之事，亦為確定責任必要之方。然茲事為國家革命所繫，不容其失敗。治法雖具，猶有待於治人，機構徒換，往者未著成效。大凡機構之改革，每與人事之改革同辦，方可生效。此事雖尚未發表，社會上已多知之，似皆以為人事不變，機構之更改難如預期，其結果或僅是孔副院長更加一官。斯年以為今既有此轉機，若能至公至平，絕無瞻徇，應可辦不少之事。惟亦不能不慮及孔先生觀念之不易遂

1 《鄭天挺西南聯大日記》一九四〇年五月二十五日，中華書局，二〇一八年。

改，用人之仍是各輩也。設若任務不達，則負責者將諉過於軍事之變迁，此必造成一空前之危機，盡其形勢有如最後一著也。敢望鈞座隨時留神，萬一進行鮮效，則改弦更張，似乎宜早不宜遲，人事革新必可振作，有補於大政。如待失敗之形畢露，有不可挽救者矣。心所謂危，越分言之，深懷罪戾。」[1]

恰逢此時，孔祥熙作為國際基金會議中方全權代表，率團訪美。

在此期間，傅斯年則發動國內新聞媒體的力量，開始公開地質問和揭露孔氏在美金儲蓄券發行等方面的金融腐敗問題。

一九四四年九月，國民參政會第三屆第三次全會在重慶召開。九月七日，傅斯年在會上向財政部就此提出口頭質詢。但是，質問被財政部官員們基本否決。傅斯年雖不滿卻也無可奈何。

傅斯年始終認為：「現在改革政治之起碼誠意，是沒收孔宋家產，然蔣公在全會罵人時仍言孔宋不貪污也。孔宋是不能辨的，CC是不能不靠的，軍人是不能上軌道的。」[2]可見當時的傅氏並未掌握孔宋二人的涉貪證據。蔣氏才敢在中央全會上做出如此發言。

一九四四年九月，傅斯年將收集到的有關黃金儲蓄公債問題的孔氏貪腐確證之後，立刻給蔣介石寫了一封七千餘字長信，要求蔣介石迅速進行改革，懲治孔祥熙等人的以權謀私，貪污中飽的貪腐行為。特別是這一次傅斯年以事實揭露說：「例如今年二、三月中黃金漲落之故事，其可知者如下。先是，農民銀行開始出售黃金，雖掛牌，一般人不易購到，購到之大戶為山西裕華銀行，此時

1 傅斯年致蔣介石信（未刊），傅檔No.73-705.doc。

2 《傅斯年遺劄》第三卷，歷史語言研究所，二〇一一年，一七四一頁。

農行雖拋出，金價轉以傳言而狂漲，旋則裕華以高價售出，金價轉跌。此一波折，國家失去不少黃金，裕華得數萬萬元之淨益。政府固有力安定金價，此可於以後之事證之，然則又何必先有此一序幕使中外惑駭乎（此事，美國人極注意；又，行政院張秘書長厲生亦不以此事為然，故前與顧次長翊群爭吵）。（二）對於所屬機關及人員，竭力掩護也。往事不待論，今財政部正有若干重大地方機關舞弊事件，一本其大事化小，小事化無之原則處理之（惟恐人人知之，絕無所謂綱紀之念）。（三）自成一系統，雖有新加入良善之士，絲毫無能為力也。例如財政部次長俞鴻鈞，重慶官場中認為良士，然財政部高級職員諸事直接請示部長，更挾其固有之關係，自作主意，俞次長之能力，不如一主要秘書，恐只可為裝點之用而已。又如中央銀行新設總務處，其處長王鐘，其人為誠懿之士〔彼在軍器署以看不慣事，多發為精神病（彼養病住中央醫院時，斯年亦正在歌樂山繼續休息，知其情形甚悉），其為直腸人可知，〕今雖以彼為中央銀行總務處長，而以梁子英副之，王則赤手空拳，梁則上下相孚，王氏又何從發揮其正直乎？此等事例，為篇幅所限，固不能盡其什一。」[1]

在事實面前，加之英美盟國對孔祥熙經濟政策的長期不滿，終於引起了蔣介石的決定：一九四四年十一月，國民政府迫使孔祥熙辭去財政部長職務，由俞鴻鈞接任，但仍保留行政院副院長職務。

十一月二十二日，傅斯年再次上書蔣介石，要求徹底罷免孔祥熙行政院副院長職務。[2]一九四五年五月召開的國民黨六屆一中會上，徹底免去了孔祥熙行政院副院長職務，只保留了

1 《傅斯年遺劄》第三卷，歷史語言研究所，二〇一一年，傅斯年一六〇七—一六一六頁。

2 《傅斯年遺劄》第三卷，歷史語言研究所，二〇一一年，傅斯年一六〇七—一六一六頁。

中央銀行總裁等財政金融方面的專門職務。

一九四五年七月七日，國民參政會第四屆第一次會議在重慶召開，傅斯年出席了會議。這次，參政員陳賡雅將收集到的孔祥熙等人侵吞美金公債的詳細材料，詳細記述了孔祥熙和國庫局局長呂咸等人侵吞美金公債的過程、數量，並附有原始帳目和知情工作人員提供的證據，交給傅斯年。陳賡雅的提案，使傅斯年瞭解到這一巨大舞弊案的內幕詳情。這個提案在參政會引起了巨大地反響。

於是，參政員全體提出了一個名為《徹查中央銀行中央信託局歷年積弊嚴加整頓懲罰罪人以重國家之要務而肅常案》的提案。七月二十五日，國民政府免去了孔祥熙中央銀行總裁職務。

七月二十七日，民國政府最高法院、檢察署致函傅斯年，要求提供孔祥熙貪腐具體書面材料和證據。八月八日，傅斯年致函參政會，彙報了最高法院的要求和行動。於是，傅斯年親自撰寫了《傅斯年在本屆參政會大會中提案及詢問有涉中央銀行國庫局舞弊事說明書》一文。

在該文中，傅斯年說：「斯年在參政會閉幕時之聲明三點，其最主要之一為將人證、物證呈送主席團轉致政府，不向大會宣佈，以防為犯人間之利用。故斯年自亦受一種拘束，在目下僅能將此項資料供給主席團。既承尊示，日內當詳細寫一說明書，連同附件送達主席團，請其斟酌。然口頭說明，自無不可。」[1]

這篇提案的核心乃在於：「以下敘述這幾位青年之所說，其所說經斯年他方證明，皆係實情。呂咸平日在局中，一切用度取給於公，其所行為儼然孔公館之縮影。彼更使人隨便寫不合手續之帳，

1 《傅斯年遺劄》第三卷，歷史語言研究所，二〇一一年，傅斯年一六〇七—一六，六頁。

亦不以為諱，因習為常故，更恃靠山也。故局中青年愛國之士久感不安，並因記帳等事，有與呂氏心腹衝突者。此輩好青年，既不滿此等行為，更恐將來事情出來，自己洗刷不清，故有七、八人常在商議。適有債券科主任熊國清之親筆信稿，為其中一青年所拾得（此人今已出洋），彼輩見之，大為駭異，遂星夜另托一人抄出最重要之帳兩紙，共推一人向政府某處密告，書凡數上（此一節在八月初彼等方告我），果然來查矣。查之後，全局大驚，謠言四起，而彼等更感不安。此事政府雖調查，而久未辦。其中有人頗受恫嚇，然彼輩雖未向外聲張也，彼輩原不存竊證據抄帳目之心，蓋若有此心者，所得必更多；而其辦法為向政府密告，亦可謂識體者，故挾嫌，分贓不均，在查後散佈謠言者或有之，在彼輩無是也。然外間既有傳言，其中某一人之師聞之，以關切而問及，乃得知真相，此陳賡雅參政員提案之由，而某一青年之遺囑，亦交其師。」[1]

他詳細羅列如下：

以下節錄該數青年密告呈文，真相畢見。

（一）卅一年同盟勝利美金公債，係財政部於卅二年交由中央銀行國庫局分發各地銀行發行，且總額為美金一億元，折合國幣為廿億元。

（二）卅二年十月十五日，財部函知國庫局將該項債票停售，所有估計未售出之債票該五千萬元，悉數由中央銀行業務局購進，而國庫局主管該項業務之少數人員，以近水樓臺，因得利用職權，公然舞弊，市價因之狂漲，由廿元迅漲至二百餘元，最高價曾至三百元，

1 《傅斯年遺劄》第三卷，歷史語言研究所，二〇一一年，一六〇七—一六一六頁。

如按目下市價，更駭人矣。

（三）犯罪之根據。A.財部於三十二年二月十五日明令停售，即使業務局收購之美債五千萬元為合法，則國庫局於交足業務局該項票額後，自不應仍藉業務局名義，繼續向各分行處收購，應立即函囑各分行處將存數送國庫局，轉交財部，始不妨礙國家權利與法令。B.該局債券科主任熊國清承該局局長呂咸指使，假借推銷公債為名，親筆草擬簽呈，慫恿中央銀行當局購買美債三百五十餘萬元，並期分潤餘利。（附熊國清親筆簽呈）。

（四）舞弊之點。A.呂咸慫恿中央銀行主管所購債票面額三百五十餘萬元，於該項債票付出時，該局債票付出傳票之後，並未付有該行主管之領據（例須有領據，始符手續），僅以債券科副主任徐俊卿收據一紙為附件，非惟手續不合，且事實上該項債票，究為何人所得，尚屬疑問。B.復查債券科活期存款帳第四五七號帳號，卅一年同盟勝利美金公債預售戶，於三十三年二月十五日所收列（付項）之國幣七千零八萬五千二百元一筆債款（即A項所列美債面額三百五十餘萬元之價款），其摘要欄內，亦未記載其來源，究為何人交來購買公債，亦屬疑問（帳上記帳員曹瑞鳳有證明，可資參考）。C.查A項所稱之美金公債，面額三百五十餘萬元，及B項所稱之該項債款國際七千零八萬五千二百元，均於同日在業務局有價證券帳公記戶內及該局貼放科帳內，各自空轉一筆，實際業務局並未經手此項公債及債款之收付，則其債款之來源暨債票之去路，均屬可疑。見甲件第四筆（三三年二月十五日）。D.該局債券科活期存款帳第四五七號帳號，卅一年同盟勝利美金公債預售戶尚有（甲）一億五千三百零一萬三千二百元（摘要欄內記帳員呂智民有注），（乙）七十一萬元，摘要欄內亦均未記載來源系何行售出之債票，且皆系卅二年十月十五日停售以後收賬，自與法令抵觸。（附活期存款帳抄件一件）。E.就D項所述三筆債款核計，約合美債面額八百餘萬元，數額之巨，至足驚人。所謂代業務局收購，是否從中作弊，似甚可疑。（參考與抄賬頁即知）。F.查該項美債八百餘萬元，既係代業務局收購，自應隨時掃數送繳該局，早清手續（事實上業務局是否知有此數，不得而知），國庫局又何必於保管科開列專戶保管，且為日已久，尚未處理，顯有所待。G.復查熊國清曾數次由庫房（歌樂山）將債箱扛至家中，（小歌樂山樂專路中庫新村七號），旋復送回庫房，均為同事宋春如等所共見，倘非偷換票款（大票黑市價較高），即係私自抽換中纖票圖利（中纖票可換取匯票），不難想像而知。不然，該項公物，何能公然不諱，扛回私寓。應核查其債箱所存債票之面額、種類、號碼，是否與所稱各分行售繳數相符。此項工作雖艱巨，然不難水落石出也。H.查停售後債票，既係代業務局收購，則應同一方式處理賬務。債券科活存帳分開『卅一年同盟勝利美金公債預售債款戶』及『卅一年同盟勝利美金公債預售戶』兩戶是何用意？前者與業務局帳目相符，後在業務局帳則甚有出入，顯系作弊，查業務局帳即知。I.彼輩作弊之物證，除熊國清親筆代呂咸所擬簽呈一紙，債票號碼單一紙外，尚抄有債券科活存帳兩頁（三七五、四五七），均可資稽考。其他人證甚多，此案一到法院，必即出而作證。」[1]

但是調查的結論並不盡如人意。有些屬於工作失誤，有些屬於誤解。完全得到證實的貪污行為

1 《傅斯年遺劄》第三卷，歷史語言研究所，二〇一一年，一六〇七—一六一六頁。

又缺乏核心指控證據，特別是來自日本情報機構的造假和偽證反而成了孔祥熙得以解脫指控的最大理由。

實際上，孔祥熙任內給國民政府留下了將近九億元美金和六千萬兩黃金儲備。

一九四五年八月一日，傅斯年致俞大綵的信函中頗為得意地說：「閉會後，孔祥熙連著免了兩職：一、中央銀行總裁，二、四行聯合辦事處副主席。老孔可謂連根拔去矣（根是中央銀行）。據說，事前並未告他。老孔這次弄得真狼狽！鬧老孔鬧了八年，不大生效，這次算被我擊中了，國家已如此了，可歎可歎。」[1]

歸根到底來說，傅斯年炮打孔祥熙雖然是出自自身利益集團的利益而來，但是客觀上因為抓住了孔祥熙工作中的失誤，獲得了不少學者官僚議員和其他買辦官僚議員對孔氏的不滿，造成了憤怒的孔祥熙多次主動辭職。

1 《傅斯年遺劄》第三卷，歷史語言研究所，二〇一一年，一六〇五—一六〇六頁。

第九章

相互傾軋：傅大炮轟走宋子文

一九四五年五月，國民黨召開六屆一中全會，國民政府改組，宋子文出任行政院長。再次開始了掌握全國行政經濟大權。

在本書前面章節，我曾經提出當時在國民黨領袖蔣介石身邊活躍著文武兩套幕僚：其中，文官幕僚又分成兩大派，一派是以孔祥熙為核心的官僚買辦集團勢力；另一派則是以吳稚暉、蔡元培、朱家驊等人為核心歸國留學知識份子集團勢力。這兩大派系相互傾軋、爭寵於蔣的內鬥，成為傅斯年最大的政治背景。宋子文的身份比較特殊，因為他身兼這兩大派系。宋子文曾經留美多年，獲得哈佛大學經濟學碩士和哥倫比亞大學經濟學博士學位。應該說是絕對的英美經濟學體系的學術精英。可惜大陸學術界長期以來一直對他攻擊多於肯定，乃至於研究傅斯年的學者也基本上沿襲這一老套手法，對褒揚傅而貶低宋。

因此，應該說，宋子文是這兩大派系都認可的權威人物！這也是傅斯年在宋子文出任行政院長之初，全力支持的根本原因。

我們簡介一下宋子文。一九一五年，他畢業於美國名校哈佛大學，獲得經濟學碩士學位。然後，他考入名校哥倫比亞大學攻讀經濟學博士研究生。僅僅兩年後的一九一七年，他就順利畢業並獲得了經濟學博士學位。畢業後，他來到紐約花旗銀行工作。這幾年的銀行工作經驗，鍛煉了他的金融管理能力和國際上龐大的人脈關係網。一九二三年，在廣州的孫中山因為急需得力的財政人才，給自己募捐和管理財政。於是，宋慶齡急電宋子文，讓他回國效力。結果，宋子文立刻辭職回國，南下廣州。先出任孫中山的英文財務秘書。同年四月，孫中山在廣州成立中央銀行，宋子文親自起草了中央銀行運營和管理章程。一九二四年八月，他出任廣州中央銀行董事、副行長。一九二五年，他再任廣東革命政府財政廳長、廣州國民政府財政部長。他受命為創辦黃埔軍校、組建軍隊以及維持廣州國民政府運作籌集經費。一九二四年，廣州政府歲入八百萬大洋，一九二六年時則增加到八千萬銀元。翻了十倍之多，這有力地支持了蔣介石的北伐和廣州政府的運營。足見宋子文經濟政策是行之有效的。因此，他深得蔣介石的信任絕非由於裙帶關係，而是有著貨真價實經濟運作能力和強大的學術背景。

一九二八年一月，他就任南京國民政府財政部長。十一月，他再出任中央銀行總裁。

洋博士的宋子文，為人行事非常洋派和文雅。他不僅十分反感賄賂，而且對吹牛拍馬嗤之以鼻。他喜歡坦率與人交談，減少繁文縟節。

一九二九年，因為中央研究院院長蔡元培被人攻擊、面臨被撤換。傅斯年在致函蔡元培的信中，已經開始對宋子文的政治背景產生懷疑：「但前天，他（指楊杏佛）看了宋子文態度大變，云，『老先生須先有表示，然後蔣決其態度』……『蔣對李、張已完了；對吳、蔡甚好，然須蔡先生自己表示態度呀！』……『蔡先生不能辭國府委員，一辭研究院失其喉舌機關』……『蔡先對政府辭國府委員，無異表示惡感』……『去京必須拿蔡先生一信，然後接洽有憑據』，大有先生一辭，研究院即關門然。斯年聞之大憂，然後來其意竟不於此後更一晤先生。今日見杏佛之來而思之，真大悔也。此情顯係宋子文示意，欲先生再多一個捧場，且語中必有恐嚇之意。」[1] 這是早期宋子文和傅斯年集團產生的一點矛盾，傅斯年開始懷疑宋子文是否代表了留洋歸國知識份子勢力集團的利益。

一九三三年六月四日，宋子文向南京政府通報，美國財政善後公司同意貸款中國五千萬美元，支付形式是提供貸款價值五分之四的棉花，其餘為小麥，由中國國家統稅擔保，五年內還清，即著

1 《傅斯年遺劄》第一卷，歷史語言研究所，二〇一一年，二〇五—二〇六頁。

名的「棉麥大借款」。然而，當宋子文回到南京時卻發現這一借款居然被南京政府挪作軍費，用於剿共。由此而來，宋子文憤怒地和蔣介石發生爭吵，並且一怒之下辭去行政院副院長和財長職務。一九四四年十二月十八日，宋子文成為美國《時代》週刊的封面人物。在這期《時代》週刊的報導文章中，宋子文被描繪成一位為國盡心盡力的最高經濟和行政官員。

從一九四〇年至一九四二年，宋子文多次往來於中美兩地，代表國民政府從美國獲得兩筆共計六億美元的資助，極大的支持了當時的國民政府抗戰和維持國統區的基本生存。

因此，一九四五年蔣介石決定請宋子文再次出山出任行政院長和財務部長，是對宋子文的恢復名譽和絕對信任的。當然宋子文的這些光輝形象永遠不會出現在大陸官方的論著中……

太平洋戰爭爆發後，尚在美國的宋子文被任命為國民政府外交部長。

他開始頻繁往來於重慶、華盛頓、倫敦等地，為中國政府發聲，爭取外援。他還代表中國政府簽署了《聯合國宣言》，並通過談判成功地消除了中國的治外法權。一九四五年，抗戰勝利前夕，宋子文率代表團出席了聯合國三藩市會議。同年六月，他再次出任外交部長。

一九四六年一月，他又兼任國民黨最高經濟委員會委員長。十月，他再任國民政府行政院長。

宋子文並不懂中國官場潛規則，鬧得人際關係相處不好，與親戚孔祥熙相處也並不和睦。由此而來，宋子文貪污公款致富的說法成為當時政敵對他的政治打壓和誹謗。但是，據美國胡佛研究所對宋子文檔案的研究，宋子文死後全部遺產共計約二百七十二萬九千美元而已。

美國《時代》週刊封面人物宋子文

宋子文初上臺時，傅斯年曾發表文章說：「於是宋氏名聲頓起，『饑者易為食，渴者易為飲』與其說是宋的人望，毋寧說是對孔的憎恨。試想當時宋未上臺前兩年中重慶的街談巷議，真正有今昔之感。又看他初次出席參政會，會場中的人擠得風雨不通，連窗子外門外都擠上千百人，都城人士的心理，對他是怎麼樣熱望的？」特別是傅斯年支持宋子文頒佈的《黃金獻金條例》。

當時，宋子文和朱家驊關係往來十分密切，以至於到了找不到朱家驊就可以直接致電宋子文宅必在宋家的情況。[1]這個時候傅斯年當然也不會擅自攻擊宋子文，無論出自何種理由。

從一九四六年三月開始，國民政府宣佈黃金市場開放。宋子文推行的黃金獻金條例，是出於緩和經濟危機、籌集抗戰經費而施行的戰時政策。其中，該條例有一條規定：凡存有二兩黃金以上的儲戶都要捐獻黃金，而兌取黃金時須繳納原額百分之四十。等於無形中讓黃金市場價格暴跌百分之四十或者說黃金捐獻和收回過程中持有者被增稅百分之四十。

如此剝奪富人之財，傅斯年並不認為有何不妥。

傅斯年在《大公報》發表《黃禍》一文表示支持。該文中說：「總而言之，政府既然辦這件事，即是極值得稱讚的，因為這是自從抗戰以來政府第一次損傷既得利益階級的事。不損傷既得利益階級，戰費是無從籌措的，人心是不能平的」，還說：「要打仗，必須侵犯既得利益；要社會公平，必須侵犯既得利益；要實行民主主義，必須侵犯既得利益。」[2]

但是拋售黃金的政策，在一九四七年二月十三日被蔣介石下令終止。

1　具體記載可見傅斯年致李濟信函中。《傅斯年遺劄》第一卷，歷史語言研究所，二〇一一年，五六二頁。

2　《傅斯年全集》第七卷，湖南教育出版社，二〇〇三年，三三一——三三二頁。

但是，實施不到一年，傅斯年開始失望了。失望的核心原因就是他的好友、留洋歸國知識份子勢力集團重要成員、行政院副院長翁文灝被宋子文的冷漠和閒置，等於剝奪了翁在行政院的權力。這幾乎是孔祥熙對待王世傑的翻版。傅斯年的惱羞成怒可想而知。他憤怒地說：「幾年來的政治安定，使得一堆人永遠占著地盤，同時更有一大堆人永遠不得地盤，在地盤中與在地盤外者，若不是截然能分優劣，豈不是相形之下而生不平，因不平而生紊亂，以至社會危機？」[1]傅斯年的這些話大有抨擊宋子文而為翁文灝鳴不平的意思。傅斯年和翁文灝有著長期的友情。早在一九三五年九月他寫給李濟的信中，就談到了他和翁文灝的私交：「弟昨日給翁大人之公樣信，兄覺或者奇怪。其用意如此。翁公對此事有interest而不做工，只是專心致力勤勞王命（辦礦），但房子若建築得不合用，他後來必有話的。」[2]翁氏當時出任國民政府軍事委員會國防設計委員會秘書長，不僅是蔣介石身邊的重臣，還是留洋歸國知識份子勢力集團中的著名學者、北京大學和清華大學的教授。翁文灝當然不適合自己親自出面指責宋子文大權獨攬，他只需要和朱家驊、王世傑、傅斯年等人略微點明一下，傅斯年肯定就要對著宋子文開火了。

而大陸學者的相關論著基本就是望文生義、蕭規曹隨，不加任何考證和核對就快速得出結論說：「宋子文在出任行政院院長之職以後不久，便漸漸暴露出其腐敗的本質，首先是在人員選任上大肆任人唯親、排斥異己」[3]云云。類似觀點普遍存在在大陸相關論著中。

1 《傅斯年全集》第五卷，湖南教育出版社，二〇〇三年，九五頁。
2 《傅斯年遺劄》第二卷，歷史語言研究所，二〇一一年，六八六頁。
3 《傅斯年》，山東人民出版社，一九九一年，一八九頁。

到當年年底，國民政府原庫存的六十％黃金貯備已被拋出。為此造成國統區工礦企業大量倒閉。傅斯年認為：「在這樣外幣賤，國幣貴的情形下，入口極易，出口極難，一懸數倍，簡直要斷絕中國貨的出口，打開外國貨的入口，豈特入超而已，簡直要一個是無限大，一個是零，這真斷送中國的經濟命脈了，何年恢復，真不可知。誰開創這個局面？孔祥熙。誰繼承這個遺志？宋子文。他倆這一著，簡直把中國葬送在十八層地獄下了。」傅斯年對此總結說：「孔宋二氏這樣一貫的做法，簡直是徹底毀壞中國經濟，徹底掃蕩中國工業，徹底使人失業，徹底使全國財富集於私門，流於國外。」[1]

尤其在一九四五年八月日本戰敗投降後，在接受各地物資和財產上，宋子文所作所為有些無所顧忌，他專門設立了行政院收復區全國性事業接受委員會。這個機構獨占日偽政權和漢奸們個人全部財產的許可權，引得各地譁然，甚至有不少人以為宋子文借機侵吞國家和個人財產。在《傅斯年評傳》一書中，給出了完全不符合歷史事實的嚇人指控。該書主張：「在短短的八個月，中央銀行共拋出政府牌價外匯三萬八千一百五十五萬多美元，宋氏家族控制的孚中公司套購了一萬五千三百七十七萬多美元，孔氏家族控制的楊子公司套購了一萬八千零六十九萬多美元，兩家公司共套外匯三萬三千四百四十六萬多美元，占中央銀行售出外匯總額的八十八％。他們用獲得的外匯進口美國貨物，從中牟取巨額利潤。」[2]指控雖然很嚇人，但是，這些指控事後查明並不存在，更多的只是來自共產黨方面的一種戰略宣傳和文宣打擊而已。

1 《胡適來往書信選》下卷，中華書局一九八〇年，一六九頁。

2 《傅斯年評傳》，中國社會科學出版社，二〇一四年。

但是，這些指控在當時卻是給宋子文帶來極大的負面效應。

當年十月，傅斯年卻致函胡適說：「子文去年還好，今年得志，故態復原，遂為眾矢之的。尤其是偽幣比例一事，簡直專與國民黨的支持者開玩笑。熬過了孔祥熙，又來了一個這樣的。[1]」迫使在一九四六年三月召開的國民黨六屆二中全會上，宋子文對此問題給出解釋和說明。

一九四五年七月，宋子文代表民國政府出席三藩市聯合國制憲會議，宋子文是四位主席之一。聯合國大會成立時為中國首席代表。同年，他赴蘇聯同史達林會談，並簽訂《中蘇友好同盟條約》。可見，宋子文在外交上也是有功於天下。

隨著宋子文在國家經濟政策上越來越獨斷專橫，傅斯年曾斥責他：「他在行政院，把各部長都變成奴隸，或路人。一個主管部的事，他辦了，部長不知，看報方知之。真正偏勞得很，各部長建議，置之不理是最客氣，碰釘子更尋常。這是他有興趣的部。如無興趣的部，則路人相待，反正要錢無錢，說話不理。他可以說，行政院不是由他組織的，這也是事實，然而如由他組織，不知是哪些小鬼呢。他平常辦事，總是三幾個秘書，在上海，總是三幾個親信，還有他的三幾個『智囊團』，行政大事盡於其中矣，國家命運如此決定矣。我看，他心中是把天下人分做兩類，其一類為敵人，即現行的敵人和潛伏的敵人（Potential Enemies），其一類為奴隸，中間並無其他，所以他管到哪個機關，哪個機關的長官便是他的奴隸，至於一切其他人，他都不願見，見亦無可談，開會不到，立法院參政會請他不來，至於人民請願，更不待說，見人傲慢而無話，似乎奴隸之外全是他的敵人。這樣行政，豈特民國『民主』不容有此，即帝國專制又何嘗可以，只有中國是他的私產，他才可以

1 《胡適來往書信選》下卷，中華書局一九八〇年，一七〇頁。

如此做的。」[1]而胡適致函傅斯年也說：「蔣先生應該充分抬出黨內最有希望的自由分子，給他們一個做事的機會。行政院長必須換人，雪艇、哲生都比子文高萬倍，都可以號召國內與國外的同情支持。若用子文，則國外無以號召，美國借款也借不成。」[2]

一九四六年，宋子文做出了一個徹底得罪傅斯年等人的一個重要提案：在國民黨二中全會上，他建議將北京大學和北平大學師範大學合併，組建一個全新的國際性大學。[3]這等於徹底打亂了胡適—傅斯年師生二人商議很久的北京大學復興計畫。胡適—傅斯年等人可以說惱怒到了極點，更加堅定了一定要請宋子文離開行政院的決心。

一九四七年一月十五日，蔣介石宴請傅斯年，席間蔣懇請傅「將對時局各種意見寫下」相求。飯後，傅斯年致函蔣介石痛陳：「即今之行政院各首長，比起外國之內閣來亦不為弱。然而不發生作用者，一則在宋公之下，雖天才亦成廢才；二則在今日政風之下，但求無責，故不能辦事耳。行政院長為百僚之首，不特行政院由其領導，即他院亦須瞻之。而宋公使人失望，有不可勝言者」[4]而後，傅斯年開始利用新聞媒體發起了討伐宋子文的戰鬥。

一九四七年二月十五日，傅斯年在《世紀評論》第一卷第七期上發表《這個樣子的宋子文非走開不可》一文。

就在文章發表後的第二天，在行政院大樓，正巧傅斯年和宋子文上下樓梯而偶遇。傅斯年居然

1《傅斯年全集》第七卷，湖南教育出版社，二〇〇三年，二九〇—二九七頁。
2《胡適書信集》中卷，北京大學出版社，一九九六年，一〇八七頁.
3 參見臺灣國史館檔案，編號為001-014152-00016-041。
4 傅斯年致蔣介石信（未刊），傅斯年檔案No73-710.doc。

對宋子文說：「我們兩個人都把頭偏過兩邊，裝作互相沒有看見的樣子。」而宋子文的態度卻是彬彬有禮、微笑著側過身來，讓傅斯年先上樓。傅斯年頓時目瞪口呆，只好快速上樓。宋子文的儒雅和傅斯年的性情在此一覽無餘，各展風采。

二月十七日，國民政府行政院在上海召開最高經濟會議，由院長宋子文主持。參政院駐院委員會通過決議，認為這次黃金暴漲和拋售風潮，行政院長及財政部、中央銀行等有關當局未能預為防止，有不可推卸的責任，建議追究宋子文等人的責任。

身心疲憊的宋子文立刻主動請求辭去行政院長一職。

我們應該再次肯定宋子文如此的紳士風度和責任心，他勇敢地接受了全部結果——而這場黃金暴漲和拋售背後則是中國共產黨在蘇聯支持下發起的對國民政府的經濟戰役！傅斯年看了如獲至寶，二月二十二日，傅斯年在《世紀評論》第一卷第八期上立刻發表了《宋子文的失敗》一文。當天，此文就被蔣經國轉呈蔣介石審閱了。可見當時此文的巨大影響。

三月一日，傅斯年在《觀察》上發表《論豪門資本之必須剷除》一文。這幾篇文章產生了巨大的影響。《胡適日記》中就曾記載了當時的情況：「今天報紙（《世界》、《益世》）大登傅孟真昨天在參政會攻擊孔祥熙宋子文的話。《世界日報》標題為『傅斯年要革命！』報紙又大登昨天立法院攻擊子文的言論。」[1]

三月一日，蔣介石主持舉行國防最高委員會會議，批准宋子文辭職申請。一九四八年五日，翁文灝在留洋歸國知識份子勢力集團的聯合推薦下，終於成了行政院長。結果不到半年就因為經濟徹

1 《傅斯年文物資料選輯》，傅斯年百齡紀念籌備會，一九九五年，一四八頁。

底崩潰而引咎辭職。可見宋子文當時對他的閒置政策並非是有意打壓。因為在四十年初初期翁氏出任經濟部長期間，哈佛大學經濟學博士、著名經濟學家出身的宋子文就已經深刻領教了翁氏的工作能力和經濟政策，宋氏從此對翁氏不以為然。

一九四七年九月，宋子文出任廣東省政府主席。五月十六日，他辭去廣東省政府主席職務，然後，宋子文短暫居住在香港、巴黎，最後定居美國紐約。

到他死亡之時的一九七一年四月二十六日，美國政府登記在案的全部財產只是存款（非固定資產）不到一百萬美元，一棟老舊別墅（不動產價值）時值大約四百萬美元而已。在紐約那個環境裡實在連中產都算不上，更何談什麼「四大家族，富甲天下」?!那無非只是政治污蔑而已。很遺憾，直到今天，所有民國史研究涉及到宋子文的內容依然維持著陳伯達的那個臉譜化結論和政治宣傳，維持固有的政治定論而絲毫不考慮歷史的真實和史料的客觀存在……

——特別說明：傅斯年批判的只是行政上專橫霸道而已，從未出示任何證據指控宋子文有貪腐行為。無論是上書蔣介石還是出席歷屆國民政府會議，均沒有查到傅斯年對宋子文的任何涉貪指控證據！

其實，所謂傅斯年炮打宋子文，本質上就是因為翁文灝被宋氏冷遇才引起的，是傅斯年為自己勢力集團發動的一次缺乏證據和正義的感情衝動性攻擊而已。

羅家倫曾為此專門給傅斯年加以解脫說：「常常好鬥，人家一有不正當的批評，不正確的主張，就立刻用口用筆和人家鬥起來。」[1]王汎森則明確點出了傅斯年表現出的為自身勢力集團而鬥的特

1 《懷念傅斯年》，秀威資訊科技股份有限公司，二〇一四年，六二頁。

點：「在國民黨的眾多內部派系鬥爭中，至少有一種常態的對抗，即知識份子背景的人與買辦階級背景的人之間的爭鬥。……宋子文和孔祥熙是買辦階級的首領，而朱家驊、胡適、傅斯年、蔣廷黻、王世傑、翁文灝、錢端升、吳景超等人則屬於知識份子集團。」[1]這一劃分和本書的主張是十分接近的。即，在蔣介石身邊存在著這兩個文官幕僚集團相互爭寵的現象，而他們各自尋找在軍方的代理人和合夥人。比如傅斯年和陳誠的關係，就是長期的合作中建立起來的文官幕僚和軍事幕僚的聯合的典型代表。這也是傅斯年能夠成功趕走孔祥熙和宋子文的根本原因。而孔祥熙和宋子文集團缺乏的正是和軍事幕僚集團的結合和互動。

1 王汎森《傅斯年：中國近代歷史與政治中的個體生命》，三聯書店，二〇一七年，二三二—二三三頁。

第十章
歷史誤會：傅斯年出訪延安

一九四四年九月十五日，國民參政會第三屆三次大會主席團提議：「請大會決議組織延安視察團，赴延安視察，並於返渝後，向政府提出關於加強全國統一團結之建議；茲推薦冷參政員遹、胡參政員霖、王參政員雲五、傅參政員斯年、陶參政員孟和為該視察團團員。」這一提議得到了到場出席會議的三分之二成員的投票通過。

一九四五年六月二日，黃炎培、章伯鈞、傅斯年、左舜生、褚輔成、冷遹六人聯合致電毛澤東，提出訪問延安。該電報全文如下：

延安毛澤東、周恩來先生惠鑒：

團結問題之政治解決，久為國人所渴望。自商談停頓，參政會同仁深為焦慮。月前，經輔成等一度集商，一致希望繼續商談。先請王若飛先生電聞，計達左右。現同人鑒於國際國內一般情形，惟有從速完成團結，俾抗戰勝利早臨，即建國新奠實基。於此敬掬公意，佇候明教。

兩個星期後的六月十八日，毛澤東回電表示歡迎。電文如下：

諸先生團結為懷，甚為欽佩。由於國民黨當局拒絕黨派會議、聯合政府及任何初步之民主改革，並以定期召開一黨包辦之國民大會製造分裂、準備內戰相威脅；業已造成並將進一步造成絕大的民族危機，言之實深痛惜。倘因人民團結，諸公熱心呼籲，促使當局醒悟，放棄一黨專政，召開黨派會議，商組聯合政府，並且即實行最迫切的民主改革，則敝黨無不樂於商談。諸公惠臨延安賜教，不勝歡迎之至，何日啟程，乞先電示。掃榻以待，不盡欲言。

事實上，蔣介石一直積極促成此事。（順便說一下，毛澤東一直就是民國政府的歷屆參政員之一。因此根本不存在所謂的毛澤東發佈了《論聯合政府》才引來了傅斯年等人的訪問延安之說！類似這樣的說法基本全部來自大陸學者的論著中，可見他們甚至完全不知道足見聯合政府一直是蔣介石的政治主張，並且毛澤東一直也是國民政府的參政員。）

七月一日，上述七人乘美國軍機編號為「第三四九〇二八號」專機到達延安。為此，戴笠特別密電蔣介石詳細彙報此事：「本日上午九時二十八分在九龍坡機場起飛離渝，乘客有參政員黃炎培、左舜生、褚輔成、傅斯年、章伯鈞、冷遹及第十八集團軍駐渝辦事處職員童小鵬秘書，沈其震醫生、王若飛暨黃炎培之勤務兵李代乾等共十人。」[1]其中，美軍駕駛員為戴維遜（Davidson）上校，同行機組美軍機械師二人。

七月五日，訪問團成員離開延安回到重慶。毛澤東、朱德、周恩來等中共領導人親自到延安機場迎接。

七月二日下午，毛澤東、朱德、劉少奇、周恩來、王若飛在延安楊家嶺會見六位民主人士，共商國共合作事宜。晚

1 見臺灣國史館檔案，編號為002-020400-00003-049。

毛澤東和傅斯年握手留影

傅斯年等六人在延安機場和毛澤東等人合影

上六時，毛澤東、周恩來、朱德等人設宴招待來訪的六位參政員。賀龍、劉伯承、彭真、高崗、聶榮臻、陳雲等出席。毛澤東、周恩來分別作了歡迎辭和祝酒辭。

根據《中共歡迎褚、黃等晚會之情形》[1]一文的詳細記載：

> 延安奸偽廣播稱：
>
> 中共中央於二日下午六時，設宴歡迎甫從重慶飛抵延安的褚輔成、黃炎培、冷遹、傅斯年、左舜生、章伯鈞等六先生，宴請並舉行盛大歡迎晚會，當毛主席朱總司令周恩來同志等攜六位先生進場時，熱烈歡迎的掌聲震動全場，李富春宣佈開會後，即由周恩來同志致歡迎辭，首稱「我代表中共中央歡迎六位在大後方為抗戰民主團結奮鬥多年的我們的老朋友，他們奮鬥的業績我們大家都是知道，因此不僅中共中央的同志，就是全延安的人民，全解放區的人民、共產黨員、和其他團體，對六位先生能有衝破種種困難飛達延安表示親切的歡迎。」恩來同志繼述及「自從抗戰以來我們黨堅持抗戰民主團結的方針，和敵後解放區全體軍民八年來始終如一的和敵寇搏鬥，曾經得到各位先生的鼓勵和贊助，去年國參會上林伯渠同志代表我黨提出成立聯合政府的方針後也深得贊助，特別是民主同盟諸先生，他們贊同召開黨派會議成立聯合政府打倒日本侵略者」。恩來同志最後稱，「中國抗戰民主的事業，應該是中國人民自己起來解決的，我們相信六位先生求抗戰勝利謀全國民主團結的精神是和我們一致的，中共中央的願望——也就是全解放區人民的願望，是樹立一個獨立自由民主統一與富強的新中國，我們希望六位先生把這個願望帶回給大後方各階層的人民去」。

---

1 見臺灣國史館檔案，編號為002-080200-00301-063。

恩來同志致辭畢，黃炎培先生登臺講話，黃先生面帶笑容，精神愉快、言詞宏亮，無旅途勞動之色，他首先談及此次來延的主要目的，黃先生稱之為「正目的，為促成全國團結」，他說「這不是少數人的目的，而是全中國同胞的目的」。黃先生續稱，「時至今日，環顧全球，一種新的趨勢正在日益增長，世界上每個角落，每個國家都由分而合走向團結，就是國與國之間，也形成了大聯合，因此發生了五十國參加的三藩市會議。這是今後世界的潮流，是不可抗拒的力量。哪一國家順著這個潮流就有生命，反之將會失去生命。事到如今，不允許中國不團結，而我們來延安就是想促成這個團結」。其次第二個目的，黃先生稱之為「副目的，是想來看看延安，以實現多年的願望」。

黃先生在延安的一天半中，曾到市上散步，看見了延安的老百姓和商鋪，會見了許多新舊朋友，有幾點感想：「第一看不到一塊荒廢了的土地，第二看不到一個遊手好閒的人民。其次，中共中央和政府領袖生活很刻苦，而老百姓的新建築增多生活很好」。黃先生提到最近毛主席的《論聯合政府》報告，說「這報告所提出的綱領，表示共產黨實幹而不是說空話的」。至此黃先生從上述的幾點感想中得出一個結論，共產黨是進步的、踏實的他並以「心心相照」的語句來敘說他對解放區軍民的親切之感。最後，他說「有一個延安的老朋友告訴我一句話說：『這邊區的政府對於每一個老百姓的生活和生命都是負責』。這句話很使我感動，因為政治上的事，只是做到這一點就成力量」。

左先生繼黃先生被邀講話。首稱「在延安的一天半，超過了我未來以前的種種理想」。繼即簡述了「民主同盟的成立經過，及對目前中國局勢的各種主張」。左先生最後談及「中國需要團結，但只有實行民主才能保障團結，也必須團結才能保障民主。在走向民主團結的大道上，雖然還會碰到曲折迂回，但我們的目標很准，同心同德一齊向前，我們相信一定能夠達到這個目的」。

黃、左亮先生的講話，博得到會者的熱烈共鳴，時被雷動的掌聲所中斷，講話畢在「解放區打勝仗大後方民主運動正高潮」歡迎歌聲中晚會啟幕，至十二時賓主始盡歡而散。

注：已抄送何總長。

傅斯年和毛澤東，據說他們在北京大學時代就相互認識。有的人堅信：「傅斯年與毛澤東是二十餘年以前的北大舊識。五四時期，毛澤東曾在北大任圖書管理員，傅斯年是大名鼎鼎的學生領袖，十分受人注目，他經常出入於圖書館，所以毛澤東認識了他。」[1]有的文章甚至繪聲繪色地說傅斯年曾經打了毛澤東一耳光……等等。須知：傅斯年雖然出身山東，有著人高馬大的山東大漢基本特徵，但是在五四運動期間，居然是身材瘦小的許德珩當眾打了傅斯年一耳光，而傅斯年只是憤怒離開，並未當眾回擊拳腳。因此，所謂傅斯年曾經打了毛澤東一耳光之說，顯然是不靠譜的。至於他們是否相互認識？當時的圖書館工作人員的毛澤東和北京大學學生傅斯年之間的認識，只是最為簡單的圖書借閱期間的來往而已。

斯諾的《西行漫記》[2]一書裡有段文字涉及到了毛澤東談及在北京大學的日常生活細節：「在那些來閱覽的人當中，我認出了一些有名的新文化運動頭面人物的名字，如傅斯年、羅家倫等等，我對他們極有興趣。」這些記載和回憶只是在闡述他認識對方，而無法驗證對方也認識他。

——根本不存在任何私人友情和私下來往。

毛澤東單獨約傅斯年暢談。他們從時局談到歷史，古今中外，明清小說，無所不論，談了整整

1 《傅斯年評傳》，中國社會科學出版社，二〇一四年。

2 《西行漫記》，董樂山譯，三聯書店，一九七九年，一二七頁。

一個晚上。毛澤東稱讚傅斯年在五四運動中的重大貢獻，傅斯年則回答說：「我們不過是陳勝、吳廣，你們才是劉邦、項羽。」毛澤東只是報之以微笑。當他們談到明清小說，傅斯年發現毛澤東對坊間的各種小說都瞭若指掌，立刻認為毛澤東是從這些材料裡研究民眾心理，所以心底認為他不過宋江一流。[1]

會談結束時，傅斯年向毛澤東索要墨寶一幅，以志留念，毛澤東慨然應允。

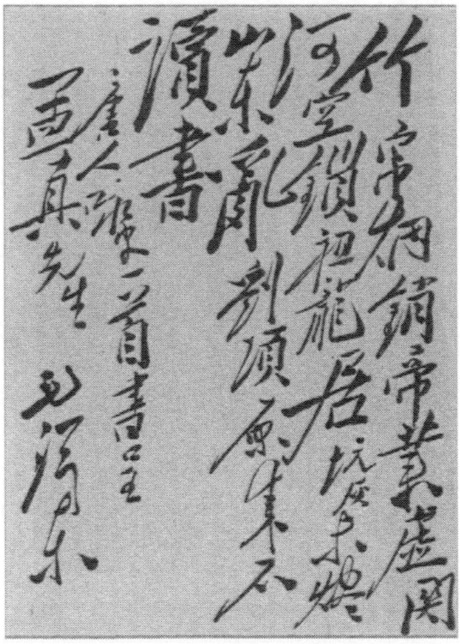

毛澤東手書贈送傅斯年

傅斯年在延安訪問時，毛澤東陪同他在延安四處參觀。當他看到會議室禮堂裡密密麻麻地掛滿了各地送來的錦旗，不無諷刺地說：「堂哉，皇哉。」毛澤東聽後默不出聲。

在延安期間，傅斯年還和周恩來等人進行了交談。

七月五日晨，交際處王世英轉呈傅斯年毛澤東的墨寶和親筆信。墨寶是：「竹帛煙銷帝業虛，關河空鎖祖龍居。坑灰未燼山東亂，劉、項原來不讀書。唐人詠史詩一首書呈孟真先生」。這首是唐人章碣《焚書坑》。焚書坑，即秦始皇焚燒詩書之地，其故址在今陝西省臨潼縣東南的驪山上。竹帛代指書籍。煙銷，指把書籍燒光。帝業指皇帝的事業。這裡指秦始皇統治天下。虛，空虛。關河代指險固的地理形勢。關，即函谷關。河，即黃河。空鎖，白白地扼守著。祖龍居，指秦始皇的故居，即咸陽。祖龍代指秦始皇。山東，指崤函之東。劉、項指劉邦和項羽，秦末兩支主要農民起

1 《懷念傅斯年》，秀威資訊科技股份有限公司，二〇一四年，六一頁。

義軍的領袖。不讀書，劉邦年青時是市井無賴，項羽年青時習武，兩人都沒讀多少書。在這裡，毛澤東以「劉、項原來不讀書」來暗指他自己和蔣介石都不是讀書人，遠沒有傅斯年讀書多。因此，毛澤東特意書寫此詩，顯然時經過精心挑選的。非常適合蔣毛傅三人、國共兩黨，真是天作之合、天衣無縫！足見毛澤東古代文學修養的精湛。

親筆信內容是：「孟真先生：遵囑寫了數字，不像樣子，聊作紀念。今日間陳勝吳廣之說，未免過謙，故述唐人語以廣之。敬頌，旅安！毛澤東上。七月五日」。七月五日下午，傅斯年一行回到重慶。兩天後，國民參政會召開第四屆第一次會議時，他們面見蔣介石，彙報了延安訪問的結果，並將《延安會談記要》全文交給了國民政府。

對於同行的民盟成員黃炎培、章伯鈞等人，傅斯年毫不留情地提出了嚴厲的批評。尤其是黃炎培把毛澤東送的土織毛毯，視為皇帝欽賜的陀羅經被一樣。為此，傅斯年看後覺得實在有失文雅和尊嚴，他禁不住當場質問黃炎培：「你們把他當作護身符，想藉此得保首領以歿嗎？」[1]

那麼，我們看看黃炎培得出了什麼樣的感想。

黃炎培說：「我生六十多年，耳聞的不說，所親眼見到的，真所謂『其興也勃焉，其亡也忽焉』，一人，一家，一團體，一地方，乃至一國，不少單位都沒有能跳出這週期率的支配力。大凡初時聚精會神，沒有一事不用心，沒有一人不賣力，也許那時艱難困苦，只有從萬死中覓取一生。既而環境漸漸好轉了，精神也就漸漸放下了。有的因為歷時長久，自然地惰性發作，由少數演為多數，到風氣養成，雖有大力，無法扭轉，並且無法補救。也有為了區域一步步擴大了，它的擴大，有的出

1 《懷念傅斯年》，秀威資訊科技股份有限公司，二〇一四年，六一頁。

於自然發展，有的為功業欲所驅使，強求發展，到幹部人才漸見竭蹶、艱於應付的時候，環境倒越加複雜起來了，控制力不免趨於薄弱了。一部歷史，『政怠宦成』的也有，『人亡政息』的也有，『求榮取辱』的也有。總之沒有能跳出這週期率。中共諸君從過去到現在，我略略瞭解了的，就是希望找出一條新路，跳出這週期率的支配。」[1]

在延安之前，還有一件事震驚了傅斯年。他的一位早年朋友投奔延安後，又再次離開了那裡。離開的原因竟然是這位教授的兒子得了破傷風，而當時正好中共高幹吳玉章的兒子也患了破傷風。缺醫少藥的延安當時只剩一劑治療破傷風的注射針劑。結果吳玉章的兒子及時得到了救治，而他的兒子因沒有治療針劑而病故。於是，他傷心地離開了延安，來到重慶的大學任教。[2]傅斯年得知這件事正是他決定訪問延安之前，這給他留下了社科的印象。可惜，他的留下的印象不是延安缺醫少藥，而是延安人按照級別而分成貴賤九等，並按照等級高低享受相應的待遇。傅斯年認為這些決不是他理想中的社會。

---

1 見http://tzb.ustc.edu.cn/2022/0110/c7299a544140/page.htm

2 參見陳翠蓮論文二二一頁。

第十一章
嫉惡如仇：傅斯年代管下的北京大學

早在一九四五年三月初，隨著抗日戰爭勝利在望，傅斯年就已經開始考慮戰後北京大學的復校問題了。當時，鄭天挺就給他提出了北京大學復校的十點工作重點。如下：

三月十日 陰曆正月二十六日 星期六 晴有雲

作書傅孟真，談復校事，大意有十點：一、現時立刻物色人才，預先說定來北大；二、請教育部承認北大、清華、南開之存在，一切權益與他校等；三、設工學院，先設水利、建築孟真原意及紡織三系；四、如不遷都，校址以仍舊為宜，舊校舍亦敷用，但須加一大禮堂及健身房；五、東齋可改洋式建築，為發展地步；六、譯學館可設醫學院；七、設工農學院於城外；八、工學院、醫學院之建築計畫、全部設備以及於人才，可與國外大公司、工廠或醫院接洽，全部搬一整套來，雜牌拼湊於教學、於經濟、於將來發展均不相宜；九、理學院添天文、統計兩系；十、文學院文、語兩系分開，添設考古系。書約千餘言，至夜深乃畢，已二時矣，隨就寢。[1]

上述十點具體的復校工作要點，沒有一點涉及到對漢奸教授和學生的處理。可見傅斯年的政治考慮遠在鄭天挺之上。而當年三月十九日傅斯年回函的答覆卻是：「得孟真函，附騮先先生覆書，謂『戰後北大之恢復，首先應在北平覓取占地兩千畝以上之校址，否則不足發展，馬神廟舊址太小，更難開展，鄙意將來必須及早添設農、醫、工三學院，此三院負責人及主要教授人選亦宜早為

1 《鄭天挺西南聯大日記》一九四五年三月十日，中華書局，二〇一八年。

注意』」。[1]即，傅斯年以朱家驊的答覆作為核心，回應了鄭天挺的十點建議。其核心就是發展校舍和增設農、醫、工三學院而已。依然沒有談到懲治漢奸教授和學生的問題。這一點已經是傅斯年眼中不需要再做任何討論的工作重點了。

一九四五年十一月，傅斯年到達舊北平，出任北京大學代理校長。

關於他的任職，朱家驊回憶說：「抗戰勝利，各校復員，北京大學地位重要。我和他商量，想請胡適之先生擔任校長，他也竭力的主張。不過胡先生不能立即回國，結果，又把代理校長推在他的身上。他當時雖表示不願，但北大是他的母校，而胡先生又是他的恩師，我以大義相勸，他不得不勉強答應。」[2]

他到任後，首先開展的就是清理漢奸教授。他自己提出的口號就是：「我不管辦漢奸的事，我的職務是叫我想盡一切的辦法讓北大保持一個乾乾淨淨的身子！」又說：「偽北大之教職員均係偽組織之公職人員，應在附逆之列，將來不可擔任教職。」這個政策立刻傳遍全國和北京大學。讓那些漢奸教授們惶惶不可終日。於是，當時漢奸學者們打出的口號是：「此處不留爺，另有留爺處，處處不留爺，還有老八路」，做出了一副隨時準備投靠延安的架勢。

根據一九四五年十二月二日《世界日報》報導原文如下：

【本報重慶十一月三十日專電】

---

1 《鄭天挺西南聯大日記》一九四五年三月十九日，中華書局，二〇一八年。

2 朱家驊《憶亡友傅孟眞先生》，《中央日報》一九五〇年十二月三十一日文藝版。

北大代理校長傅斯年，已由昆明返渝，準備赴平，頃對記者談：「偽北大之教職員均系偽組織之公職人員，應在附逆之列，將來不可擔任教職。至於偽北大之學生，應以其學業為重，已開始補習，俟補習期滿，教育部發給證書後，可以轉入北京大學各生系科相當年級，學校將予以收容。」傅行期未定，校長胡適，傳明春可返國。

一九四五年十二月六日北平《世界日報》報導了這一事件，原文如下：

傅斯年，在重慶談話，謂偽大學教職員將一律解聘消息傳出後，本市各臨時大學補習班教職員，頗感衝動，並聞第六補習班（醫學院）教職員，曾有拒絕接受臨大聘書情形。記者昨訪補習班當局，對此問題得到解釋如下：北大代理校長傅斯年氏之談話，只代表個人意見，並非國家規定。後方對淪陷區教職員，不免歧視及誤解。然自教育部派員前來後，深知收復區之教職員，甘心附逆者，實占極少數。大部均為國家命脈而忍辱負重，度此難苦而神聖之教育生涯。因此一切誤解，自易冰釋。至於甘心附逆者，自然有其事實及證據，並經法院判決，方可決定。教育當局絕不會盲目株連，凡未甘心附逆者，自可繼續聘請。至於教員甄審之施行，其理由為事變後大學教員，多有自中學升格或濫竽充數者，故必然施行監審，甄審時間及各國立大學教職員之聘定，尚須待明年補習班結束後，聽候教育部之規定施行。

北平臨時大學補習各分班，原任教授以下教職員，四日晨十時，在北大開聯席會討論決定成「北平臨時大學補習班教職員聯合會」以聯絡感情，努力文教建國工作為宗旨，請徐光達教授草擬組織大綱，並定今晨九時，由北大六院及藝專各派代表二人，師大三人，往謁行營主任李宗仁，請求對於教職員加以保障，並請將所加汙名，予以取消。

十二月八日北平《世界日報》駐重慶特約記者《不用偽北大人員要替青年找第一流教授這位血壓過高的代理校長他說打死他也要明辨忠奸》：

北大代理校長傅斯年先生，對偽北大教職員，好像抱有一種義憤塡膺不共戴天的忿怒。除在上月三十日，我已將他賭咒發誓不肯錄用偽北大教職員的談話，專電報告外，今天，我於前兩日參加教育部朱部長的記者招待會之後，我一早冒著迷蒙的細雨，再去訪問他。對這位患著血壓過高而有愛國狂熱的傅先生，我想更詳盡地聽聽他的意見。

在傅先生的寓所裡，他開門見山地，向我提出四點重要聲明：（一）專科以上學校必須要在禮義廉恥四字上，做一個不折不扣的榜樣，給學生們，下一代的青年們看看！北大原先是請全體教員內遷的，事實上除開周作人等一二人之外，沒有內遷的少數教員也轉入輔仁、燕京任教，偽北大創辦人錢稻孫則原來就不是北大的教授，所以現在偽北大的教授與北大根本毫無關係。（二）朱部長向我說過，偽北大教員絕無全體由補習班聘請任教之事，而係按照陸軍總部徵調偽敵人員服務辦法徵調其中一部服務，不發聘書，與北大亦無關係。（三）北大有絕對自由，不聘請任何偽校偽組織之人任教。（四）在大的觀點上說，本校前任校長蔣夢麟先生，如明春返國的胡適校長，北大教授團體及渝昆兩地同學會和我的意見是完全一致的，無論現在將來，北大都不容偽校偽組織的人插足其間。

手不停揮地記到這裡，我才鬆出一口氣來，請教傅先生對於「偽」的解釋。

傅先生噴吐了兩口土製雪茄，這才肯定地說：「人才缺乏是事實，從別的方面考慮徵用未嘗不可，但學校是陶冶培植後一代青年的地方，必須要能首先正是非、辨忠奸，否則下一代的青年不知所取，今天負教育責任的人，豈不都成了國家的罪人？聽說燕京大學對於原校教授參加偽北大者一律解聘，個人非常佩服，假如我們北大尚且不能做到這一步，那就沒有臉見燕京的朋友了。」

提到青年，傅先生慨然地說：「青年何辜，現在二十歲的大學生，抗戰爆發時還不過是十二歲的孩子，我是主張善為待之，予以就學便利。其實在校學生當以求學問第一，教授的好壞與學生有直接關係。據我所知，偽北大文理法三院教授的標準，就學問說，也不及現在北大教授的十分之一，很快地北大明夏就要遷返北平了，以北大資格之老，加上胡適校長的名望，一定能夠聘到許多第一流的教授，所以偽校教員不用，對學生是絕對有利的，這一點朱部長也再三表示支持，相信北平的青年學生也不會輕易受人欺騙。」

接著，談到北平的文化漢奸，傅先生幽默地說他們的「等類不同」，有一種是消極而不能自拔的，如同周作人，原來享有聲望，如今甘心附逆，自不可恕。別一類是錢稻孫輩，那才是真正積極性的漢奸，在北平淪陷之前，錢稻孫就做了許多令人懷疑的事，當時有人問他中國會不會亡國，他答以「亡國，是萬幸」。問的人很驚詫，再問如何才是不幸，他竟說「不幸的是還要滅種！」而且那時候北大教授準備內遷時他曾多方企圖阻撓，也是盡人皆知的事。那末，拿這些文化漢奸該怎麼辦呢？傅先生哈哈一笑，用爽朗的山東口音向我說：「我不管辦漢奸的事，我的職務是叫我想盡一切的辦法讓北大保持一個乾乾淨淨的身子！」「正是非，辨忠奸。」是傅先生一貫的主張，臨出大門他還補說一句：「這個話就是打死我，也要說的！」

於是，偽北京大學的教授們聯合發起抵制傅斯年的運動。

一九四五年十一月十七日，他們以著名古文字學家和考古學家容庚、著名翻譯家和文學家周作人為代表的漢奸教授們公開發表了致傅斯年的公開信說：

孟真足下：

蘆溝橋事變，正當庚南歸過漢之時。在粵逗留四月，北平已陷，南京岌岌。庚以燕大職責，乃復北歸，黽勉四年，成重訂《金文編》、《商周彝器通考》數書。教育部長授以二等獎狀，中央研究院史語所繼續聘為通信研究員，不虞之譽誠非所堪，差幸不見棄於國。太平洋事變，燕大教務長司徒雷登先生握手告餘日：「吾輩希望之日至矣。」庚亦自念吾國百年積弱，庶幾奮發為雄乎，燕大復校於成都，同人多西去，八妹媛亦從之而西。而庚獨眷戀於北平者，亦自有故：日寇必敗，無勞跋涉，一也。喜整理而絀玄想，舍書本不能寫作，二也。二十年來搜集之書籍彝器，世所稀有，未忍捨棄，三也。「不曰堅乎，磨而不磷；不曰白乎，涅而不緇。」素性倔強，將以一試余之堅白，四也。淪陷區之人民，勢不能盡室以內遷；政府軍隊，倉皇撤退，亦未與人民內遷之機會。荼毒蹂躪，被日寇之害為獨深；大旱雲霓，望政府之來為獨切。我有子女，待教於人；人有子女，亦待教於我。則出而任教，余之責也。策日寇之必敗，鼓勵學生以最後勝利終屬於我者，亦余之責也。以施教於燕大者施教於北大，於其暇日，復成《卜辭研究》、《倪瓚畫之著錄及其偽作》數種。三十二年，日寇欲沿平漢線作文化史跡調查，自定縣起至開封，

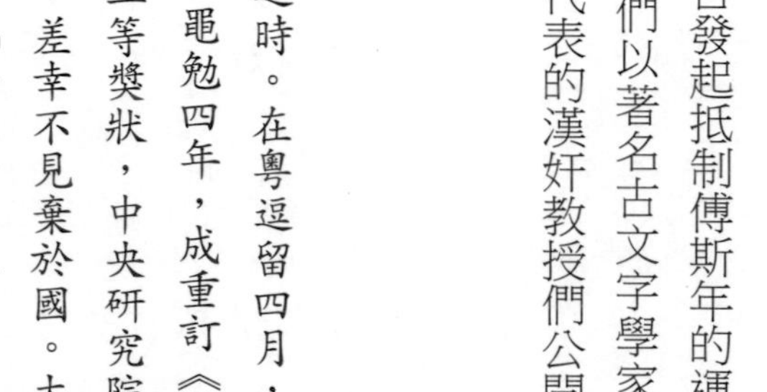

傅斯年手書扇面

以梅原末治為團長，行程十月一日至三十一日。庚以一紙書尼之，事遂中止。忍死俟時，自謂於國無負。日本投降，司徒先生被釋，庚往慰問，握手言歡，復述先生之語曰：「吾輩希望之日至矣」，亦足見歡欣鼓舞之心情。俄而教育部擬定收復區中等以上學校學生甄審辦法公佈，「收復區敵偽專科以上學校肄業生，須經登記甄審合格後始得予以分發」。信如斯言，則教部根本不承認敵偽專科以上學校之存在。同人聞之，咸驚愕失色。北平偽北大、師大、藝專三校之五千同學，在未甄審合格分發以前，將安所歸？未嘗不深感政府諸公對於淪陷區教育之隔膜而舉措之失當也。當北大等校之遷於西南而偽政府之重立三校也，課程依舊，儘先聘任留平之舊教職員。除增日籍教授每院數人，及增加日文每週數小時外，實無若何之變更。不知所謂奴化教育者，將何所指？日寇之所望於學校者，欲使學生時間一半讀書，一半為之工作，則教職員生活所需，皆可配給，遭同人一致之拒絕。吾輩多專心教書，而兼政府職務者甚少。劇秦美新之文固優為之，然而藉以媚日取榮者亦甚少。日寇之不得逞志於教育界，自淪陷以迄於今。教育之苦，至近兩年而極。教授最高之月俸，曾不足以購百斤之米，或一頓之煤。故破衣惡食變賣書籍傢俱以為生者比比皆是。兼任講師，受苦尤甚，至有步行往返四小時於道路而授課二小時者，其所得遠不如賣煙拉車之輩為優。堅苦卓絕，極人世悲慘之境，果何為乎？固知吾國之不亡，教育之不當停頓，故忍受而無悔也。漢奸乎？漢忠乎？事實具在，非巧言所能蒙蔽者，固願受政府之檢舉裁判而無所逃避。在日寇則視吾輩為反動，在政府則視吾輩為漢奸，笑啼皆非，所謂真理，固如是乎？天乎，尚何言哉！

公之被命代理校長，全校方翹首跂足，望公之來，如望歲焉，於今兩月矣，誠不測公所以姍姍來遲之故。意者以漢奸走狗，不堪下刀，欲其澌滅於無形乎？公嘗自負為喑嗚叱吒、千人皆廢之西楚霸王，庚辱知交十餘年，未嘗不冀公能變化氣質，為「豁達大度，善於將將」之漢高祖，故敢為公借箸籌之。北平警官學校，未聞以偽逆見斥，而施之於三校者，無他，飯碗問題耳。接收誠易事，政府當不吝此數月之經費。明年合流，在昆明之北大遷回北平，則教員之聘任，尚志尚功，有難言者。即以古文字古器物之學而言，在真校則有唐蘭，在偽校則有庚。以言尚志，庚自不比相從患難之唐蘭。以言尚功，則經驗之富，著述之勇，苟有量才之玉尺，正不知孰為短長。一校既不能相容而並包，何去何取，殊難斟酌。余謂此無慮之見也。國家需才正般，吾輩無所能人，乃宜以偽廢。有所能人，雖偽當廢於本校，不當廢於他校，寧與人爭雞蟲得失者？即遭禁錮，庚獨不能為買賣破銅爛鐵之杭大宗耶？真校教員，儘先錄用可也，何害。至於學生，如欲甄審，在校舉行，不必解散，使之坐廢時日。三民主義、英文等科目，此學生所願學而不可得者，寧有異言？公如以為可者，請即日來平接收，安堵如故，全校孰不謳歌公之盛德？昔蔡邕以附董卓被收付廷尉。馬日磾馳往謂王允曰：「伯喈曠世逸才，忠孝素著，而所坐無名，誅之無乃失人望。」允曰：「昔武帝不殺司馬遷，使作謗書流於後世。方今國祚中衰，神器不固，不可令佞臣執筆，使吾黨蒙其訕議。」邕遂死獄中。今之清議，得無類是？吾輩遭遇，有似伯喈，政府竄逐，無所怨尤。然三千學生亦國之俊秀，棄之可惜。一旦解散，悔欲止而不及矣。天下洶洶不安，是非難定，公等所以為偽為逆者，安知不復有偽公逆公者乎？公等正宜為政府宣佈德意，與民更始，毋逞一時之偏見，而慮不先圖也。書不盡意，惟為國自重，不宣。

容庚白 三十四，十一，十七[1]

1 引見《傅斯年文集》第三卷，湖南教育出版社，二〇〇三年，三〇七—三一〇頁。

最後，容庚自我辯解說：「固知吾國之不亡，教育之不當停頓，故忍受而無悔也。漢奸乎，漢忠乎，事實俱存，非及言所能蒙蔽者。」

容庚甚至還專門去重慶面見傅斯年，反復陳情遊說。

傅斯年則一怒而起，開口痛斥，並讓人將容氏拉出辦公室。當時重慶的《新民報》登載此事，標題曰《傅孟真拍案大罵文化漢奸，聲震屋瓦》。逼得容庚只好南下轉聘於嶺南大學。加之於傅斯年和陳寅恪的姻親關係，直接導致了一九四九年以後容庚和陳寅恪的長期失和這樣一個事實。

一九四六年三月二十二日，傅斯年從上海飛抵舊北平，開始了他代理北京大學校長的具體工作。

一九四六年四月五日，傅斯年致函湯用彤說：「騮先將離教部，來者對此事必更妥協無疑也。共產黨一面責備政府偏袒漢奸，一面責備政府甄審偽教員，故教育部讓步，『社會』上不會制裁。……北大以偽教授主體，尚堪問乎？此乃必然之演變，決非弟想入非之談也……所以北大之存亡繫於今夏之搬與不搬。清華、南開皆無此困難，可以自由選擇，我們無此自由的。」[1]

關於這個清理漢奸教授的運動，鄧廣銘回憶說：「由周作人、容庚領頭糾集了一些人，也寫了一些公開信，對傅先生的不用從偽人員的主張大肆攻擊。他們還把這一公開信專函抄寄傅先生，署名的卻沒有容庚以下諸人，只是周作人一個人。我當時也正從北碚到重慶看望傅先生，傅先生立即把此信轉與我看，並要我代他寫一回信給周。我看了周的來件後，覺得非常奇怪：他對自己置身漢奸群醜之間達八年之久，在信中並無絲毫懺悔和自怨自艾的表示，而竟然理直氣壯地對傅先生無理

1 傅斯年檔案（未刊），檔案號No73-13.doc。

取鬧，甚至向傅先生發狂言說，你今日以我為偽，安知今後不有人以你為偽等等，實在是無恥之尤。傅先生當即痛斥他說，今後即使真有以我為『偽』的，那也是屬於國內黨派鬥爭的問題，卻決不會說我作漢奸；而你周作人之為大漢奸，卻是已經刻在恥辱柱上，永世無法改變了。對於寫回信給周作人一事，我卻表示無力承擔，因為不在淪陷區，對周作人做漢奸期內背叛國家民族的具體罪行，我都不甚瞭然，無法加以揭露和聲討。」[1]當時，胡適念於舊情，還想給周作人的漢奸行為辯解並尋求保護。結果傅斯年立刻致函胡適，給與勸阻。他向傅斯年表達了他的主張：「有一件事，我想提醒一句：我一到南京，記者紛紛來，多數問我北大復文首都高等法院為周作人事。我即照我意思答他們，一是法院來問，不是北大去信；二，北大只說事實；三，此事與周作人無利與不利之說，因北大並未託他下水後再照料北大產業。中央社所登，大致不差，想見北平報矣。」[2]並且提醒胡適，一些小報正在炒作他所說的「我與周仍舊是朋友」這句話。

鮑鑒清等人是日偽時著名的文化漢奸，日本投降後被國民黨政府逮捕，但河北高等法院卻判決鮑無罪釋放。七月十七日，傅斯年親自寫信給國民黨政府司法部長謝冠生，要求對鮑鑒清等人依法懲治，以正國紀，打擊奸偽氣焰。信中說：

冠生先生部長左右：

關於北平漢奸懲治事件，有三件事不獲已上陳，敬乞臺察。

1 鄧廣銘《懷念我的恩師傅斯年先生》，《臺大歷史學報》第二十期，一五頁。

2 《傅斯年遺劄》第三卷，歷史語言研究所，二〇一一年，一七一五頁。

一、報載偽北京大學校長鮑鑒清在河北高院判決無罪，至堪駭異。查鮑逆神通廣大，早經保釋，今覆判決無罪，實留學術界莫大之隱患。該逆在偽職任內，勾結日寇，在偽校遍佈日本顧問及特務，以實行奴化政策，何得無罪？何得無罪？北平情形特殊，漢奸勢力不小。此案仍待最高法院複判，擬請大部依據成例，提來首都復審，以正事非，而申國紀。否則，「無罪」之例一開，後患不堪設想矣。除呈最高法院外，謹此奉陳。

二、巨奸王蔭泰正在蘇高審判，該逆逢迎日寇意旨，擠走其前任而代之，變本加厲，即以獻物資為約。在其任內，剝削華北民食，使人吃「混合面」。更大搜五金，故宮銅缸、歷史博物館古炮，皆被搜羅，獻出凡數百萬斤。故王逆揖唐、王逆克敏之罪惡，尚不足以比之。擬請大部特予注意，盡法懲治，以仲華北人民之憤。

三、文化漢奸錢逆稻孫，在北平有特殊勢力，似可一併調京審訊。

以上各事，關係國法人紀，故敢負責上陳。

敬乞採納，至荷！

傅斯年[1]

然後，同一天傅斯午又致函最高法院說：

為陳訴事。報載偽北京大學校長鮑鑑清判決無罪，至堪詫異。查鮑逆神通廣大，早經保釋，今

---

1 《傅斯年遺劄》第三卷，歷史語言研究所，二〇一一年，一六九六頁。

覆判決無罪。實留學術界莫大之隱患。該逆在偽職任內勾結日寇，在偽校遍佈日本顧問及特務，以實行奴化政策，何得無罪？北平情形特殊，漢奸勢力不小，此案仍待最高法院覆判，擬請貴院依例提來首都覆判，以正是非，而申國紀。臨呈，迫切之至。謹致

最高法院

北京大學代理校長 三十五年七月十七日[1]

當年八月十八日，傅斯年更撰寫了長信並提供相關證據向最高法院提起上訴。[2]

在清理漢奸教授之時，傅斯年又開始了建設北京大學學科的舉措。

他將北京大學建成擁有文、法、理、醫、工、農六個學院和文科研究所的國民政府管轄國立北京大學。並且任命湯用彤、周炳琳、饒毓泰、馬文昭、馬大猷、俞大紱分別擔任各院院長。特別是傅斯年還為北京大學爭取到了新的校舍。根據陳雪屏《北大與臺大的兩段往事》一文中記載：「孟真先生又為北大爭取得很多得校產，如改建以後得相公府、東廠胡同黎元洪得故居、與舊國會大廈

胡適和傅斯年在北京大學留影

1 《傅斯年遺劄》第三卷，歷史語言研究所，二〇一一年，一六九五頁。

2 《傅斯年遺劄》第三卷，歷史語言研究所，二〇一一年，一六九八—一七〇〇頁。

等。」[1]並且，他還引用當時傅斯年對他說過的話加以證實：「關於行政上的業務，我們應先替胡先生辦好，將來不勞他操心，即以校產為言，他斷不願和別人搶東西的。」[2]

在發展北京大學之時，傅斯年是任人唯賢的。

一九四六年五月四日，他的學生鄧廣銘返回北京大學歷史系。鄧廣銘當時已經是復旦大學歷史系教授。但是傅斯年決定以副教授的職位招聘鄧廣銘返回北京大學歷史系。他給出的理由是：「鄧廣銘你們那一屆的同學，外文系畢業的現在還當教師、理科的大多數沒當上副教授，你去當教授不合適。」[3]由此可見，傅斯年的知人善任和左右平衡的行政領導能力。

一九四六年九月六日，傅斯年將北京大學校長一職交給胡適。

一九四六年一月七日，傅斯年致函俞大綵談到當時北京大學說：「北京大學可以說兩頭著火，昆明情形已如上述，究竟如何自聯大脫離，大費事，正想中。而北平方面，又弄的很糟，大批偽教職工進來。這是暑假後北大開辦的大障礙，但我決心掃蕩之，決不為北大留此劣跡。實在說這樣的局面之下，胡先生遠不如我，我在這幾個月給他打平天下，他好辦下去。」[4]

1 《懷念傅斯年》，秀威資訊科技股份有限公司，二〇一四年，一二三頁。
2 《懷念傅斯年》，秀威資訊科技股份有限公司，二〇一四年，一二三頁。
3 《傅斯年》，山東人民出版社，一九九一年，六頁。
4 《傅斯年遺劄》第三卷，歷史語言研究所，二〇一一年，一六六五頁。

第十二章
霸氣古今：戰後中研院和傅斯年

一九四六年十月，作為中央研究院評議員，中央研究院在南京舉行第二屆評議會第三次年會，討論戰後學術重建問題。會議的第一項內容就是院士選舉及有關事項。

會後授權評議會秘書、總幹事及寧、滬兩地的評議員，起草院士選舉規程及院士會議規程；修改《中央研究院組織法》。

一九四七年三月十三日，國民政府公佈修正後的《國立中央研究院組織法》，根據該組織法第五至第八條涉及到院士的產生、責任等相關規定如下：

第五條：國立中央研究院置院士若干人，依左列資格之一，就全國學術界成績卓著之人士選舉之。一、對於所專習之學術，有特殊著作發明或貢獻者。二、對於所專習學術之機關，領導或主持在五年以上，成績卓著者。

第六條：國立中央研究院院士，第一次由國立中央研究院評議會選舉之，其名額為八十人至一百人，嗣後每年由院士選舉，其名額至多十五人。

第七條：國立中央研究院院士之選舉，應先經各大學各獨立學院各著有成績之專門學會研究機關或院士或評議員各五人以上之提名，由中央研究院評議會審定為候選人，並公告之。院士選舉規程，由中央研究院評議會定之。

第八條：國立中央研究院院士為終身名譽職。

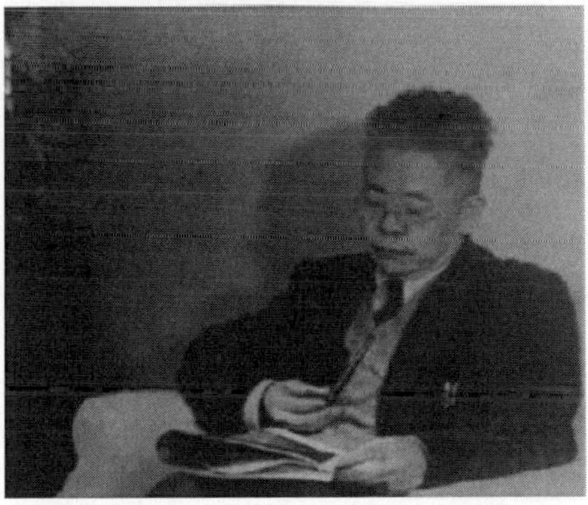

一九四六年傅斯年在中央研究院辦公室內留影

三月十五日，中央研究院代院長朱家驊在南京召集京滬兩地評議員談話會，進一步商討《院士選舉規程》的編寫問題。會議分別聽取了薩本棟和傅斯年提出的兩份《院士選舉規程草案》的內容彙報，經過比較討論，決定以傅斯年提交的草案為基礎進行逐章逐條討論。

胡適參加了此次評議會和對草案的討論修改，在三月十五日、十七日的日記中，胡適記述說：「赴中研院評議會談話會，商討中研院院士選舉法草案，薩本棟與傅孟真各擬了一草案。」[1]又，「中央研究院談話會第二會續商院士選舉法。孟真擬有第二草案，甚好，即用作討論基礎。」[2]

一九四七年五月三十日，傅斯年因為血壓高和糖尿病住進中央醫院。當時國民政府文官長吳鼎昌專門到醫院去探視他，並在當天致函蔣介石作出詳細了彙報。該函中特別說明「因憂傷時事，致血壓過高，舊症復發。」[3]於是，這就有了蔣介石下達命令送傅斯年赴美治病及修養的決定。這才有後來的國民政府報銷傅斯年的赴美治療費用引起陳寅恪的嫉妒和不滿，多次要求傅斯年動用自己的關係也想報銷其赴英治病之費用。陳氏的貪婪和自大、無知由此可見一斑。

六月傅斯年前往美國，攜妻子赴美國治病。至一九四八年八月歸國，前後在美治病、養病達一年之久。期間，傅仁軌免費就讀於美國一私立小學。由於傅氏回國時，傅仁軌還差一年畢業，經俞大綵要求，傅斯年遂將兒子留在美國繼續就讀，請趙元任夫婦代為照顧。

六月二十日，傅斯年致函胡適說：「話說天下大亂，還要選舉院士，去年我就說，這事問題甚

1 《胡適日記全編》第七冊，安徽教育出版社，二〇〇〇年，六四頁。
2 《胡適日記全編》第七冊，安徽教育出版社，二〇〇〇年，六四頁。
3 見臺灣國史館檔案，編號為001-000002-508A。

多，弄不好，可把中央研究院弄垮臺。大家不聽，今天只有竭力辦的公正、像樣、不太集中，以免為禍好了。日前開會商量應該在提名中不忘了的名單（不必即是舉出，此會不能包辦也），盡力想南方人士而不可多得。茲將當日所寫之單送上一看，但請千萬秘密。」[1]傅斯年在信中還特別制定了院士選舉應原則如下：「關於原則各項：（1）寧不足額勿失於濫。此為本院創舉，亦為中國創舉，一百之數，固可不足，即八十之額亦可不足，此點在法律上看，超過是不合法，不足非不合法也。如有可疑儘管缺之，或保留數額以待院士會議或下次會均無不可，濫則後來受人指摘。不足額無傷也。（2）小組名額。（即一組中之細分法）似應規定，然甚不易規定。醫學八人，從候選單論，似嫌太多，九人（單中）選八，實選不出；第三組之文史部門，似應比社會科學部門為多。（3）較年少者，自應選舉，但如僅有一二文登外國雜誌，更到外國等於當學生，遂成院士，亦將使國際學界詫異也。（4）選舉似不應集中於一方或一校（或一二校），此中似須斟酌，好在漏遺之才，明年仍有法選出也。」[2]

一九四七年十月十五日—十七日，中央研究院第二屆評議會第四次年會在南京召開。

在四百零二名院士候選人中篩選出一百五十名最終候選人。歷史語言研究所代理所長夏鼐出席了會議，會議推選陳省身、李書華、莊長恭、夏鼐等二十人組成文字小組，為院士候選人撰寫簡單的評語，夏鼐負責撰寫人文組考古及藝術史候選人的評語。

在院士候選人中，傅斯年對劉文典和潘光旦明確地表達了否定意見說：「候選人中確有應刪除

1 《傅斯年遺劄》第三卷，歷史語言研究所，二〇一一年，一七六二—一七六三頁。

2 《傅斯年遺劄》第三卷，歷史語言研究所，二〇一一年，一七六二頁。

者，如劉文典君。劉君以前之《三餘劄記》差是佳作，然其貢獻絕不能與余、胡、唐、張、楊並舉。凡一學人，論其貢獻，其最後著作最為重要。劉君校《莊子》，甚自負，不意歷史語言研究所之助理研究員王叔岷君曾加檢視（王君亦治此學），發現其無窮錯誤。校勘之學如此，實不可為訓。劉君列入，青年學子當以為異。更有甚者，劉君在昆明，自稱『二雲居士』，謂是雲腿與雲土。彼曾為土司之賓，土司贈以大量煙土，歸來後既吸之又賣之，於是清華及聯大將其解聘，此為當時在昆明人人所知者。斯年既寫於此信上，當然對此說負法律責任。今列入候選人名單，如經選出，豈非笑話。學問如彼，行為如此。故斯年敢提議將其自名單中除去。」[1]又說：「社會學一項，有潘光旦君。潘君自是聰明人，然其治譜牒學之結論，實不能成立。彼以科舉之名，證明蘇州人天資優越，然此說實不足以成之，蓋科舉之業亦有風氣，且可揣摹，主考與入選者每為一調，忽略此歷史事實，仍潘君之說，故潘君之功夫似未可與陳達君同列也。治學不可以報紙文字定其高下，此學在中國既不發達，如求其次，則孫本文君似應列入。此君之書，甚有理解，其功夫非作二三小文之比，故敢提議將其列入候選名單。」[2]

尤其是偽北京大學時期的院士候選人，比如容庚等人，他再次表示了否定的意見說：「首討論參加偽北大者是否除名，以僅容庚一人，故決定不放進。」[3]但是，當他得知還有一位醫學院教授也屬於這一情況時，他則聲明：「此事究應如何決定，斯年不貢獻意見，但須一致，未可厚此薄彼

1 《傅斯年遺劄》第三卷，歷史語言研究所，二〇一一年，一七七五頁。
2 《傅斯年遺劄》第三卷，歷史語言研究所，二〇一一年，一七七七—一七七八頁。
3 《傅斯年遺劄》第三卷，歷史語言研究所，二〇一一年，一七七五頁。

也。此事敢請細細考察。」[1]

十月二十日，夏鼐致函傅斯年，彙報了此次會議的情況。

十一月十五日，中央研究院在《政府公報》及京、滬各大報紙公佈了一百五十名院士候選人名單並開始公示。

一九四八年三月二十五—二十八日，中研院第二屆評議會第五次年會在南京召開，選舉院士。

四月一日，中研院向全國正式公告當選院士名單。傅斯年當選為中央研究院第一屆院士。

中國社會科學院中國歷史研究院古代史研究所研究員孟彥弘《傅斯年與〈傅斯年文集〉》一文介紹：

一九四八年中央研究院院士選舉，他致胡適函，討論候選人提名，集中反映了傅氏以學術為最高原則的品德。他提名張元濟，但注明「古本流傳，泛言，不能專就《百衲》本言，因此書校勘記並未刊行也」。傅反對

一九四八年朱家驊和第一屆中央研究院部分院士合影

1 《傅斯年遺劄》第三卷，歷史語言研究所，二〇一一年，一七七五頁。

提名劉文典、潘光旦：前者，他認為行為不檢點，「如經選出，豈非笑話」；後者，他認為「潘君自是聰明人，然其治譜牒學之結論，實不能成立。彼以科舉之名，證明蘇州人天資優越」，同時又強調「治學不可以報紙文字定其高下」。與此相反，考古，他提名了郭沫若（郭最終當選），並未因郭的政治立場而抹煞其學術貢獻。陳寅恪是著名史學家，是史語所一組的主任，在德國留學時他們是同學，後又有姻親關係；抗戰時期，傅對陳極為關心，有研究者稱「傅氏一生對陳寅恪呵護照顧，無微不至」，但陳受聘廣西大學，中研院擬發陳專任研究員薪水時，傅堅決不予同意，可謂公私分明。[1]

最後成功當選的八十一位院士名單如下：

一、數理組（二十八人）

1.數學（五人）：姜立夫、許寶、陳省身、華羅庚、蘇步青

2.物理學（七人）：吳大猷、吳有訓、李書華、葉企孫、趙忠堯、嚴濟慈、饒毓泰

3.化學（四人）：吳憲、吳學周、莊長恭、曾昭掄

4.地質學（六人）：朱家驊、李四光、翁文灝、黃汲清、楊鍾健、謝家榮

5.氣象學（一人）：竺可楨

6.工程學（五人）：周仁、侯德榜、茅以昇、凌鴻勳、薩本棟

二、生物組（二十五人）

1 《中華讀書報》，二〇二〇年一月一日。

1. 動物學（六人）：王家楫、伍獻文、貝時璋、秉志、陳楨、童第周
2. 植物學（六人）：胡先驌、殷宏章、張景鉞、錢崇澍、戴芳瀾、羅宗洛
3. 醫學（三人）：李宗恩、袁貽瑾、張孝騫
4. 藥理學（一人）：陳克恢
5. 體質人類學（一人）：吳定良
6. 心理學（一人）：汪敬熙
7. 生理學（四人）：林可勝、湯佩松、馮德培、蔡翹
8. 農學（三人）：李先聞、俞大紱、鄧叔群

三、人文組（二十八人）

1. 哲學（三人）：金岳霖、湯用彤、馮友蘭
2. 中國文史學（五人）：吳敬恒、余嘉錫、胡適、張元濟、楊樹達
3. 史學（五人）：柳詒徵、陳垣、陳寅恪、傅斯年、顧頡剛
4. 語言學（二人）：李方桂、趙元任
5. 考古學及藝術史（五人）：李濟、梁思永、郭沫若、董作賓、梁思成
6. 法律學（二人）：王世傑、王寵惠
7. 政治學（三人）：周鯁生、錢端升、蕭公權
8. 經濟學（一人）：馬寅初
9. 社會學（二人）：陳達、陶孟和

院士選舉工作順利結束，也是對傅斯年幾十年投身中國新史學和人文社會科學建設的總結和回報。屈萬里在《敬悼傅孟真先生》一文中總結：「孟真先生在學術界的建樹，成就最大的，是他一手創建的中央研究院歷史語言研究所。只要看他把語言、考古、人類學和歷史合在一起，已決不是民國十七年前後一般學人的識見所能企及的。……自從顧頡剛等豎起懷疑主義的旗幟，天下風起雲湧；但他們只有破壞，沒有建設，史語所替中國文史界開了一條大路，孟真先生本人，則是開路的急先鋒。」[1]李濟更是上升到了開創史語所「使歐洲的漢學家，再也不敢低視中國學人的工作能力」[2]的角度。這些並非過譽之詞。

八月，傅斯年回國抵上海。

十一月，戡亂失利，首都危急。

十一月十三日，老友陳布雷自殺。此事深深刺激了傅斯年，使得他遂有自殺殉國之念。當時，陶希聖去雞鳴寺看望他，發現傅斯年的辦公室裡全是史語所打包的書。傅斯年對他說：「現在沒有話說，準備一死。」[3]陶還發現傅的隨身小藥箱子裡有大量的安眠藥。可見，當時傅斯年已經準備好了要一死以殉國了。

縱觀傅斯年在大陸的全部工作和政治表現，胡適曾如下評價說：「他從歐洲回國以後，在諸先生領導下的中山大學文學院，後來又在中央研究院歷史語言研究所二十多年，也是那些團體中的

1 《懷念傅斯年》，秀威資訊科技股份有限公司，二〇一四年，一〇一頁。
2 《懷念傅斯年》，秀威資訊科技股份有限公司，二〇一四年，一一七頁。
3 《懷念傅斯年》，秀威資訊科技股份有限公司，二〇一四年，一三五頁。

一個力量。在重慶、南京、臺灣等處，又是一個力量。他這樣的人，無論在什麼地方都能發揮其領袖的才幹。他有學問，有辦事能力，有人格，有思想，有膽量；敢說話，敢說老實話，這許多才性使他到處成為有力量的人。」[1]而毛子水則評價說：「我以為孟真的偉大，似不止於能夠知人，能夠洞觀現代學術的流向。他的最偉大的地方，在他的大公至正的存心。從我知道他以來，他所最關心的事情，自然是我們國家裡的學術。特竭盡所能使我們國家的學術得以進展。從他主持中研院的史語所，以至代理北大校長和任臺灣大學校長，凡所設施，決沒有絲毫為私的意思。」[2]當然，胡適和毛子水和他一樣，同屬於蔣介石身邊的留洋歸國知識份子勢力集團中的一員。但是，儘管如此，我們依然可以看出學術界對傅斯年的真正和客觀的評價。

傅斯年夫婦在北平家中留影

十二月，中央研究院歷史語言研究所遷至臺灣。

十二月十五日，南京行政院批准臺灣大學莊長恭校長辭職，同時發表傅斯年校長的人事案。

1 《懷念傅斯年》，秀威資訊科技股份有限公司，二〇一四年，一頁。
2 《懷念傅斯年》，秀威資訊科技股份有限公司，二〇一四年，八三頁。

第十三章

同床異夢：越走越遠的傅斯年和陳寅恪關係

關於陳寅恪和傅斯年的關係，眼下的大陸讀書界和學術界一直很火。甚至居然已經產生了一本名字就叫《陳寅恪與傅斯年》的大書。我仔細拜讀之後，發現雖然該書作者反復修訂，初版到再版再到修訂版、臺灣版，結果依然漏洞百出。

比如一：以作家岳南為首的陳粉們開始解釋陳寅恪和魯迅的關係了：「晚年的陳寅恪對於與魯迅先生曾經是同窗的經歷從不提及，這也是陳寅恪孤高與自尊的證明。」[1]造假居然被解釋成孤高和自尊，因為他根本不知道魯迅從未和陳寅恪是同學！而陳寅恪也從未在弘文學院學習過！

比如二：我們再看看岳南《陳寅恪與傅斯年》是如何解釋的：「一九四三年和一九四四年，當陳寅恪的《唐代政治史述論稿》與《隋唐制度淵源略論稿》相繼在中央研究院史語所專刊第二〇、二二期刊行後，一時洛陽紙貴，整個史學界為之震動。時在重慶的傅斯年閱畢，驚喜之餘，禁不住對同桌吃飯的原清華國學研究院畢業生陳哲三發出了『陳生的學問近三百年來一人而已！』」[2]且不說這裡的所謂「一時洛陽紙貴，整個史學界為之震動」完全不符合事實，就說他將這一評語定位在一九四四年傅斯年和「同桌吃飯」的「清華國學研究院畢業生陳哲三」先生的對話。須知，一九四三年出生的陳哲三先生，怎麼可能不滿一歲時就已經成為可以與傅斯年「同桌吃飯」並且已經「清華國學研究院畢業生」呢?!可見岳南精神錯亂到了何等地步！

比如三：岳南肆意偽造歷史，編造陳寅恪用關西或關東日語痛斥日軍的故事。請看岳南《困居香港，陳寅恪怒斥日軍》一文，他根本不知道陳寅恪並不能說流利和標準的日語，更不要說關西或

1 《陳寅恪與傅斯年》，陝西師範大學出版社，二〇〇八年。又見https://new.qq.com/omn/20181209/20181209A0Z0V7.html
2 《陳寅恪與傅斯年》，陝西師範大學出版社，二〇〇八年。

關東方言的日語！

比如四：最可笑的就是岳南編造謊言聲稱「蔣介石和陳三立私交甚密」！而實際上，在蔣介石保存至今的全部檔案文獻（含日記和書信）中，甚至全部秘書的記錄文獻中，沒有任何證據可以證明蔣介石見過陳三立！

這樣的一本書，我不知道怎麼定位它？說它是民間文學吧，它自己肯定委屈死了，自以為親自調查乃至於赴臺多日查找資料。說它是報告文學，它又處處想證明自己充滿了學術氣息。說它是歷史人物傳記吧，它卻南轅北轍甚至連最基本的史學科研規範和寫作技術都不達標！歷史研究追求的是歷史的真實！不是編造神話和民間文學！

實際上，陳、傅二人在各自的青少年時代，就有著根本的不同。傅斯年是受過正規教育的北京大學本科畢業生，還是親身參與了五四運動的學生領袖。而陳寅恪則只是在天津、上海和日本三地的小學和中學斷斷續續學習而已。

最近十年來，隨著陳寅恪熱在大陸的盛行，一個默默無聞的歷史語言研究所的圖書管理員的名字也火了起來。他就是楊樾亭。大陸學者從臺灣保存在歷史語言研究所的檔案中發現了他和陳寅恪往來書信後，立刻撰寫文章，加以介紹和發表。這些往來信件內容基本都是陳寅恪給楊某下達借閱圖書的工作命令而已。但是，陳寅恪忘記了楊某是該所全體科研人員的圖書管理員，不是陳寅恪個人的書童。因為楊樾亭沒有及時把陳寅恪想要的書送達陳家，招惹陳寅恪大怒，立刻致函傅斯年，要求解雇他。於是，傅斯年滿足了陳寅恪的要求，他立刻致函楊樾亭，並且嚴厲訓斥並解雇了楊樾亭。

——大陸學術界幾乎無人知道楊某的如此下場！

一九三二年十月，馬衡、陳寅恪等人發起了所謂的「北平為文化城」運動，勸說日寇不對舊北平動武。而陳寅恪則更乾脆發出了「投降日本乃上策」的主張。傅斯年的憤怒可想而知，但是他把全部怒火發洩到了馬衡身上，對陳寅恪產生了旁敲側擊的效果。傅斯年致函蔡元培說：「此事初發起時，斯年即表示不贊成。蓋瀋陽設治安會於日軍入城以後，北平的『學者』將欲劃北平為中立區於日軍壓境之先；而為此事圖謀來，偏偏正是平日最反對外國人者，斯年實為中國讀書人慚愧也。」[1]此話已經表明了他對馬衡、陳寅恪等人的批判和不恥。然後，他特別聲明「此事研究所同人絕未與之有任何之關係」[2]，這已經是保護了陳寅恪，又同時杜絕了陳寅恪和馬衡的聯繫，暗示陳寅恪絕不可再次追隨馬衡而妄動。而陳氏本人卻直到一九三七年尚存在著投降日本的想法，可見傅—陳二人的政治價值觀和對日立場是截然不同的。以至於一九三七年七月十四日吳宓不得不記載下陳寅恪的這一投降主義的觀點，足可以想見這樣的觀點對吳宓的心靈震撼！陳寅恪當然應該記得一九三一年九月十一日傅斯年致函給他，轉發了歷史語言研究所給蔡元培的五點建議：「本日會議第四項，請蔡先生向中央建議：一、請政府與人民在同一立場上對付日本；二、請政府懲戒東北當局坐失疆域之罪；三、請政府積極備戰，不可永不抗抵；四、使此問題擴大，成為世界問題；五、遇必要時，請蔡先生勿為同人顧惜而向中央直言。」[3]換句話說，傅斯年這封信，無論作為陳寅恪的領導還是他的親戚，都已經盡到了政治立場的告知義務。

1 《懷念傅斯年》，秀威資訊科技股份有限公司，二〇一四年，一五頁。
2 《懷念傅斯年》，秀威資訊科技股份有限公司，二〇一四年，一五頁。
3 《傅斯年遺劄》第一卷，歷史語言研究所，二〇一一年，三七六頁。

一九三八年三月二十九日，南京偽維新政權成立。陳寅恪的弟弟陳方恪開始拍偽維新政權行政院長梁鴻志的馬屁！搜集、整理、注釋梁鴻志《爰居閣詩》[1]一書。於是，當年十二月一日，陳方恪正式走馬上任成為「偽教育部編審委員」。一九三九年四月十日，漢奸學者陳方恪參與了偽中央大學的籌備工作。

在這個時刻，尚有點良心的陳寅恪，不得不致函陳方恪，勸他脫離南京偽政權。陳寅恪想出的解決辦法是：「擬介紹先生至時在廣西的中央大學或在昆明的西南聯大任教」。[2]但是，傅斯年拒絕了陳寅恪的這一請求。通過這個問題，我們發現傅斯年並未與陳寅恪同流合污。而在陳寅恪眼裡，只要上面有人，不愁沒有辦不成的事。哪怕是當了一年多文化漢奸的人，居然還有資格來國統區的大學繼續當教授！

——這就是他為人稱道的「風骨」和「氣節」！

傅斯年為此事的惱怒可想而知。一九四一年初夏之時，傅斯年曾致函給陳寅恪，要求他最遲暑假之前絕不可再留在那裏：「猶憶去年春，弟入中央醫院之前一日，曾為兄言，暑假後不可再住香港，公私無益，且彼時多方面湊錢，未嘗不可入內地也。」[3]但是，傅斯年的希望落空了。

當日軍進攻香港時，傅斯年擔心陳寅恪一家的安危，除了相互的姻親關係外，更重要乃在於當時的陳寅恪依然有著中央研究院歷史語言研究所研究員的官方身份。特別是當他知道陳寅恪推薦弟

1 梁鴻志《爰居閣詩》，十卷。一九三七年私刊本。
2 《陳方恪年譜》，江西人民出版社，二〇〇七年，一三九頁。
3 《傅斯年遺劄》第三卷，歷史語言研究所，二〇一一年，一三〇三頁。

子去偽香港大學工作之後，也加重了他對陳寅恪政治選擇的擔心。畢竟陳家已經出了一個偽南京政府的大漢奸！因此，傅斯年致函中央研究院總務處王毅侯，要求：「祈電丁巽甫兄，設法助寅恪離港。先墊款，弟負責料理此事，並陳院長。」[1]同時他又致函朱家驊，希望通過黨務系統營救陳寅恪。這就有了國民黨港澳總支部負責人的高廷梓奉命去看望陳寅恪的歷史記載。

當時國民政府擔心的不是他被駐港日軍強拉合作編教科書，而是擔心他被偽北京大學和廣州的日偽政權拉走去當教授。畢竟他的中央研究院研究員的身份，具有濃厚的官方色彩。因此，朱家驊、俞大維等人立刻展開多方的救助行動。朱家驊致電中統局駐澳門辦事處負責人朱學賢轉告陳寅恪：「急，澳門，密，朱學賢兄請即密告並俟取覆電，下電送轉九龍太子道三六九號三樓陳寅恪先生鑒：港（變）以來，無時不以尊況為念，嗣聞備受艱辛，又苦不審最近寓址，無從問訊，懸系曷極，頃莊澤宣兄函知尊寓，甚慰，盼即設法由廣州灣返國，如能設法先至澳門或廣州灣後即可與弟通訊，所需費用若干請電覆，當照匯，覆電即交原送電人帶回代發可也。」[2]

中山大學夏蓉在《香港淪陷後朱家驊組織救助陳寅恪的經過》[3]一文中引用國民黨港澳總支部書記長高廷梓電報說：「騮公鈞鑒：關於中央研究院及中基會留港人員消息，二月廿四日電呈各節續有補充，陳氏截至本月中旬尚未赴廣州，偽方四次派要員勸駕，尚不肯走，同時經濟困迫，致臥病不能起床，情形甚慘。」[4]作為國民黨港澳總支部負責人的高廷梓多次前往陳家看望他，對他這

1 《傅斯年遺劄》第二卷，歷史語言研究所，二〇一一年，一一八八頁。
2 朱家驊檔案（未刊），檔案號C箱4包一〇卷，一五一—一七頁。
3 夏蓉《香港淪陷後朱家驊組織救助陳寅恪的經過》，《中山大學學報》，二〇〇六年第一期。
4 夏蓉〈香港淪陷後朱家驊組織救助陳寅恪的經過〉，《中山大學學報》，二〇〇六年第一期。

個國民黨員和中央研究院的研究員給與關心和照顧，陳氏也向他彙報近況，這是陳寅恪一直沒有脫離國民黨黨籍的一個鐵證！

換句話說，此時的陳寅恪準確的身份是「偽香港大學教授」。

為此，一九四二年一月十一日，傅斯年致函朱家驊，要求動用在港特務組織參與搶救工作。該信說：「本院同人淪在香港一事，未知近有消息否？弟意物理所人員家屬甚多，自巽甫以下皆在，此外有寅恪一家，又評議員中有何淬廉兄及陳煥鏞兄。其中巽甫一所之各人，可謂因公住瓆。弟意，如果有方法派人一探，事屬可行也。設如向特務機關接洽得幹員，操廣東口音，熟於省、港、澳事者，先去廣州灣，再轉澳門，或可到廣卅而入香港，先通一聲息，定一內入之法，其眷屬只好赴滬，或者有所裨益，亦為本院之所應行也。」[1]而後，同年四月二十二日朱家驊親自致電陳寅恪，文中特別點明：「港變以來，無時不以尊況為念，嗣聞倍受艱辛。」朱氏電文中的「港變以來」已經說明當時他對陳氏的身份和現狀是瞭解的。而《陳寅恪先生年譜長編》則主張：「日本人占領香港，寅恪立即辭職閒居」，此說顯然非也，有替尊者諱之嫌。因為如果真的「寅恪立即辭職閒居」的話，則根本不可能得到日本駐軍的糧食配給。此說還是來自陳氏本人的自述「只好空坐家中半年」（《第七次交代底稿》）。其實，現在至少有一個證據可以證明當時的陳寅恪並非一點沒有和偽政權發生合作關係。即：一九四二年四月一日，他曾推薦自己的弟子張向天在偽香港圖書館謀求一職。具體記載可見《陳君葆日記全集》一九四二年四月一日：「陳寅恪先生介紹張向天欲在圖謀一席。」[2]

---

1 《傅斯年遺劄》第三卷，歷史語言研究所，二〇一一年，一一九六頁。

2 《陳君葆日記全集》，香港商務印書館，二〇〇四年。

我相信：那些主張陳寅恪「餓死也不吃日本人的大米」或者「就是不吃敵人的麵粉」之類的「民族氣節」的學者們，肯定不知道這一真實史料和事實的存在，因為他們根本無法解釋這樣的一個具有如此高的「民族氣節」歷史學家怎麼會介紹自己的得意弟子去給日偽政府工作呢?!

獲得營救之後的陳寅恪，自己內心有愧，從此開始躲避傅斯年。二人的關係進入緊張的冷戰時期。陳寅恪沒有忘記給傅斯年一個解釋，因此就有了一九四二年六月十九日那封同時發給四個人的公開信。如下：

騮生、企孫、毅侯、孟真先生同賜鑒：

弟於疾病勞頓九死一生之餘，始於六月十八日攜眷安抵桂林。前奉孟真兄電囑先到桂林，故擬將家先在心理研究所近傍安置，並稍休養，將此兩年所著之《唐代政治史》及《晉書補證》等稿（皆港大演講底稿）謄寫清楚，呈候教正。此二稿當在港危迫時，已將當時寫清之本托人帶與上海浙江興業銀行王兼士，因恐死亡在即故也。後又重讀《新唐書》、《北史》等基本資料一過，增補若干處，幸此次冒險攜出，俟在桂林寫清，及與所引原書一校，大約計時三月可了，俟彼時再乘飛機到渝承教。

此次應報告之事甚多，因勞苦太甚不能多寫，故僅略述一二，尚希鑒諒是幸。

此次到廣州灣，其地生活極高，因銀行匯款限制及電文誤會遲延之故，親友所寄之款未到者多，不得不留待當時本院（所寄五千元）及杭立武先生所寄之五千元收到，及五月廿六日由廣州灣出發後，六月四日至玉林始知麻章商務〔印〕書館李法年君已得騮先先生電囑，將前匯之九千九百九十元交弟，乃發一電致李君，請其將此款電匯至桂林商務〔印〕書館轉交，昨日領得九千元（大約零數系李君扣除匯費之故）。故本院及杭先生及騮公所寄款，共領到一萬九千元，均具有收條備查。

至俞大維昆仲寄弟與曾君約農之款，止到一萬五千，弟因與曾君有儘先移用之約，又曾君之弟別已派人攜款至廣州灣迎接，並直撥至香港，故亦移借此款，因此種種遂得抵桂林，此皆騮公及諸兄親友之厚賜，感激之忱，非紙墨可宣也。

弟之在香港危迫情狀，不能在此函詳述，然亦不得不略言一二，當俞君大綱臨離港，曾托其友人資助還國路費，乃其人絕不踐諾言，弟當時實已食粥不飽，臥床難起，此僅病貧而已；更有可危者，即廣州偽組織之誘迫，陳璧君之凶妄，尚不足甚為害，不意北平之偽「北京大學」亦來誘招，香港倭督及漢奸復欲以軍票二十萬（港幣四十萬）交弟辦東亞文化協會及審定中小教科書之事，弟雖拒絕但無旅費離港，其苦悶之情不言可知，至四月底忽奉騮公密電，如死復生，感奮至極。然當時尚欠債甚多，非略還一二不能動身，乃至以衣鞋抵債然後上船，到澳門晤周尚君始知已先後派人五次送信，均未收到，聞送信之人，有一次被敵以火油燒殺一次，凡接信者皆被日憲兵逮問，此亦幸而未受害也；又一事附陳者，即在澳門見莊澤宣君，亟欲來自由中國，其家眷共五人，欲騮公資助旅費，弟在廣州灣晤鄭紹玄君，知已匯三千元，但此數不足用，想騮公能設法續寄用也。

蔡孑民夫人欲至上海，領得特許或能得行，其所存金城銀行保險箱物，尚無損失，較當香港陷落時被搶一空之窘狀，略為緩和，知諸公關注蔡先生遺族並附及之。

其餘友人情狀，如蒙垂詢，苟能以筆墨傳者當即奉覆，否則俟面述一切也。病後潦草，乞恕不恭。

順叩研安！

不宣。

弟陳寅恪謹上　六月十九日桂林環湖酒家

一九四二年八月前後，獲得救助的陳寅恪全家返回廣西，就不敢再和傅斯年相見了。他企圖委託好友葉企孫給他再辦理一個歷史語言研究所的專任研究員聘書，然後在廣西大學就職。明顯想同時掙兩份錢。這次，傅斯年非常警覺，他反復和葉企孫通信溝通和確認，堅決不再破例給陳寅恪。甚至也不給他報銷回國的旅費。該信說：

蓋照最後一信，須待弟與寅恪商好奉聞，再發聘也。此事錯誤在何處，弟苦思不得其解。然下列各點，弟不能不聲明。

一、弟絕不能承認領專任薪者可在所外工作。在寅恪未表示到李莊之前，遽發聘書，而六月份薪起即由寅恪自用，無異許其在桂林住而領專任薪。此與兄覆弟之信大相背謬。

二、自杏佛、在君以來，總幹事未曾略過所長，直接處理一所之事。所長不好，儘可免之，其意見不對，理當駁之，若商量不同意，最後自當以總幹事之意見為正。但不可跳過，直接處理。在寅恪未表示到李莊之前，固不應發專任聘書，即發亦不應直接寄去，（以未得弟同意也）！此乃違反本院十餘年來一個良好之 Tradition 之舉也。

三、為彌補寅恪旅費，為寅恪之著作給獎，（或日後有之，彼云即有著作寄來。）院方無法報銷，以專任薪為名，弟可承認；在此以外，即為任桂林領專任薪，弟不能承認。此事幸寅恪為明白之人，否則無異使人為『作梗之人』。尊處如此辦法，恐所長甚難做矣。弟近日深感力有不逮，為思永病費，已受同人責言。今如再添一個破壞組織通則第十條之例，援例者起，何以應付。此弟至感惶恐者也。專此，敬頌著祺！

弟傅斯年敬上　八月六日

即令弟同意此事，手續上亦須先經本所所務會議通過，本所提請總處核辦。總處照章則（人事會議及預算）辦理。亦一長手續也。又及。[1]

附：與此事有關院章各條文

特別是傅斯年又補充說明「手續上亦須先經本所所務會議通過」，並且還附上「與此事有關院章各條文」，已經是非常憤怒地勸阻陳寅恪立刻收手。

因此，陳寅恪通過葉企孫幾次來索要聘任文件、甚至又動用關係已經「發寅恪兄聘書已辦好，企孫兄函囑逕寄桂林」了，傅斯年則不為所動！他不想再被陳氏耍弄了。民國政府花費了多筆鉅款營救了陳寅恪全家五口人脫離了偽香港大學漢奸教授的現實，返回內地，他卻居然不來歷史語言研究所上班，報答傅斯年和各位參與營救的人，反而還想報銷路費、再掙一份兼職的錢、一走了之！這樣的陳寅恪真的讓傅斯年提高了警覺、傷透了臉面！最後，為了不傷多位友人的臉面，傅斯年想出了聰明的對策：「陳寅恪先生：總處寄上之聘書以兄能來所為前提」[2]，自知理虧的陳寅恪當然沒敢接受這個聘書，可以說從此以後他已經不再是歷史語言研究所的專任研究員了。

尤其值得注意的是：傅斯年在一九四二年八月三十一日致函葉企孫的信中特意點出了「然弟或有得罪寅恪太太之可能也」這句話，就已經把幕後陳寅恪夫人和傅斯年夫人之間的反復多次斡旋的內情表露出來。

1 《傅斯年遺劄》第三卷，歷史語言研究所，二〇一一年，一二九二—一二九五頁。

2 《傅斯年遺劄》第三卷，歷史語言研究所，二〇一一年，一二九八—一二九九頁。

一九四五年五月五日，國民黨決定特別表彰在抗日戰爭時期的優秀國民黨員，有過短暫漢奸教授經歷的陳寅恪，作為燕京大學的代表，居然當選為「最優秀國民黨員」。這裏面還有什麼幕後操作呢？難道說借此機會想給陳寅恪在港的漢奸教授行為「平反」吧。這一原始檔案見如下：

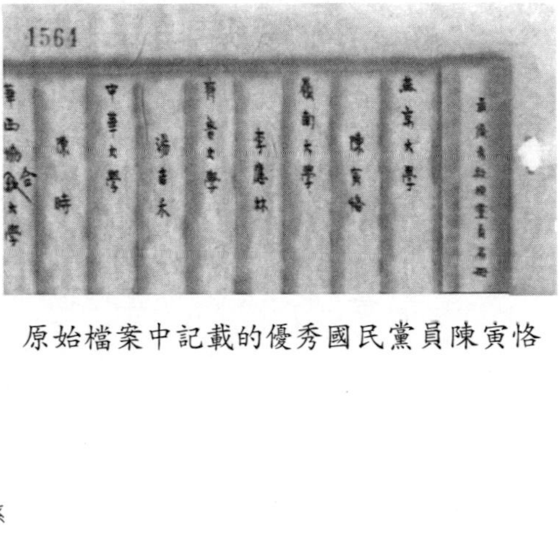

原始檔案中記載的優秀國民黨員陳寅恪

一九四五年，陳寅恪攜帶全家人出國赴英治療眼病。

回來後，陳寅恪多次要求傅斯年給他官費報銷治病旅費和醫療費。甚至追問傅斯年去美國治病為何可以官費報銷？梁思永治病為何可以得到官費報銷？如此等等。尤其是幕後夫人之間的攀比和斡旋，這些糾纏問題深深刺疼了傅斯年。傅斯年本人的高血壓、糖尿病和心臟病的修養和治療是經過蔣介石和國民政府特批赴美治療的，傅斯年本人並沒有能力批准自己去報銷這個費用。而傅斯年赴美治病，出自蔣介石和國民政府的安排，回國後報銷費用，還經過了幾次行政院的院務會議審核，並且最終得到了審批，文件內容是：「暨核銷中央研究院總幹事傅斯年醫療費，經奉國防最高委員會決議照法制、財政兩專門委員會審查意見，准予核銷。」[1]

但是，陳寅恪卻幾次來信，並利用夫人關係，施壓和勸說傅斯年。百般糾纏之下，傅斯年上報中央研究院，結果院部審核都沒通過。以至於傅斯年在多個場合反復說「然弟或有得罪寅恪太太之可能也」這句話，明顯是說給陳寅恪本人的。

1 見臺灣國史館檔案，編號為001-012049-00011-005。

為了此事，傅、陳兩家有很長時間不來往。

關於一九四八年的搶救大陸學者名單中，是否有陳寅恪的問題。

岳南該書又說：「按照國民政府教育部和中央研究院的提議，被傅斯年譽為『近三百年來一人而已』的『教授的教授』、國學大師陳寅恪，當之無愧地被排在了『搶運』之列。」[1]我們核查了全部搶救名單，請注意：一九四八年十二月十二日，南京來電要派專機來北平接的是「胡適」，查無「陳寅恪及家屬」之名。根本就沒有陳寅恪先生！「朱家驊已拍發密電通知陳寅恪」之說，更是無從談起。

根據一九四八年十二月十五日《申報》報導：

《胡適夫婦抵京》

［本報南京15電］北大校長胡適及夫人，十五日下午六時三刻自平乘空運大隊專機飛抵首都，同行者有名史學家陳寅恪教授闔家，前平市副市長張伯謹夫婦及北平英文時事日報社長王雲槐等。按總統日前曾遣專機於十四日赴平迎胡氏南來，然以故都局勢陡緊，機場不能使用，致專機未克降落，乃延至十五日始完成是項使命。胡氏下機後，與蒞臨機場歡迎之王世傑、朱家驊、蔣經國、傅斯年、杭立武等握手寒暄。據云：平市軍情十五日已趨鬆弛，人心頗為安定，旋即偕夫人赴總統府方面預為準備之寓邸休息，入晚除朱家驊等往訪，談平市教育界情況外，甚少賓客，且因旅途疲勞，就寢頗早，亦未外出。

1 岳南《陳寅恪與傅斯年》，陝西師範大學出版社，二〇〇八年。

一九四八年十二月十六日，傅斯年等聯名向石樹德又發一急電中如下：

> 急平津路局石局長樹德兄，請譯轉梅校長、袁校長、鄭秘書長，筱晨，有一機到，如順利當續有機到，名單包括四類：
>
> 各院校館所行政負責人，如梅、李、袁、陳、胡、鄭、賀、霍、褚、沈、湯、馮、舲、饒等。
>
> 因政治關係必離者，如朱、雷、劉、毛、梅、齊等。
>
> 中央研究院院士，如景鉞、通夫、大紱、宗恩、實等。
>
> 在學術上有貢獻並自願南來者，如今甫、莘田、廉澄、思亮、祖聖、三強、濟慈、政烺、從文、廷祥、循正等，請會同分配列為數批，連眷屬，約三百人，分次乘機，務須與剿總實齋兄，路局志仁兄切實聯繫，機到即走，不能觀望稍有遲疑不決。

查三批搶救學者名單中，該搶救名單至今保存在臺灣國史館[1]，因此，在民國政府的搶救大陸學者名單中從來就沒有陳寅恪！

那麼陳寅恪一家得以拿到南逃的飛機票顯然只能出自傅斯年先生的個人名義而已——傅斯年以他個人名義和權力，可以讓陳寅恪一家得以拿到南逃到廣州的飛機票，而不是直飛到臺灣的飛機票！這才是陳寅恪一家只是南下廣州而無法直飛臺灣的根本原因！換句話說，前此的報銷治病費用的不愉快，已經給傅、陳兩家人留下了深深的傷痕。現在，把他一家接出北京南下廣州，讓他自己

1 檔案編號是002-090300-00197-213。

安排，已經是傅斯年能做的最好處理了。

一九四九年一月，傅斯年出任臺灣大學校長，而陳寅恪只好繼續在嶺南大學任教。

傅斯年在臺灣去世，陳寅恪得到消息後曾作詩一首表示懷念，《霜紅龕集望海詩云：「一燈續日月不寐照煩惱不生不死間如何為懷抱」感題其後》：「不生不死最堪傷，猶說扶餘海外王。同入興亡煩惱夢，霜紅一枕已滄桑。」此詩，陳寅恪曾經郵寄給幾個在京的弟子。根據鄧廣銘的回憶：「寄給我和樂煥鄧幾個人看，我們看了之後就知道，這是陳先生借詠傅山其人來悼念傅先生的。」[1]

除此之外，再無其他。說他薄情並不為過。

最後再說一下楊樾亭的淒慘結局。

早在一九二九年四月十八日傅斯年致楊銓的信函中就公開肯定：「史言所第一個好職員楊樾亭，一人辦兩人的事，而資格亦好。前弟允其向兄商加二十元，詳附頁。乞酌奪！」[2]二此人上班時間則是「歷史語言研究所最努力之職員為楊樾亭君。此君上午八時半到，下午七時歸。」[3]如此優秀的圖書工作人員，只因後來在圖書借閱過程中得罪了陳寅恪，結果居然被傅斯年解聘。

---

1 《傅斯年》，山東人民出版社，一九九一年，七頁。

2 《傅斯年遺劄》第一卷，歷史語言研究所，二〇一一年，二〇〇頁。

3 《傅斯年遺劄》第一卷，歷史語言研究所，二〇一一年，二〇〇頁。

第十四章
歸骨田橫：傅斯年校長和臺灣大學

一九四九年一月五日，陳誠接掌臺灣省政府，當日即特急致電傅斯年「弟已於今日先行接事，介公深意及先生等善意，恐仍須有識者之共同努力，方能有濟。弟一時不能離臺，希先生速駕來臺，共負巨艱」[1]。

因為陳誠是蔣介石身邊軍事幕僚之首，而傅斯年和陳誠有著長期的個人友誼和合作來往，陳誠是傅斯年炮打孔祥熙和宋子文的最大靠山。朱家驊回憶說：「不久臺大校長出缺，大家正感到臺灣的重要性，或將因此而更為增加，想把他變成為文化的中心，所以對臺大校長的人選也不能不特別慎重，我考慮再三，覺得只有再和孟真先生商量，當時他回國不久，宿疾方痊，當然不願再任繁劇，重損健康，可是我復相勸，他又公而忘私，慨允擔任。」[2]

一月十九日，傅斯年飛抵臺北。一月二十二日，他正式就任臺大校長。

上任後，傅斯年親自書寫「歸骨於田橫之島」贈送當時的臺灣大學中文系主任黃得時教授，用以明志。而他自己

1 《陳誠先生回憶錄：建設臺灣》下卷，國史館，二〇〇五年，一〇一五頁。

2 《懷念傅斯年》，秀威資訊科技股份有限公司，二〇一四年，八六—八七頁。

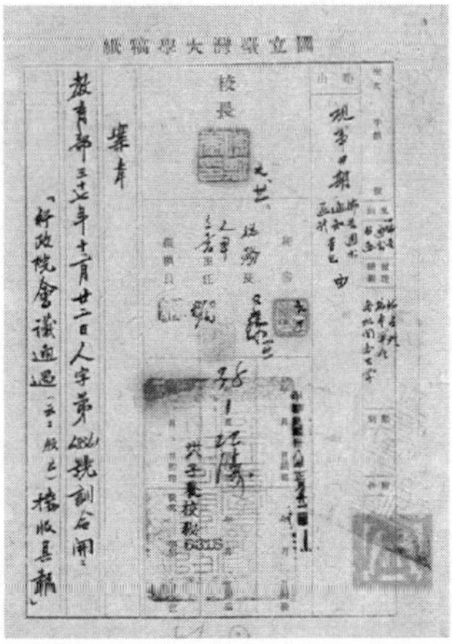

傅斯年就任臺灣大學校長令

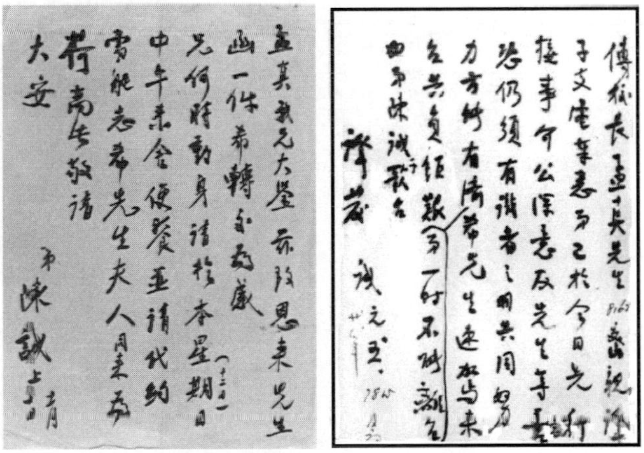

陳誠致傅斯年電報和書信

則說過：「我們不能做鄭成功，難道我們不能做魯王嗎?!」[1]他給臺灣大學規定的辦學宗旨是：「臺灣大學應該以尋求真理為目的，以人類尊嚴為人格，以擴充知識、利用天然、增厚民生為工作的目標。」[2]

根據那廉君的回憶：「無論在夏天，在冬天，他總是天黑以後好久才走，弄得負責關窗子鎖樓門的人總是等得不耐煩。」[3]由此可見傅斯年對恢復臺灣大學工作的專心致志和努力付出。那時在他的校長辦公室裡掛著一塊黑板，上面寫著備忘錄，每天要辦的事情，他按順序安排好，辦完一件就擦去一件。[4]

當時他在臺灣大學月薪只是四百元，扣除房租四十元，每月實得三百六十元。因為患有糖尿病和血壓高，他每天早餐只是稀飯、水果；午飯則是蔬菜、米飯；晚飯則是蔬菜拌飯。[5]生活十分簡樸和清淡。

1 《懷念傅斯年》，秀威資訊科技股份有限公司，二〇一四年，一〇八頁。
2 見臺灣大學官網《傅斯年校長嘉言錄》，https://www.lib.ntu.edu.tw/gallery/FuSsuNien/famous_remark.html
3 《懷念傅斯年》，秀威資訊科技股份有限公司，二〇一四年，四〇頁。
4 《懷念傅斯年》，秀威資訊科技股份有限公司，二〇一四年，四一頁。
5 《懷念傅斯年》，秀威資訊科技股份有限公司，二〇一四年，四四頁。

傅斯年手書條幅及其在臺灣大學辦公室留影

其實，當時傅斯年還兼任著參政員和總統府資政，這是兩個有薪水的職務。甚至還包含了秘書開支。但是，傅斯年從未領過這兩個薪水。這比時下裡學者們熱衷於四處兼職以合法領取額外薪水的時尚，真是有著天地之別！在這裡，傅斯年的廉潔奉公幾乎到了聖徒的境界。

當時臺灣大學施行日本的講座教授制度。每個講座教授各擁一間獨立的研究室，傅斯年認為，「一個教授就是一個醫院」，有自屬的開刀房、圖書室、化驗室。講座研究室各擁圖書，總圖書館反而像各研究室不要的書才往總圖塞。他說，「這樣的『闊氣』，在美國也做不到；這樣的『獨立』，在德國也沒這樣的事。」[1]他找到要害後，決定徹底對臺灣大學改革。他裁掉了七十餘名不合格教授與職工、整合了學校圖書館和醫院、實驗室。然後就是學生宿舍的擴建，幾乎是日本占據時代的十倍以上的增加量。終於為新臺灣大學的誕生準備了方方面面的基礎。這樣大刀闊斧的改革，以至於被人視之為搞共產、指責臺灣大學優容共產黨，甚至直接指控法學院長薩孟武通共……傅斯年則發現通共師生均嚴懲不貸。他明確表示說：「我因為民族主義與人道主義，所以反共反蘇。我不能用共產黨的方式反對共產黨。因為若先向共產黨拜了老師，用他那一套不講事理不重人性的辦法，則自身先站不住，反共之結果，只有替共產黨擴張了勢力耳。」

根據李泉的統計，臺灣大學經傅斯年之手先後聘請了歷史系劉崇鋐、方豪；中文系毛子水、屈萬里；哲學系方東美；英文系英千里、趙麗蓮；商學系楊樹人；社會學系龍冠海；農學系顧元亮；化學系錢思亮、張儀鄧名教授到任；而且他特別施行了歷史語言研究所和中央研究院專職研究員來

1 見臺灣大學官網《傅斯年校長嘉言錄》，https://www.lib.ntu.edu.tw/gallery/FuSsuNien/famous_remark.html

臺大授課的政策，一時間臺灣大學得到了飛速發展和學術提升！[1]

同年四月六日臺大和師大發生著名的「四六事件」。

當時，傅斯年對臺灣警備司令彭孟緝說：「若有證據該抓就抓，若無證據就不能隨便進學校抓學生！我有一個請求，你今天晚上驅離學生時，不能流血，若有學生流血，我要跟你拚命！」[2]與此同時，他又在媒體上公開表示：「學校不兼員警任務」，「我不是員警，也不兼辦特工」，「若當局有真憑實據說某人是共產黨，我將依法查辦，但是我辦理這種事，決不能含糊其辭，血口噴人」。最後聲明：「反共須有反共的立場，貪官污吏及其他既得利益階級而把事情辦壞了的，我不能引以為同志。」

與此同時，傅斯年則針對臺灣大學師生中的共產黨員和情報活動，展開了深挖運動。他提出了「一要快坐，二要徹底肅清，三要不能流血的抓捕」三原則。而且這一方針得到了臺灣省主席陳誠的極力贊成：「我完全接受了他的條件。他提出說快做，正合我心，因為其時和談正進入最高潮，遲了容易發生枝節。好在省政府對於共諜學生早有調查，當天晚上就開始佈置，第二天四月六日就開始行動。」[3]由此可見，傅斯年的要求是徹底、乾淨俐落、快速肅清臺灣大學的共產黨師生。不可以流血史擔心會引起眾怒，也會影響他個人的公眾形象。

臺灣大學陳翠蓮教授在《白色恐怖時期的臺大校長傅斯年一九四九—一九五〇》一文中針對這

1 《傅斯年》，山東人民出版社，一九九一年，二〇二頁。

2 見臺灣大學官網《傅斯年校長嘉言錄》，https://www.lib.ntu.edu.tw/gallery/FuSsuNien/famous_remark.html

3 《陳誠先生回憶錄》，國史館，二〇〇五年，四四九頁。

一著名的「四六事件」，她給出了全新的解釋和考證。她首先把學術界對傅斯年的常規看法總結如下：「一般認為傅斯年與統治當局關係良好、具影響力與民主態度，此些條件足以庇護臺灣大學，不致受到白色恐怖的侵害。」[1]顯然，這樣的認識是膚淺的。因為歐素瑛[2]、陳翠蓮等人發現無論是當時臺灣大學學生們的懷疑還是陳誠的日記，以及臺灣大學內部檔案都證明並證實了傅斯年在處理「四六事件」時和軍方、和情報機構的秘密合作，為及時準確抓住共產黨師生提供了有效的秘密情報。[3]即：

「（1）原來傅校長早與治安機關密切合作，監控校園活動，並且直通高層；（2）臺大訓導處佈滿『黨團同志』，監視學生行動，並將許多他們懷疑的學生名單送交警備總部；（3）對於訓導處人員未能事先察覺學生動態，必須追究責任；（4）雖然傅斯年認為于凱在校並無異狀，但很快就相信治安機關所言，指控于凱『罪惡已極』。

儘管如此，傅斯年致蔣經國信中說『其中此一群人中必有與之合謀之人，恐亦有被其隨便牽入之者，仍乞每人細為審理』，我們仍可看到他對於處置匪諜案件的底線——要求治安機關審慎審理，勿枉勿縱。在白色恐怖籠罩下，傅斯年一方面協助『肅清匪諜』，一方面保護被冤枉的學生。」[4]

1 《臺大歷史學報》第六十二期，二〇一八年，二一六頁。
2 《臺灣學研究》第十二期，二〇一一年，一七—四二頁。
3 請見該陳翠蓮教授在《白色恐怖時期的臺大校長傅斯年一九四九—一九五〇》全文。《臺大歷史學報》第六二期，二〇一八年。
4 《臺大歷史學報》第六十二期，二〇一八年，二五二頁。

最後，陳翠蓮論文的結論是：

「傅斯年願意協助當局穩定校園，主要原因來自他的愛國主義，以及因愛國主義而產生的堅決反共立場。因為愛國主義，他無法接受中國共產黨聽令於蘇聯，為了保持民族與自尊，必須反共。其次，反共立場也來自傅斯年個人與共產黨的接觸與觀察，他主張人道主義，反對共產黨利用人類仇恨心理製造階級鬥爭，抹殺人類的尊嚴與進步，痛斥共產黨是『騙子』、『邪教』、『暴力團體』。

在這樣的思想基礎與政治選擇下，政治安定成為傅斯年的優先考量。一九四九年春的四六事件中，傅斯年與警備總司令陳誠攜手合作，掃蕩校園、逮捕學生。曾是學運健將的傅斯年不再支持學生運動，並因擔心校園中潛伏共產黨，對學生營救行動保持距離，處罰活躍幹部。事後，陳誠稱讚這一次肅清工作，為臺灣的安定秩序奠下堅強的基礎，此一工作得以順利進行，『實出於傅斯年先生當日曲突徙薪之遠見』。」[1]

其實，傅斯年早在一九三五年在舊北平時期就經常向軍事情報部門寫秘密報告，彙報在京各個學術界名流和政界要人的政治表現。比如，保存在臺灣國史館的檔案，編號為002-080103-00019-012、編號為002-080103-00019-029、編號為002-080103-00020-057、編號為002-080200-00259-116，等等。因此，傅斯年在臺灣大學時期和軍事情報機構的秘密聯繫和撰寫臺大師生政治表現，並非他一時一地之行為。而是他作為國民黨員長期為黨國工作的一個習慣。陳翠蓮論文中就此發

1 《臺大歷史學報》第六十二期，二〇一八年，二五七頁。

問：「傅斯年在臺大僅有兩年時間，筆者在檔案中意外發現不少他與特務機關往來信件，以及監視校內活躍學生的報告」[1]，如果陳教授耐心查閱傅斯年在大陸時期的全部檔案和秘密彙報，就不會對傅斯年在臺大的如此表現感到震驚和不解了。

五月，針對臺灣大學外文系教授李霽野主動離職逃離臺灣之事。

七月十四日和二十日兩天，他發表了《傅斯年校長的聲明》和《傅斯年校長再一聲明》二文，表示「對於文學院教授李霽野無故離職，傳聞前往共區一事，已經校內行政會議決議予以停薪處分，並函請警備司令部派員查明在案，校方完全依法辦理，豈有袒護親共分子之理？學校必定有聞便查，查明便辦，絕不護短。」[2]

同年八月，毛澤東發表《丟掉幻想，準備鬥爭》，將傅斯年列為文化戰犯。

一九五〇年三月，傅斯年針對陳誠出任行政院長組閣一事，提出了他的個人看法。特別提醒陳氏要注意張氏副院長。他說：「昨日直言，重拂虎威，不蒙責譴，感何如之。意猶未盡，再說幾句。吾兄組閣之陣容，可謂『親者所痛而仇者所快者也』。最不了者為副院長之職，張氏之『人

正在臺灣省參議會上發言的傅斯年

1 《臺大歷史學報》第六十二期，二〇一八年，二一六頁。

2 引見歐素瑛《貢獻這個大學於宇宙的精神——談傅斯年與臺灣大學師資之改善》。

望』，所謂『政渣』、『炭渣』耳。彼初入政治部而隨吾兄，時人云是CC的『仙人跳』，事後果驗。此事弟在重慶已向伯羽言之，伯羽未嘗以為非也。彼年來行事，凡居大位者皆奉迎之至，其在政院對公恭順極矣。然其行事則險詐周章。即如來臺之後，如何奉承吾公，弟不知，然去秋在省府祕書長室對逖生之言，弟親聆之。事關逮捕臺灣人士，其批評吾兄至矣。弟當時云，我們一同當面向陳公言之，他說，『你可去說，我不能告他也』。關於此君之險詐，且不能辦事，弟屢向公言之矣。」[1]然後，傅斯年開始分析陳誠的人格缺陷：「據昨日所談，兄之個人英雄主義，更為顯著。今日之事，個人不可不是英雄；然個人英雄主義，在今日鮮能濟事者矣。今日辦事，在乎能成一隊，能為複繁有功能之機器。內閣陣容，必然中外失望。昨今所聞已有『陳將軍與CC之聯合內閣』、『CC青年團之聯合內閣』，此亦未必盡然，然觀瞻固如此。事實上為公一人之內閣矣。」[2]

一九五〇年十二月二十日上午，傅斯年出席臺灣省議會回憶時，因為答覆郭國基質詢時過度激動，突發腦溢血，當天晚上十一時二十分逝世，享年五十五歲。[3]

傅斯年逝世後，骨灰安奉於臺灣大學正門口校園內的傅園紀念亭裏，還安放了「傅鐘」作為臺灣大學的象徵。

從他逝世至今，研究他的學術思想一直經久不衰。

1 《傅斯年遺劄》第三卷，歷史語言研究所，二〇一一年，一八七〇頁。

2 《傅斯年遺劄》第三卷，歷史語言研究所，二〇一一年，一八七一頁。

3 引見張之傑等《二十世紀臺灣全紀錄》，臺北錦繡出版社，一九九一年。

臺灣大學傅園

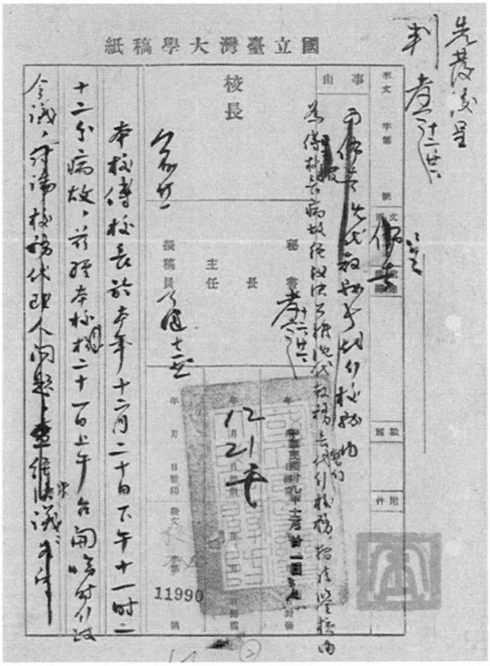

國立臺灣大學稿紙

校長

本校傅校長於本年十二月二十日下午十一時二十三分病故

臺灣大學傅斯年逝世通知函

臺灣大學內的傅鐘和傅斯年靈體安葬處

跋

我的本專業一直是商周金文研究（已出《金文氏族研究》、《金文廟制研究》、《商周彝銘學研究史》、《商周圖像文字研究》、《金文學術史》、《青銅兵器文字》及兩卷本《中國彝銘學》），而旁及易經研究（已出《推卦易知錄》、《周易通說講義》、《中國易學預測學》、《周易發生學》、《周易考古研究》、《赤壁古戰場風水和地理》、《中國易學》）和國際漢學史研究（已出《京都學派》、《圖說漢學史》、《京都學派漢學史稿》、《海外漢學研究》及兩卷本《漢學史演講錄》）則是我的副業而已。近現代歷史和人物傳記的研究，在我這裏一直連副業都算不上。但是最近幾年我卻為此樂此不疲。為何？因為我的家族在清代和近代出了幾個著名的學者和政治人物，我從受命撰寫「鳳儀堂劉氏家譜」開始，先瞭解家族祖先在清中期和近代的行狀，開始考察我的祖先在清中期和近代史上的學術貢獻和歷史價值，逐漸就延伸到了對陳寅恪學術思想和生平經歷的研究（已出《閒話陳寅恪》、《陳寅恪史事索隱》、《陳寅恪書信集四百二十二封編年考釋》、《陳寅恪別傳》、《造神與造假——陳寅恪別傳續集》）、張璧生平和歷史功績的研究（已出《民國名人張璧將軍評傳》、《民國名人張璧將軍史事研究》）、韓復榘的生平和史實的研究（已出《韓復榘別傳——傳說和史實對比研究》）等範圍內。現在，又出現了這部《傅斯年：價值取向與歷史學》這部最新的學術評傳。

雖然對我家族祖先清中期的舉人劉景旺（直系）、中晚清進士的劉鍾麟（直系）、晚清進士的劉心齋（旁系）等學人的學術研究傳記至今尚未定稿，但是我已經從對自家祖先歷史的研究變成了對晚清和近代學術思想和重要人物傳記的研究和著述。因為作為歷史學家，我深深懂得這樣一個道理：學術不是為鳴自家祖先的功績而服務的。

商周金文的研究，讓我沉浸在考證學和古文字學的無限樂趣中！

而易經研究則啟發了我對天命鬼神和人事吉凶命運的探索！

國際漢學史研究更讓我意識到多年來在外語和歷史語言學上的努力得到了豐厚的回報！

而晚清和近代學術思想和重要人物傳記的研究把我又拉回了久違了的思想史研究領域！我記得幾十年前剛剛踏入學術界的我，曾那麼熱衷於想成為一名思想史家，而後在飽受中國哲學和思想史學界的打壓後，我又曾宣佈今後將徹底告別中國哲學和思想史學界……現在，無論是我的商周金文研究、易經研究還是國際漢學史研究，抑或我對近現代歷史和人物傳記的研究，無一不是體現著我的思想史家的研究特色和本質屬性。

如有任何指教，請來信聯繫：kyotosizumoto@hotmail.com

作者京都靜源（刘正）二〇二二年三月十五日於美國家中

國家圖書館出版品預行編目(CIP) 資料

傅斯年 : 價值取向與歷史學/劉正著. -- 初版. --
臺北市 : 元華文創股份有限公司, 2023.05

面; 公分

ISBN 978-957-711-308-5 (平裝)

1.CST: 傅斯年 2.CST: 學術思想 3.CST: 傳記

783.3886 112006170

傅斯年：價值取向與歷史學

(美)劉 正 著

發 行 人：賴洋助
出 版 者：元華文創股份有限公司
聯絡地址：100 臺北市中正區重慶南路二段 51 號 5 樓
公司地址：新竹縣竹北市台元一街 8 號 5 樓之 7
電　　話：(02) 2351-1607　　傳　　真：(02) 2351-1549
網　　址：www.eculture.com.tw
E-mail：service@eculture.com.tw
主　　編：李欣芳
責任編輯：立欣
行銷業務：林宜葶
出版年月：2023 年 05 月 初版
定　　價：新臺幣 470 元

ISBN：978-957-711-308-5 (平裝)

總經銷：聯合發行股份有限公司
地 址：231 新北市新店區寶橋路 235 巷 6 弄 6 號 4F
電 話：(02)2917-8022　　傳 真：(02)2915-6275